高职高专"十三五"规划教材·智慧港航系列

港航双创教育

GANGHANG SHUANGCHUANG JIAOYU

武 莉 曹晓发 张明齐 编著

微信扫一扫　　　　　微信扫一扫

教师服务入口　　　　学生服务入口

南京大学出版社

内 容 简 介

本书是天津海运职业学院响应党和国家的双创号召，响应教育部关于加强高效双创教育和高校教材改革的要求而编著的，致力于帮助海运领域相关专业的大学生提升创新能力的专业性创新教材。

全书采用项目式教材的体例，以创新为主题，重点突出行业特色和实践性。内容充分结合海运行业的特点，着重于港航营销、服务、流程和技术4个领域的创新知识学习和创新实践探索。书中每个学习项目的内容都结合大量的案例、工具、方法和练习，能够有效激发学生对创新的学习兴趣，开拓学生的创新思维，加强学生的创新意识和创新精神，帮助学生在案例分析和生活实践中深刻理解和掌握创新相关的知识、工具、方法和技能。

本书在具备极强的专业性的同时，也具有极强的可读性、易用性和实践性，适合高职高专海域领域相关专业的教学使用。

图书在版编目（CIP）数据

港航双创教育 / 武莉，曹明发，张明齐编著. -- 南京：南京大学出版社，2018.3
 高职高专"十三五"规划教材·智慧港航系列
 ISBN 978-7-305-19967-7

Ⅰ.①港… Ⅱ.①武…②曹…③张… Ⅲ.①港口—商业管理—高等职业教育—教材②航运—商业管理—高等职业教育—教材 Ⅳ.①F550.6

中国版本图书馆 CIP 数据核字(2018)第 041361 号

出版发行	南京大学出版社		
社　　址	南京市汉口路22号	邮　编	210093
出 版 人	金鑫荣		

书　　名 港航双创教育
编　　著 武莉　曹明发　张明齐
策划编辑 胡伟卷
责任编辑 许振伍　蔡文彬　　　编辑热线　010-88252319
照　　排 北京圣鑫旺文化发展中心
印　　刷 南京人民印刷厂有限责任公司
开　　本 787×1092　1/16　印张15.25　字数380千
版　　次 2018年3月第1版　2018年3月第1次印刷
ISBN 978-7-305-19967-7
定　　价 39.80元

网　　址　http://www.njupco.com
官方微博　http://weibo.com/njupco
官方微信号　njuyuexue
销售咨询热线：（025）83594756

* 版权所有，侵权必究

* 凡购买南大版图书，如有印装质量问题，请与所购图书销售部门联系调换

前言

　　300万年前,人类的某个祖先不小心被锋利的石头割破了手。受到这个现象的启发,他把石头摔成碎片,从里面挑拣出边缘锋利的薄片,用来捕猎、劳作。一个小小的创新,带动了整个人类社会进入了石器时代,拉开了人类文明发展的序幕。从石器时代到铁器时代,人们经历了漫长的260多万年;从铁器时代到蒸汽时代,人们花费了4 000年的时光;从蒸汽时代到电气时代,人们只用了100多年;从电气时代到信息时代,却仅仅不过几十年的时间。人们用不断的创新推动着社会的进步和发展,并且呈现出加速的趋势。当今世界,创新已经成为时代的主旋律——政府在创新管理思路、学校在创新教育模式、企业在创新产品和服务,创新无时不刻不在影响、改变和丰富人们的生活,成为一个国家、一个民族实现繁荣和富强的根本保障。

　　在世界科技加速发展和全球经济一体化的背景下,国家之间的竞争归根到底是创新能力的竞争。创新已成为增强一个国家的经济实力和综合国力,提升国际地位的关键。2015年,习近平同志在党的十八届五中全会上提出"把创新摆在国家发展全局的核心位置""把创新作为引领发展的第一动力"等重大指导思想,把创新放在了国家全局发展的核心位置,成为我国制定未来时期国家总体发展规划的指导性原则。

　　2015年,国务院办公厅《关于深化高等学校创新创业教育改革的实施意见》中指出:"深化高等学校创新创业教育改革,是国家实施创新驱动发展战略、促进经济提质增效升级的迫切需要,是推进高等教育综合改革、促进高校毕业生更高质量创业就业的重要举措。各高校要坚持育人为本,提高培养质量。把深化高校创新创业教育改革作为推进高等教育综合改革的突破口,树立先进的创新创业教育理念,面向全体、分类施教、结合专业、强化实践,促进学生全面发展,提升人力资本素质,努力造就大众创业、万众创新的生力军。坚持问题导向,补齐培养短板,把解决高校创新创业教育存在的突出问题作为深化高校创新创业教育改革的着力点,融入人才培养体系,丰富课程、创新教法、强化师资、改进帮扶,推进教学、科研、实践紧密结合,突破人才培养薄弱环节,增强学生的创新精神、创业意识和创新创业能力。各高校要根据人才培养定位和创新创业教育目标要求,促进专业教育与创新创业教育有机融合,调整专业课程设置,挖掘和充实各类专业课程的创新创业教育资源,在传授专业知识过程中加强创新创业教育。面向全体学生开发开设研究方法、学科前沿、创业基础、就业创业指导等方面的必修课和选修课,纳入学分管理,建设依次递进、有机衔接、科学合理的创新创业教育专门课程群。"

　　创新能力提升的关键是创新人才的培养,人才是支撑创新发展的最为重要的资源。响应党和国家的号召,天津海运职业学院把创新教育作为提升大学生综合素质和能力的首要因素,以为国家培养有专业特色的创新人才为目标,在学校积极开展创新教学、创新教学内容、创新教学模式、创新教学资源的积极实践和探索,通过专业教育和创新教育的有效结合,为国家积极培养和输送具备优秀专业素质和创新素质的创新型人才,并且获得了丰硕的教学和研究成果。

为了更好地配合大学生创新教学的有效实施,在大学生进行创新学习的过程中给予切实的指导和帮助,提供优质易用的学习资源,天津海运职业学院海运行业经济系在学校领导的积极支持下,精心编写了本教材。本教材旨在有效帮助大学生提升在重要创新领域的理论、知识和技能水平。本教材不但具有专业特色,同时又拥有极强的通用性,可为全国各高校开展创新教育的教学实践和探索提供有力的帮助。

本教材采用项目式教材的体例,以创新为主题,重点突出行业特色和实践性。教材一共分为3个主要部分:项目一和项目二是导入部分,重点介绍创新和创新思维,以为大学生开始实用性创新知识的学习建立一个良好的基础;项目三至项目六是主体内容,分别专注于营销、服务、流程和技术4个重要创新领域的知识、方法和工具,帮助大学生切实提升实用性创新能力;知识拓展部分的内容延展性地介绍了国内外的创新教育实践现状、3个主要的创新能力测评工具,以及TRIZ的40个发明原理,为学生的创新学习提供了有益的知识补充和助力。

教材内容充分借鉴了国内外创新领域和创新教育领域的研究成果,结合海运行业的专业特点,着重于港航营销、服务、流程和技术4个重要经济领域的创新知识学习和创新实践探索。教材中每个学习项目的内容都结合了大量的案例、工具、方法和练习,能够有效激发学生对创新的学习兴趣,开拓学生的创新思维,加强学生的创新意识和创新精神,帮助学生在案例分析和生活实践中深刻理解和掌握与创新相关的知识、工具、方法和技能。教材在具备极强的专业性的同时,也拥有极强的可读性、易用性和实践性,通过理论和实践的紧密结合,帮助大学生在未来走上工作岗位后能够做到大胆实践,勇于创新,为国家创新教育和海运事业的发展做出积极的贡献。

在教材编写的过程中,我们得到了学校领导和国内创新领域内众多专家、学者的大力帮助和支持,在此表示诚挚的感谢!因为时间和水平有限,难免会存在疏漏之处,敬请创新领域的专家、学者,教师和学生给予批评和指正。

编　者

2018年1月

目 录

项目一　认知创新　/1

　　任务一　创新的概念　/2
　　　　一、创新的概念　/2
　　　　二、创新的价值　/5
　　任务二　创新理论　/7
　　创新总结　/23
　　创新实践　/24
　　创新思考和练习　/26

项目二　认知创新思维　/28

　　任务一　了解思维　/30
　　　　一、思维的概念　/30
　　　　二、思维的特征　/31
　　　　三、思维的种类　/32
　　任务二　思维定式　/36
　　　　一、思维定式的概念　/37
　　　　二、思维定式的形成　/37
　　　　三、思维定式的类型　/38
　　　　四、思维定式的突破　/41
　　任务三　创新思维　/43
　　　　一、创新思维的概念　/43
　　　　二、创新思维的主要类型　/44
　　任务四　提升创新能力　/49
　　　　一、创新能力的概念　/50
　　　　二、创新能力提升训练　/50
　　创新总结　/71
　　创新实践　/71
　　创新思考和练习　/73

项目三　港航营销创新　/75

　　任务一　了解营销　/76
　　　　一、营销的定义　/77
　　　　二、营销理论的发展　/78
　　任务二　当今市场的变化和创新的
　　　　　　思路　/91
　　　　一、当今市场的变化　/92
　　　　二、基于市场之外的创新思路　/94
　　任务三　认识水平营销　/96
　　任务四　掌握港航营销创新的工具　/107
　　　　一、5WHY分析法　/108
　　　　二、移情图　/109
　　　　三、SWOT分析法　/111
　　创新总结　/113
　　创新实践　/115
　　创新思考和练习　/115

项目四　港航服务创新　/117

　　任务一　了解服务　/118
　　　　一、服务的定义　/118
　　　　二、服务对经济发展的促进
　　　　　　作用　/119
　　　　三、服务的特征　/120
　　　　四、服务的分类　/121
　　任务二　服务创新　/126
　　　　一、服务创新的概念　/127
　　　　二、服务创新的特点　/130
　　　　三、服务创新的类型　/132
　　　　四、服务创新的内容　/134
　　　　五、服务创新的过程　/135
　　　　六、服务创新的途径　/137
　　任务三　多方协同服务创新　/140
　　　　一、消费者参与的服务创新　/141
　　　　二、员工参与的服务创新　/146
　　　　三、供应商参与的服务创新　/148
　　任务四　掌握港航服务创新的工具和

方法 / 153
　　　一、用户体验地图 / 153
　　　二、服务蓝图 / 156
　创新总结 / 160
　创新实践 / 162
　创新思考和练习 / 162

项目五　港航流程创新 / 165

　任务一　了解流程 / 166
　　　一、流程的定义 / 167
　　　二、流程的作用 / 168
　　　三、流程的特点 / 169
　　　四、流程的类型 / 170
　　　五、流程的发展 / 171
　任务二　流程创新 / 174
　　　一、流程创新的概念 / 175
　　　二、建立企业的流程系统 / 175
　　　三、打造创新流程 / 178
　　　四、流程创新的模式 / 181
　任务三　掌握港航流程创新的工具和
　　　　　方法 / 185
　　　一、5W2H 分析法 / 185
　　　二、思维导图 / 187
　　　三、鱼骨图 / 190
　　　四、甘特图 / 192
　创新总结 / 194
　创新实践 / 195

　创新思考和练习 / 196

项目六　港航技术创新 / 198

　任务一　了解技术创新 / 199
　　　一、技术创新的概念和主要
　　　　　理论 / 199
　　　二、TRIZ 的概念 / 201
　　　三、TRIZ 在国内外的发展 / 201
　　　四、TRIZ 的主要内容 / 202
　　　五、TRIZ 对发明级别的界定和适用
　　　　　范围 / 208
　任务二　掌握港航技术创新的工具和
　　　　　方法 / 211
　　　一、技术矛盾及解决方法 / 212
　　　二、物理矛盾及解决办法 / 216
　　　三、物质–场分析方法 / 217
　　　四、系统思维的多屏幕法 / 220
　　　五、尺寸–时间–成本分
　　　　　析法 / 222
　　　六、小人法 / 226
　　　七、金鱼法 / 228
　创新总结 / 230
　创新实践 / 231
　创新思考和练习 / 233

参考文献 / 237

项目一

认知创新

知识目标
1. 了解创新的概念、发展和主要理论。
2. 了解创新对于个人、组织、国家和社会的价值。
3. 认识创意、创造和创收的区别与联系。

技能目标
1. 掌握发现创新机遇的7个途径和方法。
2. 掌握产生创意的6种方法。

情感目标
1. 拓宽学生视野,激发学生对创新的学习兴趣。
2. 通过对创新的概念,以及相关知识、案例的了解,培养学生大胆想象、勇于探索的创新意识和精神。

创新导学

DH 航运公司面临国内和国际市场的激烈竞争挑战,以传统模式管理企业和开展业务已经跟不上时代发展的步伐。公司管理层希望能够在公司中积极倡导创新精神,建立创新意识,以帮助公司建立新的优势,在竞争中保持不败,并获得新的增长。港航专业毕业的大学生张明和李艳被公司宣传部聘用,领导希望他们能够发挥年轻人思维灵活、敢想敢干的优势,在公司中策划和组织一次倡导创新精神的企业文化活动。张明和李艳在这方面毫无经验,于是两个人开始商讨这件事到底该怎么干。

张明:看来公司非常重视创新啊。把这么重要的工作交给我们,咱们可不能干砸了。

李艳:谁说不是呢,看得出来,公司现在可是把创新当作头等大事来抓,我们要好好商量一下都该做哪些准备。

张明:要说起来,我其实对创新了解的也并不多,虽然知道创新非常重要,但是到底创新是什么,对公司会有什么用,这些我也不是太清楚呢。

李艳:可不是嘛。我觉得,如果想把这个工作做好,咱们还真得先好好准备一下,多了解一些创新相关的知识。

张明:你说得对,要想干好创新,就得先了解创新。到底创新是什么概念,创新是怎么来的,应该怎么干,对公司、对我们平时干工作有哪些帮助,这都得好好研究和学习一下才行。

李艳:行,那咱们就先好好了解一下,到底什么是创新吧。

任务一 创新的概念

生活和工作中无时无刻不在创新。小的创新让生活和工作充满乐趣,大的创新让生产力飞速发展。如何衡量这些创新的价值?创新有没有规律可循?在专业学习中可不可以进行创新?有没有具体的创新方法可学?这都是学习创新课程必须解答的问题。故此,在学习创新课程之前,必须先弄懂一个核心问题:什么是创新?只有完全懂得这个问题,才能更好地理解创新,学习创新方法,提高个人创新能力。

一、创新的概念

在中国,从目前可以考证的文献史料来看,"创新"一词最早出现在《三国志•魏书》中:"革弊创新者,先皇之志也。"这里的"创新"的词义与现代有所不同,主要是指国家管理制度方面的变革、改革、革新和改造,并不包括现代社会的科学技术、知识和经济领域的创新。

在西方,"创新"一词特指英文 innovation,这个词起源于拉丁语。这个英文单词包括3层含义:第1层含义是更新,即替换原来的东西;第2层含义是创造新的东西,即创造出原来并不存在的东西;第3层含义是改变,即对原来就存在的东西进行发展和改造。

当前,国际上对于创新(innovation)一词的定义比较权威的有两个:第1个定义是2000年联合国经合组织(OECD)《在学习型经济中的城市与区域发展》报告中提出的"创新的含义比发明创造更为深刻,它必须考虑在经济上的运用,实现其潜在的经济价值。只有当发明创造引入到经济领域,它才成为创新";第2个定义是2004年美国国家竞争力委员会向政府提交的《创新美国》计划中提出的"创新是把感悟和技术转化为能够创造新的市值、驱动经济增长和提高生活标准的新的产品、新的过程与方法和新的服务"。这两个定义确立了"创新"在社会经济发展中的重要地位和作用,并使其经济学意义成为"创新"研究领域最为重要的核心。

综上所述,不难看出创新在不同阶段有着不同的定义。因此,我们根据创新的程度不同,可把创新分为创意、创造和创收3个阶段。

(一)创意

创意是创造意识或创新意识的简称,是人们基于既有的,对现实事物的理解、经验、知识和认知所衍生出的一种新的抽象思维与行为能力,是通过创新的思维意识进一步挖掘和激活现有资源的组合方式,提升现有资源价值的方法。创意是对传统的反叛,是一种打破常规的哲学,破而后立的循环,是思维的碰撞和智慧的火花闪现。创意来源于现实生活,并且指导和推动着社会的不断进步与发展。

项目一　认知创新

1. 创意的6种方法

毋庸置疑,创意是打开创新的窗户,是推动创新的原动力。但是如何才能拥有灵感和新颖奇特、独树一帜、别出心裁的想法呢?根据美国创新管理协会的观点,产生创意一共有6种方法。

(1) 摸清规律

诗人亚历山大·泊普说:"秩序是天堂的第一法规。"我们所谓的"规律"更多的是指在众多模式中识别这种秩序的能力。我们识别序列(如穿衣服的顺序)、趋势(如泥土干裂后形成的角度往往是120°角)、形状(如狮子座星辰的形状)、相似性行为(如在拥挤的公交车上讲究礼节)及概率(如在麻将桌上抛出七的可能性)等。发掘创意的过程,往往就是寻找这种规律和秩序,并且打破这个规律和顺序的过程。

(2) 转换视角

很久以前,一种奇怪的流行病席卷了一个村庄。染上这种病的人会昏迷不醒,就像死人一样,大多数人一天之内就死了。关键的问题是人们无法区分病人是否已经死去。当人们发现有人被活埋,就成立了预警委员会。为了拯救生命,一些人建议选择在每个棺材里面放上食物和水。而另一些人提出了一个成本较低的解决方案:把棺材先放着,等3天以后再下葬,这样对被下葬者的情况就没有任何疑问了(必死无疑)。得到不同解决方案的原因在于人们寻找解决方案时所提出问题的视角不同:第1个问题是如果我们把活人埋了怎么办,第2个问题是如何确信被埋葬的每个人都死了。

(3) 打破常规

戈尔迪是古希腊神话传说中的一位国王,他打了一个非常复杂的、分辨不出头尾的复杂绳结,并把它放在宙斯的神庙里。谁能够解开这个结,谁就能成为亚洲的王。这就是著名的"戈尔迪死结"。然而,无数年过去了,无论是多么聪明智慧的人都没法解开这个结。直到亚历山大大帝远征波斯时,有人请他看了这个古老的"戈尔迪死结"。亚历山大尝试了很久,都不能打开这个结,到最后,他愤然说道,我要用我的规则解开这个结!于是他举起宝剑,把这个死结劈成了两半,"戈尔迪死结"也就被破解了。大多数创意的产生,就是有人勇于挑战规则,打破规则,完全采用新的方式和方法来看待问题,抛弃原有观点,甚至带有一些破坏性和毁灭性。

(4) 颠倒思路

如果可以把看待问题的思路颠倒一下,可能就会产生无穷的新的可能性。例如,当所有人都在观赏壮观的日落时,为什么就不能转身去看看背后那几抹魅力无穷的深紫?当看到一杯咖啡时会想到什么?是咖啡还是咖啡杯的设计风格?颠倒自己的思路,看看事物还有没有那些不被自己所察觉的方面。花一分钟时间描述一下现在面临的问题,然后从完全对立的方向出发再做一次描述。例如,如果你是男性,那就从女性的角度去描述它。

(5) 尽量夸张

想象一下,一个笑话特别可笑,可以让你一个月都在不停地笑;一张比钢铁更坚硬的纸;比蝴蝶飞舞还要安静的喷气式飞机;为25 000人办一场盛大的宴会——尝试着夸大自己的想法。夸张一些,然后再夸张一些!如果它比现在的状况有1 000倍的大、吵闹、强壮、快,或者亮会怎么样?或者,它只有原来1/1 000的强大、快速或复杂,那又会怎么样?按照原有的状况将个别的步骤简化或繁杂许多倍,破坏力和威胁相对也可以控制,更容易做出调整和变换。如果在一个活动中每个人要做一个盒子,要能把自己装起来,那么如果做一个大的很困难,那做一个小的如何呢?

(6)异想天开

在创意阶段,任何异想天开,甚至疯狂的想法都是可以接受的。创意并不拒绝那些现在看起来不可能的事情,因为在新的事物出现,甚至取得成功之前,在很多人看起来都是不可能的、疯狂的。在潜水艇发明之前,很多人都不敢想象人们可以在海底做如此长时间的旅行;在电话发明之前,人们不相信可以用一个话筒就可以实现跨越千山万水的即时通信;即便火车已经轰鸣着行驶在铁轨上,也还是有人尽情地嘲笑这个慢吞吞的铁疙瘩甚至还不如人跑得快。今天的一个异想天开的想法,就有可能在将来改变整个世界。

练一练

找到一个现实生活中需要解决的具体的实际问题,结合产生创意的6种方法,发掘出6个能够解决这个问题的创意。

我认为需要解决的具体问题是:_____

我认为能够解决问题的创意是:_____

1. 摸清规律 _____
2. 转换视角 _____
3. 打破常规 _____
4. 颠倒思路 _____
5. 尽量夸张 _____
6. 异想天开 _____

(二)创造

所谓创造,就是将两个或两个以上已知的概念或事物按一定方式联系起来,主观地制造出全新的事物,以实现某种目的的行为,是有意识地对世界进行探索和改造的实践性活动。创意只有与创造结合,才能够真正被实现出来,才能为创新服务。创造是将我们心中的想法变成现实的有力证明。如果说创意是创新的基础,那么创造就是创新的主体。如果只是沉溺于创意,而不去尝试着把这些创意付诸实践,就不能验证创意是否能够实现,无法看到这些创意的优点和缺点,也就无法把创意转化为现实的价值,像一位广告人说的那样:"你或者选择什么都不做,让时间流逝,或者起身马上就做!"创造就是尝试和实施创意的过程,而行动则是创造过程中的动力,只有实践才能让我们知道创意和创收之间的距离。借用哲学家黑格尔的一段话:"人的手只有连接在肢体上,才是手。脱离了身体,它什么也不是。"创意脱离了创造,就永远没有任何说服力。所有那些无法实现其价值的创意,最终也只能沦为美好的想象而已。

在创造的过程中,一定会遇到重重阻力,因为这个世界上适应传统的人永远比勇于接受变化的人多。大部分创意在诞生伊始都会遭到挑战和质疑。在这时,创新者需要具备战士的勇气和毅力,坚决地采取一切必要的行动,让创意变成现实。在创造的过程中,永远要直面任何困难,因为只有解决掉那些横亘在我们面前的难题,才能在创新的道路上走得又快又好。在创造的过程中,要学会在错误中学习。爱迪生在他发明灯泡的过程中,失败了八千多次;居里夫人奋斗了半生才发现了镭;哥伦布一直在寻找的其实是中国和印度,却到达了美洲。错误是人类最初的学习工具,在遭遇失败的同时,也了解到了错误的真相,得到了使用新方法的机会。

创造的实践过程既是一个考验智慧的过程,又是一个考验动手能力的过程,也是考验一个人的胆量与毅力、勇气与信心的过程。谁能坚持到最后,谁才能有机会真正地问鼎成功。

(三) 创收

所谓创收,是指利用现有的各种资源和条件,为个人、组织或社会带来收益。创新的最终目的就是创收,创新的过程就是从创意到创造再到创收的过程。好的创意并不意味着能够顺利地创造出来,即便能够创造出来,也并不意味着一定就能带来创收。创收的前提是市场和公众的认可,得不到市场的认同,一切创意和创造都只是水中花镜中月而已。

实现创收的影响因素有很多,从创意到创造的过程中,这些因素都会对最终的创收产生影响。其中,最主要的关键包括目的因素、用户因素和效率因素。目的因素即产生创意的目标和动机,所有的创意都源于特定的目标,为解决特定的问题而展开,只有那些能够切实改善现状、解决问题、为人们带来利益和价值的创意,才能够在创造的过程中避免阻力,获得更多的支持和帮助,并最终实现创收。用户因素即特定人群的实际或潜在需求。用户的需求是不断变化和发展的,只有对当前和未来的用户需求进行深入的分析与研究,创造出来的产品或服务才能够得到用户的肯定,才能被社会和公众所认可与接受,从而获得丰厚的利益回报。效率因素即创意和创造的效率。从创意到创造是一个复杂多变的过程,在这个过程中,刻意追求完美或尽量避免风险都可能会降低创新的效率。在目前消费环境快速多变的现状下,一个好的创意如果过于追求完美,或者在创造的过程中过于精雕细琢,都有可能错过稍纵即逝的市场机会。只有在创意和创造的过程中注重效率的提升,才能及时地把创意转化为收益,顺利实现创收。创意、创造和创收的关系如图1-1所示。

图1-1 创意、创造和创收的关系

二、创新的价值

从创新的经济学意义和价值出发就不难理解,为什么国内外相关学术领域对于创新这个概念的共识来自于美籍奥地利政治经济学家约瑟夫·熊彼得(Joseph Alois Schumpeter)。1929年,约瑟夫·熊彼得发表了《经济发展理论》一书,创造性地提出了"创新"的概念及其在社会经济发展中的作用。他的研究成果轰动了当时的西方经济学界,并获得了广泛的认可。《经济发展理论》创立了新的经济发展理论,即经济发展是创新的结果。独具特色的创新理论奠定了约瑟夫·熊彼特在经济思想发展史研究领域的独特地位,约瑟夫·熊彼特本人也由此成为创新理论和商业史研究的奠基人。

创新理论从确立发展至今,经过经济领域专家、学者们的积极探索和研究,获得了众多丰硕的研究成果。许多重大的创新理论被应用到各类企业的经济活动当中,起到了重大的借鉴和指导作用。其中,意义最重大、影响最深远、应用最广泛的重要创新理论包括:约瑟夫·熊彼得的创新典型情况理论、沃勒斯的创新四阶段理论、彼得·德鲁克的创新机遇的来源理论、菲利普·科特勒的水平营销理论和根里奇·阿奇舒勒的发明问题解决理论(TRIZ)。

(一)创新对个人的价值

纵观古今,但凡在历史上取得非凡成就的人,都具有极强的创新思维能力。他们凭借着自身异于常人的智慧,大胆想象、勇于创新,开拓出了属于自己的事业,被后人所铭记和称颂。虽然"踏实肯干""吃苦耐劳"曾经一度是衡量一个好人,或者是一个好员工的标准,但是在如今的社会和组织当中,衡量一个人为组织做出贡献的潜力,或者判断一个人未来所取得的成就,越来越注重这个人是否具备创新性的思维和创新的精神。组织越来越需要那些富有创新精神和创造能力的成员:创新型的人才能够帮助组织更富有成效地开展业务,通过创新的工作方法提高工作效率,通过创新的思考解决难题,通过创新的视野发现隐藏的机会,帮助企业更加灵活地应对变化,找到解决难题的突破点,更快更有效地获得利益增长;富有创新精神的人更易于成为组织着力培养的储备干部,在未来跻身组织的领导团队。在如今的职场,个人是否具有创新的意识、创新的能力,将决定个人未来职业发展的前景和职业生涯中所能取得的成就。

有这样一个例子。在英国有个叫吉姆的小职员,他的主要工作是在办公室里抄写各种文件,因为经常伏案工作,所以经常累得腰酸背痛。而对于他来说,最好的消除疲劳的办法就是在业余时间去滑冰。在冬天寒冷的时候,在室外非常容易找到滑冰的地方,但是其他季节,就没有合适的场地可以滑冰了。怎么才能一年四季都可以像冬天那样滑冰呢?酷爱滑冰的吉姆开始认真地思考能够解决的办法。终于有一天,他想:为什么不能在鞋上装上轮子,这样不就可以在平地上滑行了吗?吉姆兴冲冲地开始了他的实验,虽然失败了很多次,但是吉姆仍然坚持不懈地尝试各种方法,直至成功地制造出了世界上第一双溜冰鞋。从此,吉姆开创了属于自己的事业,并且获得了巨额的收益。

(二)创新对组织的价值

对组织而言,创新是一个组织是否能够持续获得生存和发展的能力的必要条件。如果一个组织不能通过创新获得新的资源和增长的空间,就会逐渐失去生机,甚至濒临灭亡。面对激烈的市场竞争,组织如果想获得持续的增长,必须以锐意进取的创新精神,勇于突破自身局限,革故鼎新,才能对市场的瞬息万变做出及时的应对和调整,才能先于竞争对手发掘出的潜在商机和利益,从而立于不败之地。当下,创新已经成为组织和企业发展过程中面临的一个最大的挑战,组织只有跳出原有框架和思路,谋求管理机制、营销、技术、服务、流程等各个层面的创新,走到市场的前面,才能真正帮助企业走出竞争的困境,以谋求更快、更大、更长久的发展。企业通过管理理念的创新,可以保证组织的高效运行和战略层面的洞察先机;通过营销的创新,可以更加精准地向目标受众快速传递产品价值和品牌形象,获得及时的利益回报;通过技术的创新,可以大幅度增强产品性能,提高生产效率,降低生产成本;通过服务的创新,可以传递给客户更加满意的产品购买和使用体验;通过流程创新,可以优化工序,大幅提高产品生产和提供服务的效率。成功的创新并不是信手拈来的,它具有战略性和连续性;它必须集中支持一个组织的愿景、使命和目标,融入系统和工艺之中并继续下去。在当今全球经济一体化竞争、产品同质化越来越严重的市场格局下,只有勇于创新的组织,才能够不断突破自身成长的桎梏,不断超越为数众多的竞争者,永葆基业长青。

IBM被称为"蓝色巨人",历经市场的风云变幻而屹立不倒,与它能够一次次面对市场的变化,勇于突破传统,大胆创新有密切的关系。20世纪初,IBM的主要业务是做穿孔卡片。但是,随着电子计算机和磁带的出现,公司的管理层感受到了变化的趋势,毅然决定全面拓展新业务,并且以大型电子计算机的研发和生产作为公司的发展目标,才使IBM成为全球最大的电子计算机制造商。20世纪90年代初,IBM的大型计算机业务受到了技术革新的严重冲击,潜力巨大的个人电脑市场开始初露端倪。IBM公司总裁郭士纳毅然决定从昂贵的大型计算机市场转向个人电脑市场,并且打造出了举世闻名的Thinkpad个人电脑品牌。在这个过程中,郭士纳又发现,IBM公司的最大优势其实是做IT产品服务和软件开发,而不是硬件。于是,郭士纳大胆创新,把业务重心全面转向了服务和软件。2000年开始,互联网泡沫的破灭殃及了与其紧密相关的计算机、通信等行业,时任总裁的彭明盛大胆提出了"随需应变"的创新战略:全面退出PC硬件业,进入知识服务、软件和顾问等服务市场,向客户提供任何需求的任意解决方案。面临市场不断的风雨变幻,不断创新已经成了IBM有效应对变化的制胜法宝,通过4次创新性的重要战略转型,使得IBM公司避免了在老路上的滑坡,成为IT界始终屹立不倒的巨人。

(三)创新对国家和社会的价值

创新是时代进步和社会发展的根本动力,是国家政治、经济、军事、科技兴盛的源泉。近年来,我国已经把创新放在了国家发展全局的首要位置,并且以此引领着国家发展规划的总体理念。当今世界,一个国家如果想走在世界发展的前面,屹立于强国之列,就必须能够紧随世界创新发展的主旋律,以创新精神持续推动社会各领域健康、快速地进步和成长,才能把国家建设成为富强、民主、文明、和谐的现代化强国。一个国家如果想发掘出创新的巨大潜力,就需要全社会上下一心,共同努力,把创新意识融入每一个组织、每一个员工的工作和生活的各个层面当中,推动创新精神在全社会蔚然成风。

任务二 创新理论

通过创新概念的学习,我们大致了解到了创新是什么。但是,在创新科学领域都有过哪些经典理论?这些理论对社会都有哪些贡献?我们尚不清楚。今天,我们就站在中外"巨人"的肩膀上进行创新理论的学习,希望我们能走得更远,学得更好。

(一)约瑟夫·熊彼得

约瑟夫·熊彼得认为,创新其实是要建立新的"生产函数",即在企业的生产体系中加入以前从来没有过的、新的生产要素和生产条件的组合。而企业家最重要的职能就是不断发现并且引进这些新组合。经济的发展,就是在整个社会经济发展过程中不断发现和引进这些新组合。换一句话说,社会经济的发展就是这种不断创新的结果。而创新的目的,则是最大限度地获取超额利润。正是这种创新过程的非连续性和非均衡性,造成了经济周期的波动。由此,约瑟夫·熊彼得提出,"创新"是资本主义经济增长和发展的动力。

1. 5 种典型

在对创新的定义的基础上,约瑟夫·熊彼得进一步明确地指出了创新的 5 种典型情况,如图 1-2 所示。

图 1-2 创新的 5 种典型情况

① 采用一种新的产品或开发产品的新特性。例如,电话的发明和使用,以及在后期陆续发明的无绳电话、手机、智能手机。

② 采用一种新的生产方法。例如,从中国白酒传统的纯粮固态发酵法到现代的用高纯度食用酒精、优质水和酒醅(酒糟),通过直接勾兑、串香蒸馏或浸香蒸馏等新工艺酿造法酿造白酒。

③ 开辟一个新的市场。例如,中国的摩托车整车及零部件的海外市场开拓,依托东南亚,进而开辟了非洲、拉丁美洲等包括了 200 多个国家和地区的国际市场。

④ 掠取或者控制原材料或半制成品的一种新的供应来源,也不问这种来源是已经存在的,还是第 1 次创造出来的。例如,中国食用盐的提炼,从海盐、湖盐逐渐发展到井矿盐的开采。

⑤ 实现任何一种工业(或商业)的新的组织。例如,从百货公司到大中、国美、苏宁等大型家电超市,再到淘宝、京东、一号店等网上超市的发展。

约瑟夫·熊彼得的这 5 个创新典型情况,被后人逐渐发展为分别对应产品、技术、市场、资源配置和组织制度的创新。

2. 基本观点

约瑟夫·熊彼得创新理论包括以下基本观点(见图 1-3)。

(1)创新是在生产过程中,从内部自行发生的变化

经济的发展包括两种变化:一种是外部的变化,即投入的资本和劳动力数量的变化;另外一种是从体系内部发生的变化,是不能用数据的变化

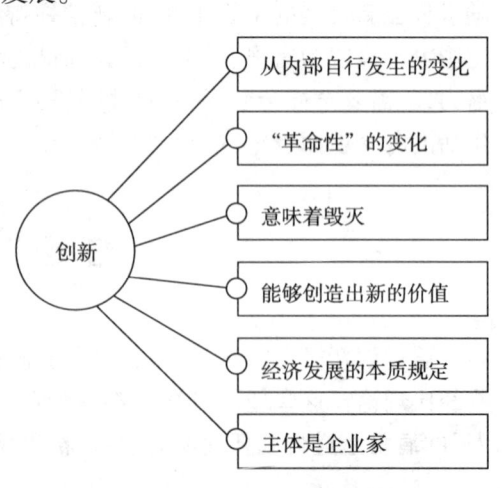

图 1-3 约瑟夫·熊彼得的创新理论

来考量的,这就是创新。

(2) 创新是一种"革命性"的变化

熊彼得曾做过这样一个形象的比喻:即便你把再多的马车连接起来,也不可能得到一条铁路。"而恰恰就是这种'革命性'变化的发生,才是要涉及的问题,也就是在一种非常狭窄和正式的意义上的经济发展的问题。"这就充分强调了创新的突发性和间断性的特点,主张对经济发展进行"动态"性的分析研究。

(3) 创新同时意味着毁灭

"新组合并不一定要由控制创新过程所代替的生产或商业过程的同一批人去执行",就像我们完全不用马车车夫去修筑铁路或充当火车司机一样,新组合完全可以由另外一批能够满足要求的人去维持。因此,火车和铁路是对马车的消灭而不是改进,在竞争的市场环境中,创新和毁灭经常会发生在两个截然不同的经济实体之间,一个新组合的诞生通常意味着旧组合的灭亡。

(4) 创新必须能够创造出新的价值

熊彼得认为,发明和创新是两个不同的概念,发明是发现新的工具或方法,但是这些工具和方法还没有得到实际的应用,因此不能创造出新的价值。而创新则是对这些新的工具或方法的具体应用,并且通过实际应用创造出新的价值。熊彼得强调创新必须产生出新的经济价值的观点对创新理论的研究具有非常重要的意义,并且被此后诸多创新理论的研究者所继承。

(5) 创新是经济发展的本质规定

熊彼得认为经济有增长和发展两种情况。经济的增长源于人口和资本的持续增加,这种简单的累加并不能称得上是发展,因为在这个过程中只体现了量的变化,而并没有发生质的变化。而发展是新组合对旧组合的否定,是在旧的经济循环过程中的阻断,在这个阻断的过程中实现了质的变化,实现了创新,因此创新是发展的本质规定。

(6) 创新的主体是企业家

在熊彼得看来,以实现经济领域里的新组合为职业的人,就是我们通常所说的企业家。企业家的核心职能并不是企业的经营或管理活动,而是要看企业家能不能顺利执行新组合。正是这个核心职能把企业家的活动和其他的经营管理活动彻底地划分开来。每个企业家只有实现了某种新组合时,才能称得上是一个真正的企业家。

基于熊彼得的创新理论,创新领域的研究者们展开了更加深入和广泛的研究,并日趋精致和专门化,涌现出了众多的创新理论模型——具有代表性的模型包括技术推动模型、需求拉动模型、整合模型、相互作用模型、系统整合网络模型等,并且构建起技术创新、机制创新、创新双螺旋等重要的创新理论体系,逐步形成、发展和完善了对于创新理论的经济学理解。

(二) 彼得·德鲁克

美国管理学家彼得·德鲁克是现代企业管理大师,被誉现代企业管理之父。约瑟夫·熊彼得曾经是彼得·德鲁克父亲的学生,两者之间可谓颇有渊源。彼德·德鲁克受到约瑟夫·熊彼得创新理论的影响,精心总结了企业经营和管理中的创新实践与经验,并且提出了独具特色的现代企业创新思想,被奉为21世纪企业创新的"圣经"。

1. 核心内容

彼得·德鲁克的创新理论主要内容如图1-4所示。

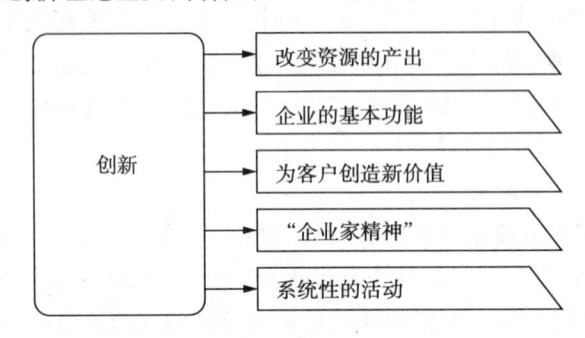

```
            ┌─→ 改变资源的产出
            │
            ├─→ 企业的基本功能
            │
  创新 ─────┼─→ 为客户创造新价值
            │
            ├─→ "企业家精神"
            │
            └─→ 系统性的活动
```

图1-4 彼得·德鲁克的创新理论

(1) 创新是改变资源的产出

创新需要带来新的经济价值,而工人、设备、原材料和资金等各种生产要素的简单组合并不能带来新的经济价值。企业只有在生产活动的过程中把各种生产资源进行创新性的组合,持续不断地加以改造,才能够得到具有经济价值的产品。因此,企业的创新就是一个改变资源的产出的过程。资源既包括原材料,也包括技术、资本、生产管理和质量监控、人力资源开发等各种与生产过程相关的资源。

(2) 创新是企业的基本功能

企业无论规模大小,都应该把创新作为一项基本的功能。从表面上来看,企业的主要社会功能是生产,通过生产出各种产品满足顾客的需求,同时给员工创造就业机会,带来收入。但企业仅仅生产产品和提供服务是不够的,还必须能够不断地生产出更好的产品,提供更好的服务,才能够满足日益增长和不断变化的顾客需求,才能够获得持续的生存和发展。而企业只有通过不断地创新,才能够为顾客提供更多、更好的产品和服务。因此,创新是企业的基本功能。

(3) 创新是为客户创造新价值

如果企业只能提供现有的产品和服务,那么它就只能在最低的层面参与市场的竞争。企业在现有产品和服务的基础上,通过新技术的改进、新产品的研发、新流程的实施、新服务的提供,为顾客创造了新的价值,满足的都是顾客之前未被满足或者潜在的需求。同时,企业通过新价值的提供,也能够不断开拓新的市场,创造更多的新顾客。

(4) 创新是"企业家精神"

无论是企业还是政府部门,无论规模大小,无论科技含量高低,各类组织的管理者们都可以被称为企业家,都应该具备企业家精神。而企业家精神是在企业的经营管理活动中,从实践中形成的。它并不是一种人格特征,而是一种实践性的行为。这种实践性的行为最大的特点就是不重复过去曾经做过的事情,而是不断地去做与众不同的事情。对于一个企业家来说,企业家精神就是不断提高现有资源的产出比,不断创造出新颖独特的产品和服务,不断开拓新的市场和用户,把变革作为常态,不断寻求新的机遇。企业家必须懂管理,而不具备企业家精神的管理者,不可能成为一名成功的企业家。

（5）系统化的创新——关注创新机遇的来源

彼得·德鲁克认为,19世纪以来,随着经济的发展和科学技术的进步,灵光一现的发明已经成为系统性的研究。他在《创新与企业家精神》一书中指出:"创新已经成为一种系统化的、有目的的活动。这种活动经过精心策划和组织,无论是在所达到的目标还是在可获得的成果方面都有高度的可预测性。因此,我们必须将诸如此类的活动诉诸创新之中。而企业家必须学习如何进行系统化的创新。"

系统性的创新,就是要在企业的发展过程中有目的、有组织地不断寻求变化,从而持续创造新颖独特的产品和服务。迄今为止,绝大多数的成功创新都是利用变化实现的,或者说,创新本身就意味着变化。因此,创新就是对这些变化进行持续的关注和系统性的分析、判断与研究,把握创新的机遇。

2. 7个重要事件

创新机遇的7个来源如图1-5所示。

图1-5 创新机遇的7个来源

（1）意外事件

意外事件就是那些出乎人们意料的事件,包括意外的成功、意外的失败和意外的外部事件。

① 意外的成功

意外的成功往往能够带来最多的创新机遇,在多数情况下,创新所需要承担的风险和损失最少,而且在创新过程中没有过多的阻碍因素。因此通常会给企业带来新的产品、服务和未来的发展方向。

例如,金佰利-克拉克公司发明的纤维棉,最初是作为医用绷带来使用的,但是在战场上,女护士们却意外地发现了它的另一个用途——效果出色的一次性卫生纸巾。于是,女性卫生用品领域具有划时代意义的产品——"高洁丝"诞生了。

② 意外的失败

意外的失败往往并不被人们重视，很多失败的产品往往被轻易地丢弃，扔进创新实验的垃圾箱。人们习惯于购买相同的产品，忽视了他们所购买的实际目的——价值。在原本的使用领域中不具备价值的那些实验品，如果能够得以充分的思考和重视，往往会出乎意料地在另外一个领域中获得成功。

例如，3M公司的科学家Spencer Silver博士曾经制造出一种失败的粘贴剂，粘贴效果非常差，轻轻一撕就能够撕下来。后来，3M公司的另外一位科学家Art Fry想在书签上加上一种轻微的粘贴物质——既可以把书签粘在书页上，又可以轻松地撕下来而不破坏纸张，于是他想起了Silver博士的粘贴剂，"报事贴便条纸"由此诞生。

③ 意外的外部事件

意外的外部事件不是发生在企业内部，而是在企业所处的社会环境中发生的事件，或者是新的发展趋势。当这些意外事件发生时，往往也意味着重大的机遇。企业只有敏锐地觉察到潜在的机会，才能够引发企业内部的创新行为，创造出能够适应社会环境变化和满足新的客户需求的产品与服务，给企业带来新的增长和收益。但有的时候，企业也会因为自身的既有利益而不能顺应变化，抓住机遇，错失良机。

例如，柯达公司曾经研发出了世界上第一台数码相机。但是，因为柯达公司的高管认为数码相机的出现将会对自己的传统化学产品业务和胶卷业务带来巨大的威胁，于是雪藏了这项技术。然而，日本的索尼等诸多企业纷纷开始了数码相机的研制工作，数码相机产品就此蓬勃发展起来，胶卷从此逐步退出了历史舞台。柯达公司因对其自身利益得失的顾虑，未能在数码相机技术诞生之初就确立先发优势，从社会外部环境的变化中准确地把握住机遇，最终在数码影像的市场中折戟沉沙。

（2）不协调的事件

所谓不协调，是指客观现实和个人主观想象之间的差别，这种差别的存在给人们带来了不协调感。虽然企业可能没办法弄清这种差异产生的原因和本质，但并不妨碍这些不协调所带来的创新机遇。不幸的是，虽然这些不协调广泛存在于各行各业当中，却容易因为人们对这种不协调长久以来形成的适应而难以令人觉察,并被当作是理所当然的存在。企业必须能够从自身所处的情境中跳脱出来,认真审视那些被认为是"一贯如此"的现象或惯例,发现其中的不协调。这就是一个创新的过程。不协调的状况包括:不协调的经济现状;现实和假设之间存在的不协调;所付出的努力与客户的价值和期望之间的不协调;程序的节奏或逻辑的内部不协调。

① 不协调的经济现状

所谓不协调的经济现状,是指在一个产品或服务都稳步增长的产业中,企业却没有获得相应的利润增长。这说明,存在着企业发展和经济现状之间的不协调,而恰恰是这种不协调,往往是创新机遇产生的先兆。创新者应该积极主动地去探索发现并且利用这种不协调,从其中发现创新的机遇。

例如,二战后,虽然经济活动日益繁荣,对钢铁产品需求的日益增长,众多的大型钢铁企业却面临利润却越来越微薄的窘境。而众多的小型钢铁厂却因为能够不断降低成本和突破技术桎梏,在获取高额利润的同时持续扩大和抢夺市场份额。时至今日,小型钢铁厂的产量已经达到了整个北美钢铁产量的一半,并且在全球各地区迅速扩大市场占有率。然而,大型综合性钢铁企业却在这场角逐中始终处于被动防御的状态,以至于将全球半壁钢铁市场拱手相让。

② 现实和假设之间存在的不协调

现实和假设之间存在的不协调,是因为人们对某个行业和领域的现实状况做出了错误的理解与判断,并由此做出了错误的假设。由于在错误的创新方向上投入了大量的资金和精力,所以得不到任何有益的结果。如果有人能够及时发现这种不协调,就会带来成功的创新机遇。

例如,早期的船运公司曾经认为制造更大、更快的轮船是提高海上运输效率的关键。后来,人们意识到提高码头的装卸效率才是解决海上运输效率问题的关键,于是把装货和装船两个工作分开独立进行,从此大大提高了运输效率。

③ 认知的与实际的客户价值和期望之间的不协调

所谓认知的与实际的客户价值和期望之间的不协调,就是企业对自身产品或者服务的认知与客户对产品或服务的认知不相一致,从而产生不协调。这是产品主导型企业中最常见的现象,它们的研发人员坚定地认为对他们来说,有价值的产品或服务在客户看来也具有同样的价值。当我们听到"这么好的产品怎么就没人买呢"这样的评论的时候,这种不协调就已经发生了。而这种不协调的发生给了我们一个机会,让我们从客户的视角重新审视自己的思路,通过了解客户的真实期望调整企业的创新方向。

例如,在摩托罗拉公司的研发人员看来,铱星手机无疑是一部功能强大、性能优良的手机,尤其是对于经常去那些偏僻地区的用户,全球无死角的手机是他们迫切需要的产品。虽然在技术和理念上,铱星手机的优势无可挑剔,但研发人员却忽略了铱星手机在使用起来的昂贵代价和糟糕的用户体验对用户的不利影响。用户完全可以通过其他的替代方式获得相对满意的服务,而不是耐心等待他们的产品日益完善和成熟起来。正是摩托罗拉公司研发人员和用户对铱星手机的价值期待的不协调,最终导致投入巨大的铱星手机业务走向失败,并导致企业最终破产。

④ 程序的节奏或逻辑的内部不协调

所谓程序的节奏或逻辑的内部不协调,就是在原来已有的程序中那些麻烦的、容易出错或让人感到不方便的地方。这些不协调往往很直观,甚至会经常听到操作者或使用者在抱怨它们。但是,这些抱怨却往往被人们当作一时的小牢骚而忽略了。真正善于把握创新机遇的人应该能够倾听这些"麻烦",当尝试着去解决一个"麻烦"的时候,就已经抓住了一个创新的机遇。

例如,白内障手术是非常简单的小手术,但是很多医生却觉得做这个小手术有个麻烦:在一个步骤中,医生需要切断病人眼部的一条韧带,这样极易造成病人眼睛流血,对眼睛产生不好的影响。威廉·科纳经过研究和实验发现,有一种酶能够立刻溶解眼睛里的那条韧带。这种专利化合物一经推出,就得到了眼科医生们的欢迎。在这之后,威廉·科纳成立了自己的公司——爱尔康实验室,并在后来以高价卖给了一家跨国公司。

(3) 程序需要

与原有程序中的"不协调"不同,程序的需要更偏重于在面临一个具体的工作任务时完善一个原有的程序,替换原有程序中的那些问题程序,或者根据新的知识和技术重新设计一个新的程序。当这样的创新行为发生时,往往意味着一个新的标准和程序的建立,同时意味着旧的标准和程序的废止。一般而言,隐藏着创新机遇的程序需要应该具备5个基本要素:①这个程序是一个独立的,不因外界因素影响轻易发生变化的程序;②在这个程序当中存在着"薄弱"或"欠缺"的环节;③对于程序的改进需要有明确而清晰的目标;④可以明确地拿出具体的解决方案;⑤大家公认应该有更好的方法。

例如,18世纪英国工业革命以来,各种印刷品的需求得到了爆发式的增长,印刷工厂不得不持续改进印刷和造纸设备以提高生产效率。但是文字排版的工序还在使用人力进行手工作业。因为这个工序的生产效率非常低,导致了整个印刷品生产过程都卡在了排字这一道工序上。美籍德国人奥特玛·默根特勒(Ottmar Mergenthaler)用历时5年的研究,于1886年发明了世界上第1个自动行式铸排机,极大地提高了生产效率,并且成了新的标准工序。默根特勒发明的铸排机使用了近一个世纪,直到1976年,更先进的激光照排技术出现才逐渐地退出了历史舞台。

（4）产业和市场结构

产业和市场结构一经产生，往往延续很长时间，很多年都不会有什么大的变化，非常稳定，以至于人们经常会对此产生一种错觉，就是这种稳定会一直持续下去。实际上，产业和市场结构也有其脆弱的一面。有的时候，一个意想不到的变化，也能对市场和产业结构产生巨大的冲击，甚至使其在短时间内彻底瓦解。产业和市场结构的变化是有明显迹象的、可分析和可预测的，当发生这种变化的时候，企业应该即刻采取应变的措施，坐观其变和顺其自然的心态必然会导致企业不能适应产业与市场的变化而难以为继，因为恰恰是这种变化带来了新的，甚至是巨大的机遇。无论是主动还是被动，企业在应对这种变化时所做出的努力都可以视为创新的行为。而那些能够正视现实、直视本质的企业，一旦抓住了机会，就有可能获得新的成功。

例如，20世纪以来，随着汽车工业的快速发展，汽车的价格逐渐开始下调。与此同时，普通家庭的收入水平不断提高。一些卓有远见的企业领导者预见到了汽车市场结构的变化趋势：汽车将不再是上流社会的专属，终将会走向千家万户。福特汽车公司的创始人亨利·福特（Henry Ford）开始设计一款普通家庭能够买得起的，易于驾驶和修理的T型车；威廉·杜兰特（William Crapo Durant）成立了通用汽车公司，面向各个社会阶层生产不同价格和档次的汽车；菲亚特汽车公司的创始人乔瓦尼·阿涅利（Giovanni Agnelli）认为军队将会大量需要各种汽车，于是根据军队的各种需求开始研制军用型汽车。这3家汽车公司在变化到来之时做出了及时调整和应对，使得自己在激烈的竞争中得以继续发展壮大，成为全球知名的汽车企业。

（5）人口统计数据的变化

人口统计数据包括人口数量、年龄构成、性别比例、受教育程度、家庭户人口和收入水平等内容。与其他变化不同的是，人口统计数据具有简单、清晰、直观，并且可分析、可预测等特点。企业可以通过对人口统计数据的分析，判断出不同人群的购买行为方面的变化和趋势。一直以来，很多人都会认为人口统计数据记录的是一个漫长的过程，数据的起伏变化是一个长期的过程，在这个市场环境瞬息万变的时代，并不能起到有价值的参考意义。但是，人口数据的变化毕竟是正在发生的事实，任何高瞻远瞩的企业都不会放弃对人口数据变化的关注，因为它们需要看到市场和经济发展的未来，以便能够及时地提供恰当的产品和服务。只有那些对可能发生的变化做好积极准备的企业，才能在变化来临的时候及时把握住机遇，而机遇永远垂青有准备的人。

例如，第二次世界大战之后，因为社会的稳定和经济的繁荣，大批回国的退伍士兵和普通的民众开始享受战后幸福安逸的家庭生活，并随之出现了美国历史上的第一次生育高潮。美国人沃尔特·迪士尼和乌布·伊沃克斯创造出的卡通人物米老鼠，得到了美国乃至全世界儿童的喜爱。后来，迪士尼公司相继推出的动画片、儿童乐园都受到了全世界家庭的欢迎。在接下来的岁月里，整个迪士尼公司的事业蒸蒸日上、经久不衰。发展至今，迪士尼已经涉足玩具、视频、服装、箱包、家居用品、电子产品等多个产业，成为儿童产品领域不可撼动的商业巨头。

（6）认知的变化

认知是人们感知和理解客观事物的过程。人们的认知是会随着社会政治、经济和文化的发展改变而改变的。即使是同样一个概念，也会因为不同的领域、不同的时间及不同的主体而发生认知上的不同。一个人，或者一个群体的认知改变，完全可以导致一种产品、一类企业，甚至一个产业的诞生或消亡。同样，在广阔的认知领域和无穷无尽的变化当中，蕴藏着为数众多的、重大的创新机遇。

例如，自从汽车诞生以来，人们对汽车的认知就是汽车可以带来更快的速度，速度是衡量一辆汽车品质的唯一指标。随着汽车保有量的不断提升，交通事故也逐渐频繁起来。人们意识到，一辆汽车不但要能高速行驶，更要保证乘客的安全。1958年，瑞典沃尔沃汽车公司的工程师尼尔斯·博霍林（Nils Bohlin）经过不断尝试和改进，发明了沿用至今的三点式安全带。到今天，安全带已经成为任何一个汽车制造商生产汽车的标准配置，并且在众多的交通事故中挽救了无数人的生命。

（7）新知识

新的知识是人们在以往知识经验基础上丰富和发展起来的知识。在创新的历史进程中，基于新知识的创新是最具有新颖性、独特性、爆发性和变化性的。这种创新能够给企业带来巨大的利益和声望，是所有的企业都非常关注，也非常欢迎的创新方式。知识的含义很广泛，并不仅限于科学和技术，也包括社会、历史、经济、文化等多方面的领域。知识创新不同于其他的所有创新，它在时间、资源、风险、预测和控制等方面给企业带来了极大的挑战。知识创新具有高投入、高风险和高回报的特点，因此，基于新知识的创新看起来具有赌博和运气的成分，是企业最难于把握和驾驭的创新机遇。

例如，计算机的发明经历了一个漫长的历史时期，正是因为在这段时间里不断出现的新知识的积累，才让计算机的诞生成为可能。最早的相关知识是出现在17世纪的二进制原理。19世纪，英国数学家查尔斯·巴比奇（Charles Babbage）发明了世界上第一台机械计算机器——差分机。1890年，美国人口调查局职员赫尔曼·霍列瑞斯（Hermann Hollerith）发明了用于人口普查数据的穿孔卡片及机器——打孔卡，使数字转化成"指令"成为可能。1906年，美国人李·德·福雷斯特（Lee de Forest）发明了三极管，并由此开创了电子学。1910—1913年，波特兰·罗素（Bertrand Russell）和埃尔佛雷德·诺斯·怀特黑德（Alfred

North Whitehead)的著作《数学原理》使人们可以用数字表示所有的逻辑概念。正是因为上述所有与计算机相关的新知识的不断积累,1946年世界上第一台计算机得以发明和运转,并且逐渐发展为现代各类小型化、高性能的智能电子设备。

(三)沃勒斯

1. 创新的阶段性理论

19世纪以来,围绕着创新的具体过程,赫尔姆霍兹、杜威、沃勒斯、亚历克斯·奥斯本等人先后提出了关于创新阶段的理论,其中以英国心理学家沃勒斯的创新"四阶段理论"影响最大、传播最广。

2. 沃勒斯的创新四阶段理论

沃勒斯认为,创新的发展一共会经历4个阶段——准备期、酝酿期、明朗期和验证期,如图1-6所示。

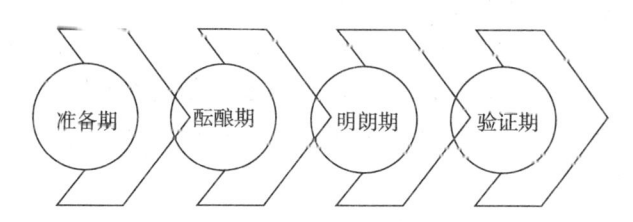

图1-6 创新的4个阶段

(1)准备期

准备期是创新过程中的第一个阶段,也是创新行为的准备和提出问题的阶段。所有的创新都是从发现问题、提出问题开始的。问题的本质,就是现有状况和理想状况之间的差距。沃勒斯认为,对问题的感受性是非常重要的创新素质,具体来说,创新准备包括3个具体步骤:第一,对以往的相关知识和经验进行充分、详细地积累和整理;第二,搜集创新所必需的相关事实和资料;第三,明确所提出问题的社会价值、能满足的社会需要及该项创新的价值前景。通过这3个步骤,可以帮助创新者使问题变得具体、形象和可行。

(2)酝酿期

酝酿期是创新的思维发散性思考的阶段。在这个阶段,创新者要对在准备期搜集到的信息和资料进行细致的分析、加工和处理,并从其中发现解决问题的关键。在这个阶段,需要综合运用各种打破常规的思维方式,让创新的想法在大脑中进行反复的组合、交叉和碰撞,从而产生大量的新的创意。在这个过程中,创新者需要拓宽自己的视野,把关注的范围从自己熟悉的知识领域扩大到表面看起来没有直接联系的其他领域,从而实现多学科、多角度的交叉综合优势,帮助创新者从更高的层次上去思考问题,寻找新的突破点。然后,创新者还需要在大量的新想法、新创意中做出甄别和选择,去芜存菁,摒弃那些不具有真正价值和可行性的想法与创意。创新的酝酿期是整个创新过程中最漫长、最复杂和最艰辛的阶段,在这个过程中会遇到来自方方面面的桎梏和挑战,需要创新者不懈的努力与坚持。

(3)明朗期

明朗期是创新过程中的顿悟或突破阶段。在这个阶段中,通过前期大量的探索、积累和思考,创新者通常会在各种可能的解决方案中找到具体的、可行的解决办法。这个阶段可能如水到渠成一般的自然发生,也有可能像火山喷发一样突然和短暂,能够解决问题的新的创意和想法就此产生。

（4）验证期

验证期是创新过程的评价阶段,是新的创意和想法得以充分论证与不断完善的阶段。新的创意和想法就像制作器皿的毛坯,往往存在着一些明显或不易察觉的缺陷,需要在理论的充分论证和不断实践的验证过程中逐步进行调整与修正,从而确保创新成果得以顺利应用,实现其价值。验证期需要创新者付出充分的耐心和细心,不能急功近利,急于求成,只有经过悉心的打磨,才能得到成熟的、可行的创新成果。

（四）菲利普·科特勒

市场营销与创新一样,是企业最重要的功能之一。在营销创新的领域,得到一致认可的权威创新理论是美国著名的市场营销专家菲利普·科特勒的水平营销理论。水平营销理论和方法能够切实地帮助各类型企业的营销人员突破传统营销观念带来的思想束缚,有效地规避在企业创新过程中可能面临的潜在风险,并且通过创新性的思维和方法帮助营销人员在当今日趋饱和的市场及过度激烈的竞争中赢得顾客,创造价值。关于水平营销的具体内容,将在项目三中进行详细阐述。

（五）根里奇·阿奇舒勒

发明问题解决理论（TRIZ）起源于苏联,由苏联发明家、教育家根里奇·阿奇舒勒（G. S. Altshuller）和他的研究团队,通过分析大量专利和创新案例总结得出。这个理论成功地揭示了创新发明过程中的基本规律和原理。根里奇·阿奇舒勒认为,在创新发明过程中遇到的技术问题通常都是关于矛盾的问题,如果要解决这些矛盾,就要准确地找到这些矛盾,并且予以解决。在发明问题解决理论中,没有任何折中或妥协,而是要始终坚持向最佳的解决方案迈进,直至完美解决问题。运用发明问题解决理论,可以有效地促进人们的创新发明效率,并且得到高质量的创新产品,因而在全世界范围内的创新领域得以广泛的应用。关于发明问题解决理论的具体内容,我们将在项目六中进行详细阐述。

创新案例1

工序调整解除海上运输业生存危机

20世纪50年代,远洋货运受到了航空货运的挑战。因为全球贸易的持续增长,远洋运输需求急剧增加,大量的货物堆积在港口等待装船,而船运公司的货物装卸效率低下,导致轮船不能及时进港,运送货物时间大大延长,失窃事件层出不穷,运输成本持续上涨。因此,海上运输的业务受到了越来越多的抱怨和质疑,人们甚至预测低效的远洋货运终将被航空货运所取代。而船运公司为了解决运输效率问题和降低成本,坚持不懈地努力设计并制造更大、更快、更省燃料和操作人员的轮船,致力于提高船只在海上和各港口之间的运输效率,降低运输成本。但船运公司却没有意识到它们努力的方向完全错了:船只对船运公司而言,实质上是生产设备,而船运公司作为企业所付出的最大成本,是生产设备——也就是船只在港口不能进港装货而产生的闲置成本。把精力专注在本身已经没有多少提升空间的海港间的运输效率上,显然得不偿失。因此,当人们发现这一点时,一个简单的创新方案解决了船运公司的存亡危机。人们把装货和装船这两个工作独立分开,在港口的陆地上完成装货,而船只进港后只负责装卸。具体的解决办法就是研制滚装滚卸货轮和集装箱货轮这些新型的船只。效果是惊人的:在之后的30年里,船只在港口停留的时间缩短了3/4,海上运输的货运量翻了5倍,成本下降了60%。海上运输业不但没有被航空货运所取代,反而因其良好的经济性得到了蓬勃的发展。

案例分析

这是一个创新机遇7个来源中的典型的"现实和假设之间存在不协调"的案例。早期的船运公司对海上运输业的发展做出了错误的判断和假设,它们认为提高远洋运输效率的方式就是不断研制先进的大型船只,却没有想到解决效率问题的关键出现在码头作业的工序上。因此,能够及时发现现状和假设之间的不协调,就能避免创新工作产生方向性错误,从而避免创新风险,带来新的发展机遇。

案例思考

在远洋运输领域的现实工作中,能不能发现一个现实和假设之间存在不协调的例子?

创新情境

通过认真的学习,张明和李艳充分了解了创新的概念、发展和主要的创新理论,为他们计划和实施创新精神的宣传推广活动积累了充分的基础知识。为了更好地开展关于创新精神的宣传和推广活动,他们俩在一起商量,到底怎样才能够调动公司同事们对创新的兴趣,唤起他们对各种宣传和推广活动的参与热情。

张明:虽然公司认为创新非常重要,但是大家对创新会怎么看呢?会不会有人认为,创新是公司领导才需要考虑的事情,跟自己没什么关系呢。

李艳:肯定会有人这么想,因为大家不知道创新跟自己有什么直接的关系,不知道创新意识和创新精神能够给自己的职业发展带来哪些具体的好处。没有好处的事情,谁会真正的关心呢。

张明:看来,我们要做些准备,了解一下创新对我们个人能够带来什么实实在在的帮助才行。

李艳:不光是对我们自己。现在不仅是公司重视创新,我们国家也把创新放在了很重要的战略位置上。我们不但要让同事们了解创新给自己带来的好处,还要让他们了解创新能给公司,给国家带来什么样的改变。这样,才能够唤起大家的责任感和使命感,上下一心,齐心协力,一起推动和贯彻创新精神,为自己,给公司,也给国家和社会的发展贡献自己的一份力量。

张明:你说得太好了!那么,咱们一起了解一下,创新对于我们个人、我们公司,还有我们国家和社会都有哪些重要的意义与价值吧。

创新案例2

创新的意义——集装箱改变世界

1931年,年仅18岁的美国农村小伙子马尔科姆·麦克莱恩倾其所有,购买了一辆卡车,来到新泽西州的码头跑运输,开始了他发家致富的"美国梦"。

当时码头的作业效率非常低下,从轮船靠岸到装卸货物,要经历一个非常复杂和烦琐的过程。如果要把码头上的货物装载到货轮上,首先需要装卸工把货物装到拖车上,然后用拖车把货物拉到轮船旁边,再由搬运工把货物搬运到吊盘上,之后把吊盘拉起,升到货舱的位置,再由搬运工搬到货舱里。为了防止货物遗失,每一次装卸货物都要经过搬运、清点、分类摆放等一系列程序,但仍然避免不了货物经常会遭受损失。

正是这个漫长而繁复的过程让麦克莱恩深恶痛绝,因为轮船装卸一次货物需要耗费很长的时间,而在这段时间里,麦克莱恩除了无聊地等待,根本没有什么事情可以做。对麦克莱恩来说,他的所有收入都取决于拉货的次数,每拉一次货,他就能赚一次钱。因此,在一天的时间里,他拉货的次数越多,赚的钱也就越多。而现在的状况却是他要把大把的时间荒废在毫无效益的等待上,这怎么能忍受呢?不甘心的麦克莱恩下定决心要改变这个局面。于是他就开动脑筋,整天琢磨怎么才能够提高轮船的装载和卸货效率,让自己有更多的时间赚更多的钱。

终于,麦克莱恩想到了一个好点子。现在码头装卸货物效率低主要是因为货物种类非常多,尺寸大小都不规则,摆放起来非常麻烦。但如果在刚开始接到货物的时候就能把这些货物按照分类整理好,码放在一个个巨大的箱子里,然后用卡车直接拉到码头,再直接吊装到轮船上,到了目的地之后直接把这些大箱子再装到卡车上,直接拉到收货地由收货人开箱验货,这样不就可以省去了中间一次一次的装卸和清点货物的过程,大大提高效率,省去那些漫长的等待时间了吗?麦克莱恩觉得这真是个好主意,但是实现起来却不那么容易,首先要联系厂家定做大批尺寸规格一致的大箱子,然后还要对卡车和码头设施及轮船上的设备做相应的调整与改进。这一系列的问题都需要解决,而这无疑是一个牵扯到整个行业的浩大的工程,需要大量的人力和财力的支持才能够实现。对于他个人来说,实现这个想法简直就是天方夜谭。但是,麦克莱恩决定改变这一切,他把改变航海运输事业的梦想默默地藏在心里,踏踏实实地从自己的一辆卡车开始,苦心经营着他的运输事业,慢慢地发展他的车队,直到20多年后拥有了美国最大的一支运输车队。

转机出现在1955年,当时麦克莱恩凭自己的财力收购了一家小型的石油运输公司,并且终于拥有了自己的货轮,于是他开始把他的梦想付诸实践。他首先找到布朗公司,要求设计人员为他设计制造一款用钢板为材质的集装箱,并且在这个集装箱上预留出与货轮上的金属固定结构相契合的卡槽。然后他改造了自己的货轮,在货轮上安装了方便装卸和固定集装箱的金属框架结构,并且对码头上的起重机进行了改装,让这些起重机能够把重达20吨的集装箱轻松地吊装到货轮上。

1956年,麦克莱恩打造的世界上第一支集装箱船队从美国扬帆起航。因为采用集装箱装卸的远洋运输极大地提高了工作效率,节省了运营成本,导致同行们纷纷效仿。从此以后,集装箱货轮在全世界开始盛行,大大加快了货物在全球的流通,给人们的生活带来了极大的便利。一个小人物的梦想,就此改变了整个世界远洋运输业的发展格局。

案例分析

马尔科姆·麦克莱恩是一个勇于创新,并且敢想敢干的人。在创业初期,麦克莱恩善于开动脑筋,从更高的层面去设想如何能够改变整个行业的现状,并且得出了能解决问题的创新方案。另外,在他发现自己的能力有限时,并没有感到气馁,放弃自己的梦想,而是做好自己力所能及的事情,聚集自己的力量。当自己有能力时,麦克莱恩勇于抓住机遇,把自己的想法付诸实践,最终成就了自己的事业,并且改变了远洋运输业的发展格局,改变了世界。由此,我们不难得出这样一个结论:只有那些在工作和生活中勇于创新、大胆想象的人,才能够在自己所从事的工作中取得非凡的成就,并且在别人没有看到的地方发现自己的机遇,从而获得事业上的成功,进而对社会的进步和发展做出卓越贡献。

案例思考

对于目前的学习生活和未来的工作,你有什么创新性的想法,能够给自己带来改变吗?

创新情境

通过对创新的概念、发展和主要理论,以及创新的意义和价值等相关知识的学习,张明和李艳认为自己已经做了充分的准备,于是撰写了一份创新精神宣传和推广活动的计划书,提交给领导审阅。领导看完之后,提出了一点意见:创新精神固然很重要,但是如果不把创新精神落到实处,就只能是空想、空谈。领导建议他们可以继续做一些深入研究,看看怎样才能在未来的宣传和推广活动中不但让大家感悟创新、理解创新,更能够把创新应用到自己的工作当中,转化为实实在在的结果。于是,张明和李艳又在一起商量起来。

张明：我觉得领导说的有道理，创新如果只是停留在简单的想法上，也就是空想而已，可是，怎样才能把创新落到实处呢？

李艳：我觉得，如果要把创新转化为具体的成果，一定会经历一个具体的过程，而且会经历几个不同的阶段。

张明：是的，我记得前一段时间收集资料的时候看过一篇文章，核心的观念是创新会经历从"创意"到"创造"，再到"创收"这个3个阶段。只有把创意实现出来，并且能够带来实实在在的收益，才能说是一个成功的创新。

李艳：是吗？我觉得这个观点真的很妙！咱们再找找相关的资料，一起好好琢磨琢磨，看看创新怎样才能把创意到创造再到创收的过程转化成切实的结果吧。

创新案例3

创新成果转换——蒸汽轮船的发明

从17世纪到18世纪的100多年里，北美大陆的工业获得了极大的发展，经济发展势头越来越迅猛。当时，在美国北部地区，造船业和钢铁产业尤为发达。在铁路交通还没有发展起来以前，无论是国际还是国内的交通主要依靠水上运输。在18世纪中期，美国的造船业规模已经越来越快地追赶上英国的水平。当时的水上运输主要以帆船为主，因为工业和农业的快速发展，以风帆为动力的落后的交通和运输方式越来越不合时宜，急需通过革新来改善水陆交通的现状。正是整个社会的变革需求，使得人们千方百计地寻求能够有效提高交通运输的新工具和新途径。在这个背景下，一种全新的、采用蒸汽机作为动力的新型轮船——蒸汽轮船被罗伯特·富尔敦发明出来，从而开启了水上运输乃至远洋运输的新篇章。

富尔敦一家于1730年从英国移居美国。从小家境就比较窘迫，9岁的时候，富尔敦开始上学读书。但是，他非常喜欢机器设备的设计和制造，并且把大部分的课外时间都用在了机器设备的学习和实践上，在14岁时就已经自己制造了一把气枪。17岁时，富尔敦到费城开始独自闯荡。他通过设计车辆和零件，以及替机器工厂设计机械图谋生，并且因为绘画而有幸结识了费城著名的科学家富兰克林和瓦特。富尔敦为了绘制机械图纸而深入研究绘画技艺。为了深入研究机械制造相关的学问，他还努力学习了法文、德文和意大利文等多国文字，以便能够读懂各个国家的先进技术资料。此外，他还自学了高等数学、化学、物理学等学科的知识，为研究制造大型机械设备打下了良好的基础。

富尔敦敏锐地观察到了美国及至全球经济的发展对改革交通运输方式的迫切需求。从1793年开始，富尔敦就开始萌生了设计一种全新的、采用蒸汽机驱动的、快速而又安全的轮船的想法。他开始着手设计新型轮船的草图，在这个过程中发现，即便已经有了很多前人摸索出的经验和基础，要实现自己的想法，仍然要解决大量的技术问题和反复进行多次的实验才能实践。富尔敦决定开始把他的设想付诸实践。于是，从1803年开始，他就着手实现自己的想法，开始进行大量的船只模型试验。每次试验完毕，他都会认真详细地记录各种数据,与之前的经验反复进行比较,找到可以改进的地方。虽然很多试验都失败了,但是富尔敦毫不气馁,他坚定地认为,只要不断进行完善,就能把理想中的轮船在现实中制造出来。历经9年的不断实验和设计改进,富尔敦终于在1807年制造出了他的第一艘蒸汽轮船——"克莱孟特"号。8月17日,富尔敦亲自驾驶他制造出来的具有划时代意义的新型轮船在哈德逊河上做了历史性的航行。在之后的日子里,富尔敦进行了多次的航行和不断的设计改进,时速从每小时4英里提高到了每小时8英里;通过改进船上的客舱,使得乘客也有了更好的乘坐体验。1809年,富尔敦制造了历史上第一艘能够客货混装的渡轮"约克和杰赛"号。1819年,富尔敦制造的蒸汽轮船成功地横渡了大西洋。从此以后,蒸汽轮船开始行驶在内河和海洋的航线上,远洋海上运输业由此得到了蓬勃的发展。

案例分析

富尔敦一生所取得的重大成就就是在蒸汽轮船的设计、研究和制造上,并且使蒸汽轮船实现了在交通运输上的广泛运用。为了实现梦想中的蒸汽轮船,他不断地学习与机械相关的知识,并且通过实验持续加以设计和改进,哪怕遭遇多次失败也毫不灰心,持之以恒地实践和完善自己的创意与设想。为了让蒸汽轮船能够实现商业运用,他还针对港口、码头等相关设施进行了各种各样的设计和研发,从而解决用蒸汽轮船实现水上运输的各种实际问题。他在一生中,一共设计制造了17艘蒸汽轮船。富尔敦制造轮船的过程,就是从创意到创造再到创收的完整过程。富尔敦敢于设想、勇于实践、勇于创造的精神,对世界远洋运输事业的发展做出了不可磨灭的贡献。

案例思考

在现实生活中,你能不能找到一个大家难以解决的问题,设想出能够解决这个问题的,可以创造出来并转化为创收的创意?

创新总结

通过对创新的学习和了解,张明和李艳对创新的概念、发展、具体内容、作用和价值等相关知识有了详细与深入的了解。他们对这些知识做了以总结和概括。

1. 创新的概念、发展和主要理论

根据词语的解释,创新有3个含义:第一个含义是更新,即替换原来的东西;第二个含义是创造新的东西,即创造出原来并不存在的东西;第三个含义是改变,即对原来就存在的东西进行发展和改造。当前国际上对于创新比较权威的定义有两个。第一个是联合国经合组织的定义:"创新的含义比发明创造更为深刻,它必须考虑在经济上的运用,实现其潜在的经济价值。只有当发明创造引入到经济领域,它才成为创新。"第二个是美国国家竞争力委员会的定义:"创新是把感悟和技术转化为能够创造新的市值、驱动经济增长和提高生活标准的新的产品、新的过程与方法和新的服务。"这两个定义确立了"创新"在社会经济发展中的重要地位和作用,并使其经济学意义成为"创新"研究领域最为重要的核心。

创新理论从确立发展至今,经过经济领域专家学者们的积极探索和研究,获得了众多丰硕的研究成果。许多重大的创新理论被应用到各类企业的经济活动当中,起到了重大的借鉴和指导作用。其中,意义最重大、影响最深远、应用最广泛的重要创新理论包括约瑟夫·熊彼得的创新典型情况理论、沃勒斯的创新四阶段理论、彼得·德鲁克的创新机遇的来源理论、菲利普·科特勒的水平营销理论和根里奇·阿奇舒勒的发明问题解决理论(TRIZ)。

2. 创新的价值

创新的价值包括对个人、组织和社会的价值。对个人而言,一个人是否具有创新的意识、创新的能力,将决定个人未来职业发展的前景和职业生涯中所能取得的成就;对组织而言,创新是一个组织是否能够持续获得生存和发展的能力的必要条件。如果一个组织不能通过创新获得新的资源和增长的空间,就会逐渐失去生机,甚至濒临灭亡。在当今全球经济一体化竞争,产品同质化越来越严重的市场格局下,一个勇于创新的组织才能够不断突破自身成长的桎梏,不断超越为数众多的竞争者,永葆基业长青。对国家和社会而言,创新是时代进步和社会发展的根本动力,是国家政治、经济、军事、科技兴盛的源泉。一个国家如果想发掘出创新的巨大潜力,就需要全社会上下一心,共同努力,把创新意识融入每一个组织、每一个员工的工作和生活的各个层面当中,推动创新精神在全社会蔚然成风。

3. 创意、创造和创收的区别与联系

创意是创造意识或创新意识的简称,是人们基于既有的,对现实事物的理解、经验、知识和认知所衍生出的一种新的抽象思维与行为能力,是通过创新的思维意识,进一步挖掘和激活现有资源的组合方式,提升现有资源价值的方法。所谓创造,是将两个或两个以上已知的概念或事物按一定方式联系起来,主观地制造出全新的事物,以实现某种目的的行为,是有意识地对世界进行探索和改造的实践性活动。创意只有与创造结合,才能够真正被实现出来,才能为创新服务。所谓创收,是指利用现有的各种资源和条件,为个人、组织或社会带来收益。创新的最终目的就是创收,创新的过程就是从创意到创造再到创收的过程。

创新实践

在接下来的创新精神宣传推广活动中,张明和李艳精心设计了知识推送、小组研讨、有奖竞答、主题征文、演讲比赛等多种多样的活动形式,帮助公司的同事们深刻理解和掌握了创新的相关知识,并且积极主动地把创新与自身的工作结合起来,进行了广泛而深入的探讨。一时间,创新意识和创新精神在公司上下深入人心。张明和李艳出色地完成了公司领导给予的这项重要工作,得到了公司领导的肯定和表扬。

知识拓展

国内外的创新教育实践

创新教育是为了培养学生的创新精神、创新意识和创新能力而展开的教育实践活动。如今,创新已经成为社会各领域实现持续发展的根本动力。随着各种新理论、新概念、新知识和新技术的涌现,创新不但成为国家、社会和组织赖以发展的基石,也成为时代的精神和象征。学生在学业上所取得的成绩,未来在职场中所能实现的成就,以及未来人生发展所能达到的高度,都取决于学生的创新精神、创新意识和创新能力的水平。

近些年来,国内外的创新教育都与创业教育紧密地结合在一起,创新创业教育兼顾对学生创新能力和创业能力的培养,希望学生能够把创新精神贯彻到未来的事业发展之中,对社会各领域的持续发展发挥积极的作用与贡献。国家在近些年来也在不断强调创新创业教育的重要性,通过各种政策和措施帮助高校大力开展创新创业教育,力争把学生培养成富有创新精神和创业精神的优秀人才。

一、国外的创新创业教育实践

国外的创新创业教育实践起源于美国,从20世纪50年代起,以哈佛大学和斯坦福大学为代表的高校就开始了积极的创新创业教育实践与探索。发展至今,在美国的众多高校中均设立了与创新创业相关的专业或课程,为创新创业教育的研究和实践积累了丰富经验,开创了多种创新创业的教育模式,并且获得了丰硕的成果。世界范围内的各个国家受其影响,也纷纷在创新创业教育的领域开始了积极的实践和探索,并且取得了令人瞩目的成就。其中,最具有代表性的包括美国的百森商学院、哈佛大学、斯坦福大学,以及加拿大、英国、澳大利亚、日本等国家的创新创业教育模式。这些教育模式都有效提升了大学生的创新创业精神、意识和能力,具有重大的借鉴和参考价值。

(一)美国百森商学院模式

美国百森商学院注重培养学生的创新创业意识,从大学一年级的新生开始,就采用小组教学的方式,在教师的指导和帮助下制订创业计划,并且在校内外积极开展创业实践活动,帮助学生在实践中学习创新和创业的相关知识,提升创新和创业能力。

(二)美国哈佛大学模式

美国哈佛大学注重培养学生的实际管理经验,并且通过案例学习和社会实践的方式,帮助学生在实战中学习知识,掌握技能,提升能力,为社会培养优秀的创新和创业人才。

(三)美国斯坦福大学模式

美国斯坦福大学注重在学科领域内积极开展创业活动,鼓励学生在校期间就开展创业项目,通过为学生创造优越的创业环境,提供有利的创业政策,系统培养学生的创新和创业知识,提升创新和创业能力。

(四)加拿大、英国、澳大利亚模式

在加拿大、英国和澳大利亚等国家,通常采用"合作教育"的方式,通过企业和学校共同开展创新创业教育,借助双方的优势资源为学生提供充分的社会实践活动,为学生创新和创业能力的提升提供有效的指导。

(五)日本模式

日本的学校更加注重对学生的创新和创业能力进行系统性的培养,并且为学生提供优越的创新环境,采用启发式的学习方式帮助学生在创新和创业领域展开积极的探索与尝试,在实践中理解和感悟创新创业精神,掌握创新创业的知识、技能和方法,提升创新创业能力。

二、国内的创新创业教育实践

20世纪80年代以来,随着中国改革开放的进程和政治、科技、经济、文化的迅速发展,

教育领域也开始紧随世界的脚步,积极开始了创新创业教育的探索和实践。北京大学、清华大学、上海交通大学、东北大学等国内著名高校先后在学校内开设了与创新有关的课程,积极组织各种创新活动,相继成立了各种与创新、创造和发明相关的组织,有效带动了国内创新教育的发展。2002年以来,随着国家大力倡导创业教育,各个高校都纷纷开设创业课程,成立创业孵化园区、创客空间、创业咖啡等创业实训和成果转化场所,积极开展创业大赛、专家讲堂、企业家座谈、创业项目投资洽谈会等各种与创业有关的活动,大力积极培养学生的创业精神、意识和能力。

如今,创新和创业课程都已经被国家教育部确定为大学中的必修课程,国内各高校也对创新创业教育给予了积极的响应和有力的支持:加大对创新创业教育的资金投入;开设与创新、创业教育相关的课程;采用多样化的教学方法和教学形式积极开展创新创业教学;推动大学生创业项目与资本的对接。在国内众多高校的大力倡导和积极探索之下,创新教育和创业教育紧密结合,相辅相成,为国家培养和输送了大批优秀的创新创业人才,为社会各个领域、各个行业的发展做出了积极的贡献。

创新思考和练习

1. 现实生活中,你印象最深刻的一个创新事件是什么?
2. 请简述你印象最深刻的一个创新理论。
3. 创新能给我们的学习和生活带来哪些帮助?请举例说明。
4. 请简述创意、创造和创收之间的关系。
5. 阅读以下案例并分析。

绿色快航

中日海上运输航线是新中国成立以来开辟的第一条国际贸易航线,也是多年来远洋运输企业展开激烈竞争的焦点。该航线开辟之后,承载了中国和日本两国之间超过80%的贸易往来。进入20世纪90年代,随着改革开放的不断深入和发展,越来越多的远洋运输公司参与到竞争中来,使得运力大大超出了运量。于是,各家远洋运输公司开始低价竞争,争夺货源,导致运输货物的价格远远低于运输成本,造成了大范围亏损的局面。如何能够走出困境,重获利润,成为各公司面临的一个重大挑战和课题。

某远洋运输公司决定以创新性的思维寻求在这条航线上的突破。经过认真的分析和研究,该公司发现,二战之后,日本本土由于严重缺乏农副产品,大部分都要依靠进口来满足老百姓的日常生活需求,尤其是以蔬菜为主的生鲜类农副产品,因为需要保证产品的新鲜,只能从距离较近的国家进口。因为空运的成本太高,所以只能靠海运这条运输渠道。而我国沿海省份盛产各类肉、蛋、菜等农副产品,恰好能满足日本国内的需求。但是,如何能够实现快速运输,缩短交货时间,以确保农副产品的新鲜已成为满足用户需求的关键瓶颈。在该公司领导层的大力倡导下,经过全公司上下的集思广益、群策群力,一个极富创意的解决方案浮出水面:建造新型轮船,在中国和日本之间架设一个全新形态的海上生鲜食品运输快速通道,以冷藏、冷冻货物运输为主,力求实现周期更短、效率更高的班轮运输,打造出一个独创性、高效益的"绿色快航"特色服务。"绿色"不但寓意着环保、新鲜和食品安全,更意味着更高、更快的运输效率。

该公司领导意识到,只有一个全新的概念远远不够,必须尽快把这个全新的创意落到实处。于是,该公司大力推进创新的及时落地,深入挖掘那些用户还没有想到的需求,研制出了具备喷淋保湿功能的货运冷箱等一系列特殊设备,并根据运输产品的特点改造船只,制定特殊的航线且力求精确的航行时间,以空运的水平向用户提供优质的服务,为农副产品的保鲜提供了有力的保障。自此,一种前所未有的海上运输新型模式浮出水面。

　　该航线一经开通,就得到了日本国内用户的热烈欢迎,货物订单应接不暇。为了巩固创新的成果,该公司在这条航线上持续投入了多艘快速、高科技、高效率的新型船只,每艘船可装载的标准集装箱多达近600个。同时,不断增设国内的多个起运港口,实行梯次挂靠,逐渐形成了在中国以青岛、连云港、上海为启运港,在日本以关东—中部圈—关西—九州圈为圆心的循环往复式航线,在扩大航线覆盖面的同时,确保货物能在最短的时间内抵达目的港口。自此,通过这条往来不息的"绿色快航"海上运输线,中国的家禽、水果、鱼类等生鲜食品源源不断地被快速运送到日本,为该运输公司带来了丰厚的利润回报。

分析

（1）阐述创新对于该远洋运输公司的意义和价值。

（2）本案例体现了哪些关于创新的知识和原理?

（3）该公司产生创意到实现创收的创新过程中,确保创新取得成功的关键因素有哪些?

项目二

认知创新思维

知识目标
1. 了解思维的概念、特征和种类。
2. 了解思维定式的概念、类型和突破方法。
3. 了解创新思维的概念、本质、特征和类型。

技能目标
1. 掌握突破思维定式的工具和方法。
2. 掌握提升创新思维能力的具体训练方法。

情感目标
1. 激发学生对思维相关知识的学习兴趣。
2. 帮助学生形成敢于突破思维定式的信念。
3. 帮助学生建立积极实践和提升创新思维能力的意愿。

创新导学

TS航运公司一直以来都很注重创新,虽然平日里也有很多管理者和员工不断提出一些新的想法或建议,却往往难以落到实处。为此,公司决定从各部门抽调骨干,成立创新战略发展部,直接向总经理汇报工作,专门负责公司在运营、产品和服务等各个层面的创新落地。公司总经理林浩表示,新部门将得到公司在人力和财力上的全力支持。但在组建新部门的人选上,人力资源主管赵阳却开始犯难:到底什么样的人才能够符合这个部门的要求,胜任创新方面的工作呢?带着这个疑问,赵阳找到林浩,寻求他的帮助。

赵阳:林总,战略发展部的组建工作一直开展得都很顺利,可是现在在人员的确定上遇到了一些麻烦,我想征求一下您的意见。

林浩:具体是什么问题呢?

赵阳:这个部门是公司的战略部门,在这个部门工作,要能够站在战略和全局的层面参与到公司的管理工作中。加入这个部门,对员工未来在公司的发展一定有很大的帮助。因此,我觉得大家一定会踊跃申请加入。可是,我同公司的业务骨干都谈过,感兴趣的不多,尤其是业务尖子,都是一口拒绝,反倒是一些刚参加工作没多久的年轻人非常积极地想加入这个部门。我不太理解这是为什么?

项目二　认知创新思维

林浩:你觉得,公司对于创新战略发展部人员的期许,更多的是在创新能力的层面还是业务能力的层面?

赵阳:当然是创新了。可是,如果不是在公司工作多年,在业务上是能手,怎么有能力去创新呢。

林浩:嗯。是的,你的想法没有错,创新必然是在熟悉业务的基础上才能做到的事情。但是对于公司的业务尖子,你也要理解他们,他们经过多年的打拼,在自身的专业技术岗位已经走在了最前面,可以说是公司业务工作方面的领头羊,让他们去新的部门,这等于是让他们放弃了这些年来在技术领域已经建立的优势和资本,在一个新的起点重新开始,他们当然不愿意了。

赵阳:照您这么说,我应该去找那几位不那么拔尖但是有兴趣的聊一聊了?

林浩:这是可以的,因为兴趣是能做好工作的基础,但是也不能全凭兴趣,也得考察他们的能力是不是符合新部门的需要。

赵阳:我理解了,光有兴趣不行,也得创新能力强才行。可是,怎么才能确定一个人的创新能力是不是优秀呢?

林浩:创新能力最主要体现在什么方面?

赵阳:就是想法多、点子多。

林浩:那么,想法多、点子多是靠什么带来的呢?

赵阳:是脑子。

林浩:再具体一点是什么呢?

赵阳:是思考问题的方式。

林浩:对。确切来说,是一个人的思维方式。每个人的思维方式都不一样,思维能力水平的高低,也会很大程度地影响一个人的创新能力。关于思维这个概念,你有什么了解吗?

赵阳:我还真了解得不多。

林浩:一个人的创新能力水平,归根结底是从他的思维方式和思维能力水平体现出来的,所以想要考察他们的创新能力水平如何,你得在这方面多下些功夫才行。

赵阳:好的林总,我想,我应该先去多了解一些思维对创新有哪些帮助。这样的话,我对应该选什么样的人就心中有数了。

林浩:好的,以后如果你遇到什么问题,可以再直接来找我,咱们一起聊一聊。

赵阳:行,谢谢您,林总!

结束了与林浩的谈话,赵阳决定先好好阅读一些关于人类大脑思维方面的文章和资料,以便对与思维相关的知识做一个深入的了解,帮助自己更好地开展人员筛选方面的工作。

任务一　了解思维

人们之所以能够了解现实世界中的各种客观事物和现象,认识到这些客观事物和现象之间的内在联系,都是通过思维的过程才得以实现的。在日常的生活、学习和工作中,我们每时每刻都离不开各种各样的思维活动。通过思维,我们可以不断学习新的知识,解决遇到的问题,辨别事物的本质、区别和联系,进行开拓性的创新活动。正是人类独有的思维能力,在几十万年以来确保了人类社会的产生、进步和发展,也为我们留下了丰富和宝贵的历史财富。到底什么是思维?思维有哪些种类?思维的特征是什么?思维对创新有什么帮助?有没有提升思维能力的切实可行的方法?这都是我们学习创新课程,提升自身创新能力必须掌握的知识。现在,就首先了解一下,思维到底是什么?

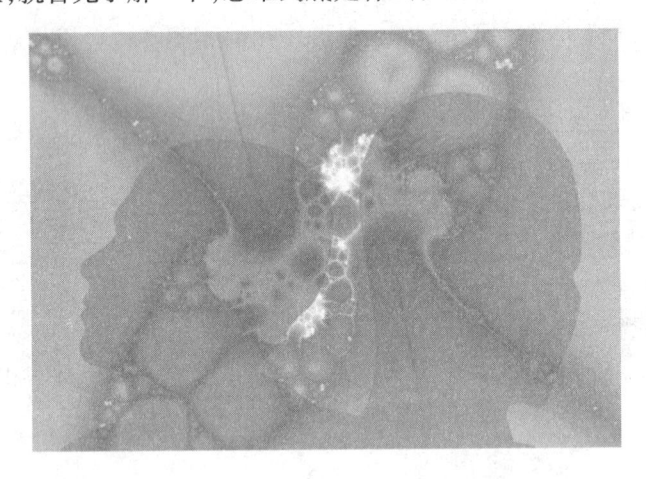

一、思维的概念

所谓思维,就是人们通过各种语言、客观事物的表象或动作实现的,对客观事物的直接或间接的认识和理解。通过思维,人们能够发现客观事物的本质特征和相互之间的联系,并且形成各种各样的概念,在面临不同情境时做出判断和决策,以解决在生活、学习和工作中遇到的问题。

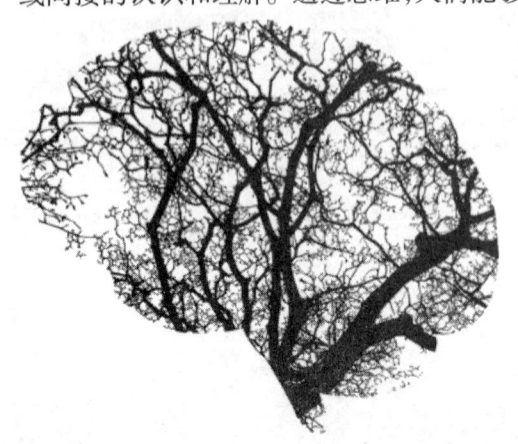

思维的基础是人们的感觉、知觉和记忆活动。感觉是人的大脑对客观事物的个别属性的认识;知觉是人们对外部信息进行大脑的理解和加工之后,产生的对客观事物的整体性认识;记忆是一个人在大脑中积累和保存个人经验的过程。在感觉、直觉和记忆的基础上,人们通过思维对大脑的这些活动进行更高级别和更深层次的加工,了解事物之间的内在关系,对客观事物和抽象知识形成明确的概念,并且利用这些概念进行分析、判断、推理和决策,解决人们在现实中遇到的各种问题。所以说,感觉、知觉和记忆所提供的大量信息是思维活动的基础,明确的概念、客观事物的表象和动作是思维的基本单位,分析、推理、判断和决策则体现了思维的具体过程。

二、思维的特征

思维的特征包括概括性、间接性和创造性,如图2-1所示。

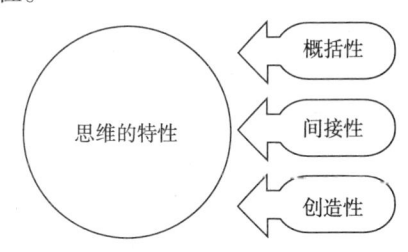

图2-1 思维的特性

(一)概括性

思维的概括性是指人们通过感觉、直觉和记忆获得外部客观事物的大量信息,这些信息都是感性的材料,需要通过人们的思维活动,通过对这些信息的进一步加工,获得外部客观事物的共同特征和发生发展的规律,并且进行概括和总结,形成对客观事物的整体性认识。例如,通常人们都会认为"远洋货轮上都会装载集装箱",这种思维就概括了"远洋货轮"这种交通运输工具的某一个共同特征。概括对于人们的思维活动具有非常重要的作用,通过概括,人们可以在进行思考的时候不用再受具体事物的局限和对事物本身的依赖,从而扩大了人们可以认知的范围,而且也能对事物进行更加深入和本质的了解。因此,概括能力是在一定程度上能够表现出思维能力的水平的。概括是人们在头脑中形成概念的前提,也是人们的思维活动能够快速实现迁移的基础。一个人的概括能力是随着人的不断发展,对这个世界的认识能力的不断成长而逐渐提升的——人们的认识能力越强,对客观事物的概括能力也就越强,思维能力的水平也就越高。

(二)间接性

思维的间接性是指人们在进行思维活动的时候,必须借助于特定的中间媒介作为载体,并且借助一定的知识和经验才能对客观事物进行间接的认识。例如,人类并没有能力到达宇宙的每一个角落,也没有亲眼见到宇宙是如何形成的,但这并不妨碍人们可以通过以往的对于宇宙的各种知识和经验推断出宇宙形成的原因,以及各类星体的特征和星体之间的关系。正是因为思维的间接性,人们才能够超越由人体直接的感觉所提供的各种原始信息,了解到客观事物的那些没有直接接触人的感觉器官的内在属性和相互之间的联系,从而了解客观事物的本质和发生发展的规律。因此,与人体的感知觉所能接触到和认识到的领域相比,人们的思维活动所认识到的领域更高级、更广袤、更深刻。

(三)创造性

思维是在原有知识和经验的基础上,不断进行探索、发现和创造的过程。思维活动通常会指向客观事物的一些新的属性、特征和相互之间的关系,这就要求人们在有目的地进行思维活动时,必须借助以往的知识经验,结合人们的实际需要进行不断地更新和排列组合,才能够诞生对于客观事物的新的理解和认识。例如,人们在建造轮船的发展过程中,经历了依靠自身浮力和船桨作为动力的木船,依靠风帆为动力的帆船,依靠蒸汽机、螺旋桨发动机及核动力驱动的钢铁轮船。在这个过程中,就需要人们根据以往对建造船只的认识和经验,结合因科学技术的进步而涌现出的新的知识和经验,不断地进行重建、改组和更新。

在日常生活、学习和工作中,人们的思维活动往往由特定的问题而引发,并且围绕解决具体问题这个目标而展开。例如,人们在设计一种适合运送冷冻食品的新型舰船的时候,不仅是把以往了解到的关于船只的知识和经验都罗列出来,而是要根据运送冷冻食品的需要、特点、储存和运输所需要的材料和工具,提出各种各样的可以满足冷冻食品安全、快速运输的可能性解决方案。然后对这些解决方案进行逐一的实践、检验和不断改进,并且最终形成一个全新的、可行的解决方案,从而建造出这种新型的船只。在这个过程中,人们的思维活动不是把原有的知识和经验进行简单的罗列与累积,而是要通过创造性的思考,把以往的知识和经验进行不断的、创新性的重建、改组与分析,并最终提出全新的解决问题的方法。

三、思维的种类

根据思维活动的不同特性,我们可以从多个角度对思维进行分类,如图 2-2 所示。

思维的种类:
- 直观动作思维、具体形象思维和抽象逻辑思维
- 经验思维和理论思维
- 直觉思维和分析思维
- 辐合思维和发散思维
- 常规思维和创造性思维

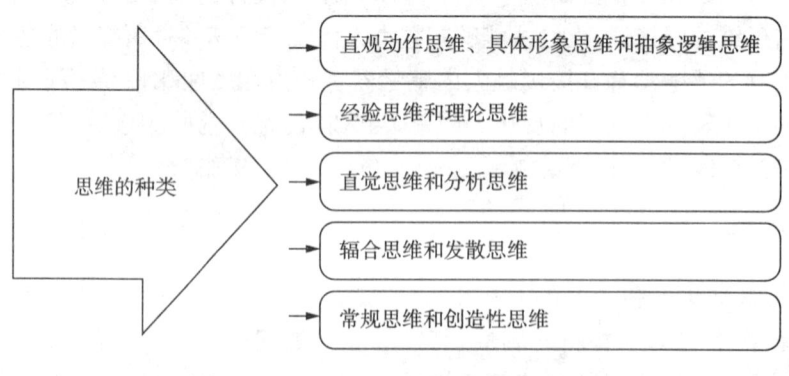

图 2-2 思维的种类

（一）直观动作思维、具体形象思维和抽象逻辑思维

根据思维活动的性质、内容和用于解决问题的方式方法，可以把思维活动分为直观动作思维、具体形象思维和抽象逻辑思维这3种不同的类型。

1. 直观动作思维

直观动作思维是一种实践性的思维方式，因为运用这种思维方式解决问题依赖于实际发生的动作，所以又称为实践思维。例如，当机器设备发生故障的时候，人们需要通过电子设备检测或把机器设备拆开，寻找发生问题的零部件，给予修理或更换。这种通过实际动手操作以解决具体直观问题的思维方式，称之为直观动作思维。当人们动手进行操作的时候，这种思维活动随之展开，而当人们停止操作的时候，这种思维活动就会终止。在人类早期的发展过程中，直观动作思维是最早出现，也是记忆效果最佳的一种思维方式。儿童在3岁之前的思维类型就是典型的直观动作思维，他们遇到问题的时候通常通过实际的动作去试图解决问题，而不会在进行其他类型的思维活动之后再采取行动。例如，当一个幼儿发现一个圆球滚落到沙发下面的时候，他不会停下来先考虑沙发下面能不能钻进去，或者是能不能看清楚圆球的位置，而是直接就爬到沙发跟前，试图钻到沙发下面去找那个圆球。

2. 具体形象思维

具体形象思维是指人们通过大脑中对于客观事物的具体形象来解决问题的思维活动。例如，我们需要用拖车把一个集装箱吊装到轮船上。在采取行动之前，我们会在头脑里想象一个司机把一辆拖车开到集装箱跟前，然后装卸工人用机器设备把集装箱吊装到拖车上，之后拖车开进码头，直到轮船跟前，再由装卸工人通过吊装设备把装箱吊装到轮船上。在这个过程中，司机、拖车、装卸工人、吊装设备的形象都清晰地展现在脑海中，就像放电影一样构成一幕一幕的场景。这个思维过程就是具体形象思维，具体形象思维对人们解决问题具有非常重要的作用。运用具体形象思维，人们在解决问题时就不必通过直接的操作去尝试解决问题，而是可以运用具体形象思维在头脑中形成解决方案，然后分析和判断这个解决方案的可行性，从而避免直接尝试失败所带来的种种风险和损失。

3. 抽象逻辑思维

当人们要解决理论层面的具体问题时，就需要运用各种抽象的概念，通过分析、判断和推理的方式来解决问题，而不需要直接动手或进行具体形象的联想，这种思维活动就是抽象逻辑思维。例如，当学生在数学课上要解一道数学题的时候，学生运用抽象的数字概念，通过各种公式进行推导，最终得出正确的解。又如，一个技术人员要攻克一个技术难关，他在大脑中想象了一些新型的材料和一些以前没有用过的操作方法，最后模拟得出一个以前没有出现过的解决方案。这些都是典型的抽象逻辑思维的运用。抽象逻辑思维对于解决问题具有方向性的指导意义。凭借这种思维方式，人们可以借助以往的知识和经验所形成的具体形象，以及曾经理解和掌握的概念，对解决问题的方法进行不断的想象和构思，然后再进行分析和判断，直至从中找到一个最有效的解决问题的方法。

（二）经验思维和理论思维

根据人们是凭经验还是依靠理论去解决问题的不同方式，可以把思维活动分为经验思

维和理论思维。

1. 经验思维

经验思维就是人们在解决问题的时候，凭借过去积累的知识和认知的经验去解决问题的思维方式。例如，海水拥有较大的浮力、风吹在帆上能够产生动力、早上和晚上会涨潮与退潮、洋流会对航线产生影响等。依靠经验思维解决问题是一种快速有效的方法，但当经验不足时，也存在一定的局限性，会造成思维狭隘、看待问题片面等负面影响。

2. 理论思维

理论思维就是单纯地依靠概念和科学依据进行分析与判断，寻求解决问题的方法。例如，"人的心理活动是脑的机制与功能"，这就是理论思维产生的结果。理论思维在解决问题时通常能抛开表面现象而直指本质，从而确保解决问题的思路能够沿着正确的路径发展，避免陷入弯路和错路。

（三）直觉思维和分析思维

按照人们在面对问题时所采取的应对方式，可以把思维活动分为直觉思维和分析思维。

1. 直觉思维

直觉思维是指当人们遇到问题时，仅凭自身的直觉做出迅速的反应和应对，并采取自己认为最为有效的解决方法。例如，美国的一位消防队队长凭借直觉，认为一座燃烧的大楼即将坍塌，于是命令正在大楼内灭火的消防队员迅速撤离，从而挽救了多人的生命。

2. 分析思维

当人们运用分析思维解决问题的时候，不会迅速做出判断和反应，而是凭借以往的知识和经验，按照科学规律进行严密的分析和推导，并且最终得出最为合理的、符合逻辑的结论。例如，当人们在租赁房屋时，既要认真地考察房屋的周边交通、配套设施、装修档次、价格水平及各种支付方式能够带来的优惠，还要与相类似的其他房屋进行详细的比较，权衡利弊，然后才能做出是否租赁房屋的决定。

（四）辐合思维和发散思维

按照思维活动是聚合还是发散的特性，可以把思维活动分为辐合思维和发散思维。

1. 辐合思维

辐合思维是指人们根据已经了解到的信息或掌握的材料，按照人们熟知的规律解决问题的思维方式。运用这种思维方式，人们通常能够得到符合逻辑和规律的结论，并且在解决问题的过程中按照一定的方向、范围和条理性去展开。例如，人们都知道三角形的结构具有稳定性，因此在安装支撑某个物体的支架的时候，往往会采取三角形结构的固定方式。

2. 发散思维

发散思维是指人们在遇到问题的时候不遵循任何既有的规律或逻辑，而是根据所要实现的目的，将掌握到的信息或材料进行随机的、任意的重新排列和组合，以期从中发现富有新意的解决问题的方法的思维方式。通过这种思维方式，可以产生大量的新创意、新产品或

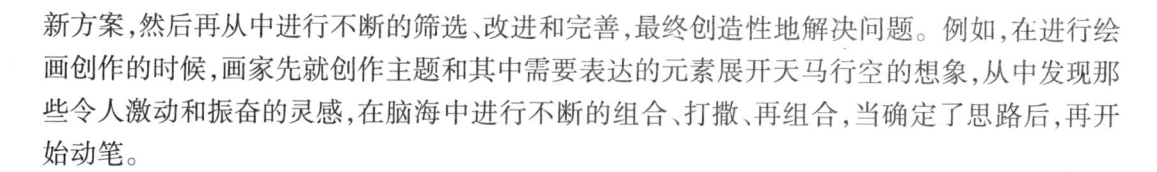

新方案,然后再从中进行不断的筛选、改进和完善,最终创造性地解决问题。例如,在进行绘画创作的时候,画家先就创作主题和其中需要表达的元素展开天马行空的想象,从中发现那些令人激动和振奋的灵感,在脑海中进行不断的组合、打撒、再组合,当确定了思路后,再开始动笔。

(五)常规思维和创造性思维

按照创造性水平的高低,可以把思维活动分为常规思维和创造性思维。

1. 常规思维

常规思维就是人们在遇到问题的时候,根据已有的知识和经验,采用以往就有的现成的解决问题的方法和思路解决问题的思维方式。这种思维方式不需要进行创造性的思考,对已有的知识和经验不需要进行任何改进,按照既有的规律和程序就能够快速有效地解决问题。例如,当一款新产品发布时,如果没有创新的要求,那么准备新闻稿和产品资料、租用会议厅及会议设备、邀请记者、邀请发言嘉宾、在预先计划的时间按时召开新产品发布会即可。这就是在用常规思维完成一项具体的工作。

2. 创造性思维

创造性思维是指人们根据已有的知识、经验或材料,进行创新性的组织和建构,从而产生新的产品或新的解决方案以解决问题的思维方式。创造性思维是人类思维发展的高级形式,是多种思维方式的综合运用和体现,是推动人类社会不断进步和发展的根本动力。例如,航天飞机的发明,就是根据以往人们在研制飞行器的历史发展过程中积累和总结出的丰富的知识与经验,结合人类探索宇宙的需求和宇宙环境的现实状况,大胆想象,勇于创新,在经历了不断的技术突破和无数次试验后研制成功的,可以在太空中飞行并自行返回地球表面,实现安全着陆的一种新型飞机。

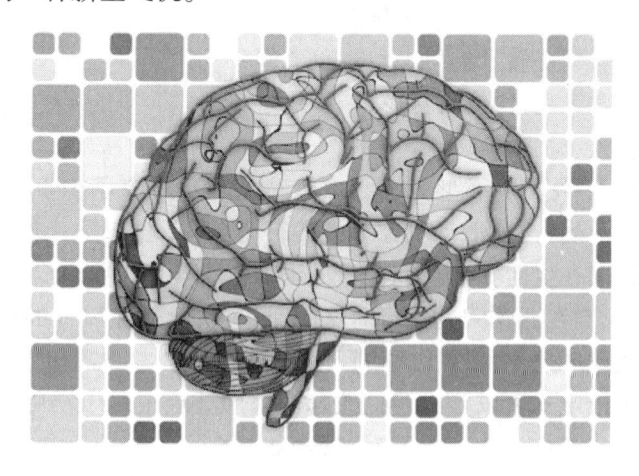

任务二 思维定式

创新情境

通过对思维的相关知识的学习,赵阳已经了解了思维的概念、特征和主要的种类。这天中午,赵阳在公司食堂吃饭的时候恰好遇到了林浩,于是林浩趁着这个机会了解了一下他的工作进展。

赵阳:林总,这几天我学习了一些关于思维方面的知识,对思维的概念、特征和主要的种类都已经有了初步的了解了。

林浩:嗯,很好。有什么心得和感受吗?

赵阳:我了解到了思维是分很多种具体类型的,每个人的思维方式都会不一样,可能会是以一种思维方式为主导,有时候考虑问题也会同时运用到多种思维方式。但是,思维方式不同对创新到底能产生什么样的影响,我还要进一步去学习和研究。

林浩:对,每个人的思维方式都是不同的。对于创新来说,采用不同的思维方式也不是不可以,但有一种思维方式,或者说是思维习惯,却对创新是有阻碍作用的,如果要做到很好的创新,就一定要克服它。

赵阳:我猜猜看,是不是思维定式?

林浩:说的没错,如果要做到创新,就一定不能受到各种习惯性的条条框框的限制,要能够突破以往思考问题的习惯,才能顺利开展创新工作。你对思维定式有了解吗?

赵阳:我了解一些基本的概念,但是对思维定式是怎么产生的,怎么去突破它,还没有更加深入地理解和认识。我会抓紧时间去学习和了解一下。

林浩:好的,等你学习完了,我们再谈。

通过对思维的概念、特征和类型的学习,我们对思维已经有了初步的了解。思维是在人的大脑中进行的思维活动,这种活动就像人类的行为一样,也有着一定的行为习惯,这种行为习惯就是惯性。人们在生活中,由于惯性的影响,总是不由自主地按照以往的行为习惯去做很多事情。同样,人们在遇到问题进行思考的时候,也会遵循以往的知识和经验、之前所了解到的事物的发生发展规律,以及以往遇到类似问题的思考方式和方向。这种现象,我们称之为思维定式。思维定式可以帮助我们快速高效地处理很多生活中简单的事务。但是,当人们所熟知的情境或条件发生变化的时候,却往往会令人陷入固定、僵化的思路。因此,当一个人遇到新的问题,或者需要一些新的想法的时候,思维定式就会产生很强的阻碍力量,降低解决问题的效率。那么,思维定式到底是怎么形成的?思维定式都有哪些不同的类型?有没有可以突破思维定式的训练方法可以采用?让我们一起进入接下来的学习,了解更多关于思维定式的知识,以及突破思维定式和方法和技能。

项目二　认知创新思维

一、思维定式的概念

思维定式（thinking set）也称惯性思维，是由先前的活动而造成的一种对活动的特殊的心理准备状态，或者活动的倾向性。在环境不变的条件下，定式使人能够应用已掌握的方法迅速解决问题。而在情境发生变化时，它就会妨碍人采用新的方法。消极的思维定式是束缚创造性思维的枷锁。

二、思维定式的形成

要了解思维定式的形成过程，就需要了解人的思维活动是如何展开的。人类之所以能够思考，是由包括大脑和脊髓在内的中枢神经系统及神经细胞共同作用的结果。人体拥有1 000多亿个神经细胞，其中包括140多亿个脑神经细胞，每个神经细胞都拥有多个用以接收信息的树突，以及一个向外输出信息的轴突，信息就是通过神经细胞的树突和轴突来进行传递的。不同区域、不同功能的神经细胞在中枢神经系统中共同交织成了一个的神经网络，信息的输入和指令的输出都依赖于特定事件在神经网络中形成的特定路径。中枢神经系统通过眼睛、鼻子、嘴巴等各类感觉器官接收外部环境中的传入信息，经过大脑的不同区域的加工和整合后产生行动指令，再通过手、脚和嘴巴等效应器官进行运动性传出。因此，人类的思维功能也是中枢神经系统的功能，这个过程是依赖于中枢神经系统中的神经细胞的相互连接和信息的传递而实现的。

我们可以把这个过程想象成一个在头脑中架桥铺路的过程。对一个人来说，当一个新的事件发生时，就要从信息输入开始，直到做出适当的反应，在神经网络中开辟出一条全新的神经通道来。任何架桥铺路的工作都是艰辛的，这也是人在学习新的知识时候感到吃力的原因。人们在学习知识的时候所进行的不断练习的过程，也就是不断开拓、加宽和巩固这个神经通道的过程。一旦这个神经通道得以牢固地建立，人们在解决相同问题或类似问题的时候就能够快速、高效地做出反应。因为省时省力，人们也更愿意以通过原有的思维方式去解决问题。这就是思维的惯性，也就是思维定式的形成过程。例如，人们在学习骑自行车时，不但要熟悉自行车的结构、特性和驾驶方法，而且要通过不断的多次练习和实践，甚至可能还要摔上几次，才能学会骑自行车。一旦学会骑自行车之后，哪怕间隔很长一段时间不骑,人们都不会忘记这项技能,在需要骑自行车的时候,拿过来就可以骑。而当人们想再去学骑摩托车、电动车或三轮车的时候,也都很容易就能学会,不会像第一次学自行车时那么费时费力。

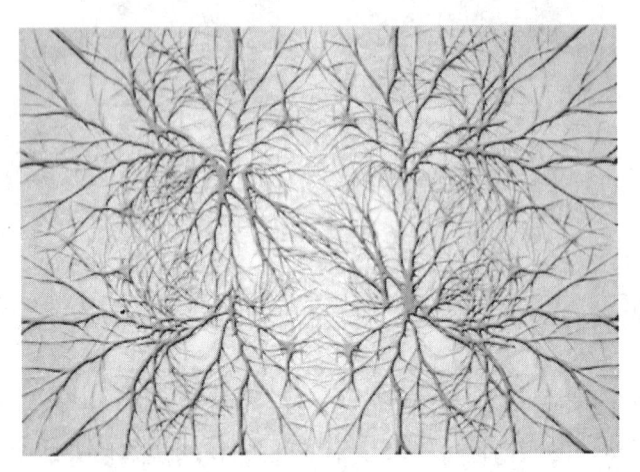

三、思维定式的类型

思维定式的形成有不同的情境因素,也与一个人自身的知识、经验、阅历、性格等因素紧密相关。因此,思维定式也有不同的类型,主要的有书本定式、经验定式、权威定式和从众定式等,如图 2-3 所示。

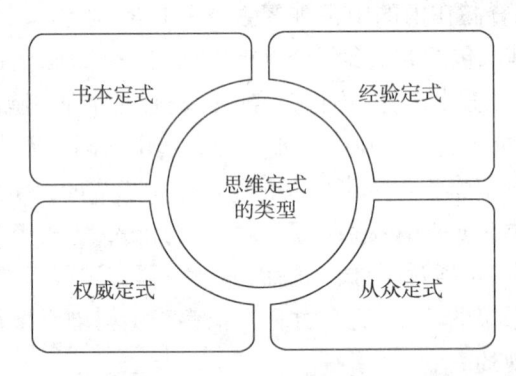

图 2-3 思维定式的类型

(一) 书本定式

书本定式就是人们在遇到问题的时候照搬书本上的知识、经验和方法去解决问题的思维方式。在互联网时代之前,书本曾经是人类获取知识的一个重要途径,人类多年以来积累的知识、经验、原理都通过书本的形式记载和沉淀下来,供学习者学习知识和掌握技能使用。因为书本的编著者都是特定领域的专家和权威,因此,书本上的知识往往被视为是正确的,不容置疑的。很多学习者在现实生活中遇到问题的时候,往往会照搬书本上的知识和经验,用以解决这些问题,而往往忽略了情境的变化、时代的进步、科技的发展等影响因素,从而导致解决问题的思路和方法带有局限性。

二战期间,在某炮兵部队,曾经有一位年轻的军官刚刚上任。上任伊始,这位军官就开始到作战部队视察炮兵的训练情况。在几个连队中,他在士兵操练的过程中都观察到了一个奇怪的现象,就是在操练的过程中,始终有一位士兵纹丝不动地站在大炮旁边,但自始至终没有做任何动作。这位军官觉得很奇怪,于是就询问这些士兵原因,结果没有一名士兵能回答出来,只是告诉这位军官,炮兵操练条例上就是这么要求的。这位军官并不满意这样的答复,下决心一定要弄清楚这么规定的缘由。于是,他就回去查阅了大量的军事文献,并且最终发现了真实的答案:部队上使用的炮兵操练条例是一战时期流传下来的,当时的大炮需要马匹来拖拽,当大炮打响时,马匹会因为巨大的炮声和震动而受到惊吓,于是需要有一位士兵站在大炮旁边,随时准备拉住受到惊吓的马匹。现在的炮兵部队已经实现了机械化、自动化,不再需要马匹来拉大炮,但炮兵操作手册上却没有做相应的改动,在士兵的日常训练中,也竟然没有任何人提出质疑,于是就出现了那位"没有任何用处"的士兵。这位勇于质疑手册条例的军官最终得到了应有的回报:国防部的特别嘉奖。

(二) 经验定式

经验定式就是凭借自身以往的主观经验进行分析、判断和决策以解决问题的思维方式。人们在解决问题的时候离不开经验的帮助,社会的进步和发展就是建立在以往积累的丰富而宝贵的经验上的。但是,当人们面临新的问题时,如果不根据新的情境、需求和条件对旧的经验加以调整与改进,非但不能顺利地解决问题,反而会给问题的解决带来阻碍,或者往错误的方向上引导。旧的经验只有结合新的状况和需求不断地进行改进与提升,才能够成为有用的、新的经验,并且为将来的问题解决提供正确的帮助和指导。

科学家曾经做过一个实验。他们在一个笼子里放了5只猴子,然后在笼子的上方挂了一串香蕉,如果有猴子去摘香蕉的话,科学家就会用高压水枪喷向所有的猴子。猴子们吃过几次苦头之后,都不敢去碰香蕉了。这时,科学家从笼子里拿出了一只猴子,并且换了一只新的猴子进去。每一次这只新的猴子要去吃香蕉,就会被其余4只猴子痛打一顿,不允许它去碰那串香蕉。打了几次之后,这只新猴子再也不敢去碰香蕉了。这时,科学家再取出一只老猴子,然后再放进去一只新猴子,新猴子想去吃香蕉,于是又被其余4只猴子痛打,打了几次,这只新猴子也不敢碰香蕉了。有趣的是,第一次换进去的新猴子尽管不知道为什么吃香蕉就要挨打,但也跟着那3只老猴子一起起劲儿地痛打"惹事的新人"。这样往复几次之后,笼子里都已经换成了新的猴子,没有一只猴子曾经被水枪喷过。但是,无一例外,只要有新猴子被换进来,去碰那只香蕉,就会被痛打一顿。没有猴子真正了解这到底是为什么,但它们都知道一条宝贵的经验:碰香蕉就会挨揍!

(三) 权威定式

权威定式就是人们盲目地服从在某个领域里的权威人士的指令,认为权威人士的意见就是正确的,不容置疑的。随着社会的进步,人们积累和发展起来的知识体系越来越庞大,分支越来越多,分工越来越细,任何人都不可能成为通晓各领域知识的全才。在每个独立的领域中,都有在这方面拥有丰富知识和经验的专家与学者,作为该领域的权威人士,引领着该领域知识和经验的不断丰富与发展，指导着人们的学习和实践活动的展开。在权威人士的帮助和教导下，人们能够快速地掌握一定的知识和技能，更加顺利地展开实践活动，避免发生错误，走入误区。在这方面，权威人士所起到的帮助作用毋庸置疑。但是，权威人士也不是无所不知的，无所不能的，他们不是完美的人，也不可能永远正确，所以也必然会犯一些错误，有一定的局限。因此，如果人们一味地遵循权威人士的意见和想法，当产生疑问的时候，也不会有勇气面对权威人士提出质疑，就有可能陷入无法解决问题的困境。

小泽征尔是一位在世界上拥有盛名的交响乐指挥家。在他年轻的时候，有一次去参加一个世界级的指挥家大赛，经过一番激烈的角逐，顺利地晋级决赛。在决赛现场，小泽征尔最后一个出场，评委会交给他一个乐谱，要求他按照乐谱指挥乐团演奏。在演奏的过程中，小泽征尔敏锐地发现在其中有一个不和谐的地方。第一次演奏的时候，他以为是乐队的演奏出了错误，于是他要求乐队停下来，重新再演奏一次。结果第二次演奏仍然出现了同样的问题。于是他停下来，向评委提出了自己的质疑。可是，在场的所有评委会的成员和音乐界的权威人士都坚持说，这个乐谱绝对没有问题，是他错了。面对如此之多的权威人士的众口铄金，小泽征尔认真地再三思考之后，最终斩钉截铁地大声反驳：" 不对，一定是乐谱错了！"让小泽征尔没想到的是，他的话音刚落，现场的评委和权威人士们集体起立，向他报以热烈的掌声，祝贺他赢得了比赛。原来，这是大赛评委会精心设计的一场考验，目的就是要考察参赛的选手在发现错误，并且在面对现场如此之多的权威人士的否定时，能不能坚持自己的正确主张。而之前的两位参赛选手虽然也发现了错误，但是面对众多权威人士却不敢抗争，最终遗憾地失去了赢得比赛的宝贵机会。

（四）从众定式

从众定式是指人们受到其他人群行为的影响，导致自己在面对问题进行分析、判断和决策的时候，倾向于服从符合公众舆论或多数人的意见的思维方式。在人类发展的漫长历史过程中，个体总是要依赖于群体而生存，并且从中获得安全感和归属感。同时，人们坚信，大多数人的意见往往是经受了更多人的分析和判断，并且在实践中获得了验证的、相对正确的结论。因此，当人们在面对特定问题缺乏经验的时候，往往会倾向于采纳多数人的意见，因为这种做法相对安全，避免了承担责任，并且能够提高解决问题的效率。但是，在有些情况下，多数人的意见未必是正确的。人类历史上每一次在文化、政治、经济、科学领域的重大进步，无一不是打破了绝大多数人的认识的局限性而实现的。遵从大多数人的想法而没有自己的主见，就会陷入消极盲目的"随大流"的心态，缺乏自主分析和判断的能力。

2011年，日本发生核泄漏事件，在我国有人认为核泄漏造成的海洋污染会影响食用盐的安全，并且食用碘盐能防止核辐射，于是开始大量购买食盐，并且逐渐引发了全国性的抢盐风潮。很多老百姓其实并不知道日本核泄漏到底会不会对食盐造成真正的污染，而是看到别人都在抢购食盐，于是就跟风而上，竞相购买，造成了市场上的食盐产品大量断货。食盐的断货又引发了新的恐慌，导致部分地区盐价飙升，老百姓忧心忡忡。然而事实情况是，日本核泄漏事件并没有扩散到周边国家，更没有污染食盐生产，而且中国盐业资源非常丰富，80%的食盐是井矿盐，而不是海盐。至于碘盐能够抗辐射的说法，更是无稽之谈。在这次抢盐风潮中，也有不少民众和媒体能够保持清醒，通过搜集相关资料并且进行了查证，确信食盐产品不会受到污染,并且提醒公众不要盲目跟风抢购。但是,面对强大的社会性集体恐慌和焦虑,这些声音很快就被湮灭了。老百姓盲目跟风抢购食盐,就是典型的从众心理造成的,在没有任何事实依据的情况下,造成了全社会的恐慌,并且严重影响了国内的市场秩序。

四、思维定式的突破

思维定式的形成是一个长期的、被动的、自然的过程。人们在日常生活中,以思维定式的方式处理生活中的问题会带来极大的便利和效率。然而,当遇到创造性的任务需求的时候,我们就需要突破这些思维定式,用全新的思维方法去尝试着解决问题,从而取得创造性的、突破性的成果。在突破思维定式的时候,人们可以按照以下原则进行创造性的思考(见图2-4)。

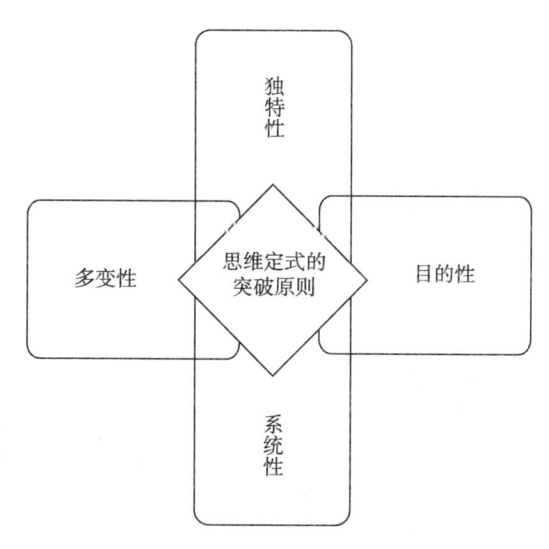

图2-4 思维定式的突破原则

(一)独特性原则

当人们解决问题的时候,有很多问题都存在共性,用一般的、常规的解决问题的方法就可以解决问题。这时,人们通常按照以往的成功经验可以快速达成目的。但是,我们所身处的是一个节奏越来越快,变化越来越多的时代,人们的生活变得更加丰富多彩,人们的性格喜好越来越追求个性化,人们的需求也越来越独特和多变,这一切使得在生活中遇到的问题已经越来越缺乏共性。因此,在面对任何一个问题的时候,都应该把这个问题当作一个过去并不存在的、新的、独特性的问题来看待,从多个维度发现能够解决这个问题的独特视角,以便得到新颖的、与众不同的解决方案。

① 当问题发生时,不要过多思考问题本身的共性现象,而要善于挖掘其独特的属性。
② 坚信这对自己来说是一个全新的问题。
③ 越过表面现象,认真思考问题的本质。
④ 认真思考解决问题的最为理想的状态应该是什么样子的。

⑤ 根据问题的独特性给予针对性的解决方案。

（二）目的性原则

在处理问题的时候，应该时常提醒自己，解决这个问题的目的是什么？为了实现这个目的，还有没有其他的解决方法？人们在解决问题的过程中，往往会局限于一开始形成的思路和想法，并且沿着惯性发展和进行下去，一旦遇到不能解决的问题就很容易陷入困境。在解决问题的过程中，经常性的审视解决问题的初衷和目的，能够帮助人从现有的思路中摆脱出来，另辟蹊径，发掘出全新的、更为高效的解决方案。

① 用文字清晰地描绘出自己的目的，要尽量简短、清晰。

② 尽量罗列能够实现目的的方法和途径。

③ 寻找能够实现相近或类似目的的成功案例。

④ 从时间、空间、人力、资源等多个维度寻求达成目的的最有效的手段。

⑤ 在必要的时候，对解决问题的目的进行分解，通过实现多个目的达成最终目的。

（三）系统性原则

系统性原则要求人们在解决问题的时候，能够把解决问题的过程和内容视为一个整体来观察、审视和思考，用系统的、动态的思维方式去分析各个环节之间的联系和相互影响，在解决问题的行动过程中不断调整和把握思路及方向，避免因为局部和细节的问题对整个解决问题过程带来阻碍与影响。

① 审视和思考局部和具体问题对解决问题的整体目标所带来的影响。

② 认识到局部行为在整个解决问题过程中的不同时期能够带来不同的作用和效果。

③ 提防局部行动偏离整体解决方案。

④ 重视每一个环节的变化和发展对整个系统所产生的影响。

⑤ 经常性的回顾、总结和展望。

（四）多变性原则

人们在解决问题的时候往往喜欢制定一个思路和规划，然后按照这个规划一步步地去推进。然而，在这个处处充满着变化的时代，"以不变应万变"的想法已经无益于解决问题，"以万变应万变"才是正确地处理问题时所应采取的思路和态度。在解决问题的时候，只有不时审视目的和过程本身的各个环节的情境与条件所产生的变化，才能够避免那些因为没有关注到变化而产生的风险。在这个市场需求瞬息万变的时代，在解决一个问题的时候就已经处在一个时刻变化的状态之中，我们只有善于用变化的方式和方法去应对这些变化，随时进行动态的调整和改进，才有可能更为高效地、创新性地解决问题。

① 时刻观察并发现解决问题过程中出现的变化。

② 变化意味着风险,也意味着机遇。
③ 对已经发生的变化要迅速采取应对措施。
④ 要善于通过分析和判断捕捉与预判那些还没有发生的变化。
⑤ 对可能发生变化的状况做好充分的应对预案。

任务三　创新思维

创新情境

通过对思维定式相关知识的学习,赵阳了解了思维定式的概念、形成过程、类型和突破原则。接下来,他准备与一些有意向加入新部门的员工进行谈话,希望能够通过面谈对这些员工做一些基本的观察,能从他们的言谈之间发现那些有助于创新的思维特点。同时,赵阳也希望多了解一些创新性思维的相关知识都有哪些不同的类型和典型的表现,以便在面谈的过程中作为进行观察和甄选的依据。

我们已经了解了思维、思维定式和突破思维定式的原则。思维定式本身并没有好与坏,一方面,思维定式能够帮助我们快速有效地解决生活中很多简单的、常规性的、一般性的问题,但也容易给人们在进行创造性活动的时候带来障碍。那么,就像思维定式一样,人们是不是还具有一些创造性的、创新性的思维方式,能够有效地帮助人们开展创新性的思考和行为呢? 答案是肯定的。接下来,就让我们共同学习和了解创新思维是什么、创新思维有哪些特征、创新思维有哪些具体的类型。

一、创新思维的概念

创新思维是指以突破传统、新颖独创的思维方式对已有的信息进行分析、加工、改造、重组和迁移,以创造性地解决问题的思维过程。通过创新思维,人们能够突破常规思维带来的束缚,通过超常规或反常规的视角、方法和思路去思考问题,因此能够获得新颖、独特的解决方案或创新性的产品。

二、创新思维的主要类型

常见的创新思维的类型包括逆向思维、横向思维、批判思维和联想思维等,如图2-5所示。

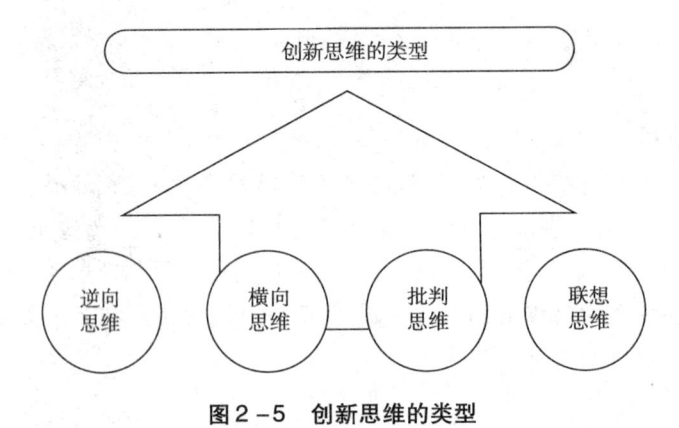

图2-5 创新思维的类型

(一)逆向思维

逆向思维也称为求异思维,是对人们在生活中已经形成定论的、司空见惯的事物、现象或观点按照完全相反的方向进行思考的一种思维方式。逆向思维最鲜明的特点就是敢于大胆质疑传统,反其道而行之,从问题的对立面出发进行思考和探索,从而产生新的想法、观点、产品或解决方案。人们通常习惯按照事物发生和发展的正常规律去思考与解决问题,通过已知条件推出可能性的结论。但在解决特殊问题或疑难问题时,从结论出发,反过来寻求可能的条件,就有可能发现更为简单和高效地解决问题的方法。

1820年,丹麦哥本哈根大学的物理教授奥斯特发现了电流具有磁效应,并引发了众多科学家对于电磁学的研究。英国物理学家法拉第认为,既然电和磁之间存在着联系,并且能够实现转化,通过电能产生磁场,那么为什么磁场不能产生电流呢?于是法拉第开始着手进行一系列的实验,以证明自己的想法。虽然经历了多次失败,他仍然坚信他的思路是正确的。最终,法拉第用一块磁铁和一个缠着导线的空心圆筒产生了电流,并最终发明了发电机,促进了科学技术的进步,改变了人们的生活。

逆向思维的具体方法包括以下几种。

① 反转型逆向思维法。这种方法是从已知的事物或现象出发,向完全相反的方向进行思考。例如,最早的自动清洁设备是"吹尘器",用强有力的气流把灰尘吹到收纳容器中。英国土木工程师布斯·布斯认为这个办法效果并不好,还有许多尘埃没有被吹到容器里。于是,他反其道而行之,采用吸尘的方法,发明了吸尘器。

② 转换型逆向思维法。这种方法是当遇到问题的时候,转换到另外一种截然不同的思

路和方法去尝试解决问题。例如,在山区修建公路时,一开始是修建盘山公路,但是工程浩大且交通效率极低。于是,人们改为开凿隧道,从而大大提高了交通运输的效率。

③ 缺点逆向思维法。这种方法是当发现事物本身存在缺点的时候,不着急去弥补或改正,而是尝试着发掘缺点可以利用的地方,化弊为利。例如,3M公司的研发人员发现了一款黏性差的失败产品的新用途,从而发明了报事贴。

(二) 横向思维

传统的逻辑思维的方式是按照一定的逻辑一步一步推进和深入的,我们称之为纵向思维。横向思维则强调在同一个阶段不再继续深入,而是向平行的方向,向更宽和更广的领域进行拓展性的思考,不强调秩序和逻辑,以突破现有思维的局限性。正是因为横向思维不受任何限制,所以才能通过跳跃性的思考产生众多创新性的,甚至是匪夷所思的想法和观点,以形成新的条件组合或发展逻辑。因此,横向思维是一种可以举一反三、开拓思路的一种有利于创新的思维方式。

有一位股票经纪人虽然经营业务不久,也没有多少深厚的人脉关系和客户资源,却在短短的时间内获得了众多富翁的信赖,把自己的股票交给他来管理。他是如何做到的呢?原来,他在刚开始的时候就圈定了800个他认为最有价值的目标客户,然后给其中的400人发送信息,告诉他们根据他的预测,某个著名公司的股票价格将在一周之内上升。然后,给其中的另外400人发送信息,告诉他们该公司的股票将在一周之内下跌。结果一周之内,该公司的股票下跌了。于是,他继续向收到了正确预测的这400人发送信息,告诉其中的200人该公司的股票在接下来的一周内会上升,再告诉其余200人该公司的股票在未来一周内会下跌。在接下来的这一周里,该公司的股票上升了。然后,他再继续给收到正确预测信息的人发送信息……如此往复几次之后,在最初的800人中,有25人已经连续5次收到了他的正确预测信息,并且对他的能力深信不疑。当然,这25名富翁也都成了他的忠实客户。

横向思维的具体方法包括以下几种。

① 多角度观察。这是指不急于先做出判断,而是从多个角度审视和观察,并思考事物发生和发展的多种可能性。

② 返回原点。这是指不断地在目标和起点之间进行思考,描绘从起到到目标之间的各种可能的发展路径,尝试找到解决问题的新思路。

③ 跳出逻辑。这是指从原有的思维逻辑中摆脱出来,换个思路重新进行思考。

④ 触类旁通。这是指通过那些看起来并没有直接关系的概念和各种事物引发新的思路。

⑤ 发掘创意。这是指不断构思和发掘新的创意,并且从中筛选出那些能够实现的,具有价值的创意进行尝试。

⑥ 交叉组合。这是指把各种新的想法和观点进行交叉组合,从而产生全新的灵感和创意。

(三) 批判思维

批判思维就是通过不同的价值判断标准,从多个角度对客观事物和思维活动本身进行不断的观察与反思,通过持续的质疑、分析、评价和判断做出更加全面与合理的决策。批判思维高于自然和本能的思维,利用这种思维方式,人们可以避免受到已有的知识、经验和观念的影响,陷入先入为主、片面理解的困境,从而做出更好的决定或改进。

古希腊的亚里士多德曾经做出这样的论断:不同质量的物体,从高处落下的速度是不一样的,物体的下落速度与物体的质量成正比。物体自身的质量越大,落下的速度也就越快;反之,物体自身的质量越轻,落下的速度也就越慢。因为亚里士多德的权威性,在此后的1 000多年中,没有人敢质疑他,人们都把这个学说当成是毋庸置疑的真理。然而,勤于观察和思考的伽利略却对亚里士多德的观点提出了大胆的质疑。他通过多次的观察和实验,证明了他心中的猜想。为了让社会公众改正错误的认识,伽利略在比萨斜塔做了一次公开的实验,在人们的冷嘲热讽之中,他把一大一小两个铁球拿在手中,在塔顶张开手,让它们自然落下。人们目瞪口呆地看到,两个铁球同时落到了地面上。伽利略勇于质疑、敢于批判的思维,揭开了落体运动的奥秘:质量不同的物体,从同一高度坠落,如果加速度一样,它们将同时着地。这是现在已为人们所熟知的自由落体定律。

批判思维的具体方法包括以下几种。

① 多加解释。这是指面对具体事物或事件时,尝试用尽可能多的角度去解释和描述它,以发现事物的多种属性。

② 认真分析。这是指对任何事物和现象都要反复进行观察、分析和比对,避免发生理解错误或造成遗漏。

③ 审慎评估。这是指认真评价关于具体事物或事件的相关知识、经验、情境和条件,并对各种可能的行动方案进行充分的评估,避免潜在风险。

④ 缜密推论。这是指针对需要解决的问题,结合各种资源和条件进行认真的推导,形成各种可能的猜想或假设,以充分分析利弊,做出最佳选择。

⑤ 详细说明。这是指将解决问题的思路和想法分别进行局部与整体的详细说明,并在这个过程中发现遗漏或不合理的地方。

(四)联想思维

联想思维是指人们在想象的过程当中,出于不同的原因或目的,把大脑中的各种表象进行自由地相互联结,以创造出新的概念、观点或思路的思维方式。虽然许多客观事物或现象之间并没有表面上的直接联系,但是通过联想思维,人们就能够发掘出那些有潜力、有价值、具有实现可能性的新的产品功能或解决方案。

罗特是美国一家制造玻璃瓶的工厂的普通工人。他有一个漂亮的女朋友,身材非常好,而且非常喜欢打扮。有一天,他的女朋友穿了一件漂亮的紧身连衣裙,展现出了她优美的身材曲线。走在大街上的时候,她的女朋友吸引了很多人的目光,罗特也非常喜欢和欣赏她今天的装束,于是不停地打量她。看着看着,罗特突然联想到,如果能把饮料瓶子做成这种形状的话,也许会让很多人喜欢上它。于是,他就跑回去开始研究这种形状的瓶子。回到住处,罗特就开始画设计图纸,并且开始试做样品。通过实验,他发现这种外形优雅的瓶子不但握起来更加稳当,不会轻易滑落,而且瓶子里的饮料看起来比实际上要多了许多。1923年,罗特把他设计的瓶子的专利以600万美元的价格卖给了可口可乐公司,一夜之间名满全国。

联想思维的具体方法包括以下几种。

① 相似联想。这是指从一个客观事物的外观、结构、形状或属性到另外一个相类似的客观事物之间建立的想象联结。例如，人们看到气球会联想到灯泡。

② 相关联想。这是指客观事物、现象和另外一个能够产生直接或间接关系，或者拥有相同或近似属性的客观事物、现象之间的联想。例如，人们在看到手电筒的时候会联想到电池。

③ 对比联想。这是指在客观事物、现象和其他具有截然相反的客观事物、现象之间的联想。例如，人们在看到太阳的时候联想到月亮。

④ 因果联想。这是指根据事物发生和发展的规律与经验，建立在一件事情的起因和结果之间的联想。例如，人们看到一次性筷子的时候会联想到森林。

⑤ 接近联想。这是指建立在存在着密切关系或较大的关联性的不同事物之间的联想。例如，当人们看到宇宙飞船的时候，会联想到太空和星辰。

创新案例

哥伦布发现新大陆

克里斯托弗·哥伦布是意大利的著名航海家，1451年生于意大利热那亚。哥伦布从小就非常喜欢冒险，想象力非常丰富，平时对生活中的一些现象充满了好奇，也喜欢提各种各样的问题，在很小的时候就已经表现出了勤于思考、大胆想象的特点。他非常喜欢阅读，尤其是那些航海前辈们的故事和游记。《马可·波罗游记》就是他非常爱看的一本书，通过这本书，在他的脑海里呈现出了一个奇异的、前所未有的世界，这一切都深深地吸引着他，令他对遥远的、神秘的印度和中国充满了向往。

长大后，通过努力，他终于如愿以偿地成为一名舰长。当时，人们都认为地球是平的。但是，哥伦布通过自己学习到的相关知识，以及长期的观察和思考，坚信地球是圆形的，并且认为从大西洋出发可以找到一条通往东亚的切实可行的航海路线。为了把他的梦想变成现实，他先后向很多国家的国王请求资助，以实现他向西航行到达东方国家的计划，但都被拒绝了，很多人都对他的"异想天开"表示质疑，认为他是一个骗子。但哥伦布毫不气馁，他认为总会有敢冒险、有远见的人会支持他的计划，于是一直坚持不懈地去劝说那些他认为有能力帮助他的人。最终，他终于说服了西班牙的伊莎贝拉一世女王，为他的探险航行提供了资助。

哥伦布如愿以偿地组建了他的探险船队，船队由3艘帆船组成，探险成员们有他的朋友、佣人，还有一些充满好奇心的官员。他甚至带上了一名语言学家，打算在会见东方的君主时作为翻译使用。但是，令人没想到的是，招募水手却成了一件困难的事情，哪怕出再高的价钱，也没有多少人愿意加入这次充满未知和危险的航行。哥伦布灵机一动，转而去监狱去招募有水手经验的犯人，答应他们用这次航行可以换取自由。于是，他在没有付出任何代价的情况下就募集齐了3艘帆船上需要的水手。1492年8月3日，哥伦布从西班牙的巴罗斯港出发，开始了他证明地球是圆形的伟大航行。

开始的航行是愉快的，但是哥伦布知道这只是个开始，随着时间越来越长，水手们的情绪会越来越焦虑。于是，他准备了两本航海日志：一本记录每天行驶的真实距离，只有他自己才知道,而另外一本公开的航海日志记录的航程远远小于这个距离。这样的目的是为了在航期拖长时,使船员们感觉离大陆没有那么远,不至于因为惊恐而失去信心。

两周之后,船员发现风向改变了,船队开始逆风行驶。水手们开始担心起来,但哥伦布却告诉他们,船队恰恰需要这样的逆风,因为这意味着他们回去的时候也会有合适的风向让船可以顺风行驶。听了哥伦布的分析,水手们终于不再担心,继续他们的航程。

日子一天天地过去,船队却始终见不到陆地,船上的水手们逐渐失去了信心,甚至威胁哥伦布要把他扔下海去。哥伦布一点都没有胆怯,而是同水手们约定了一个时间,如果到了10月15日,他们还没有到达陆地,他就任凭水手们处置。水手们看到哥伦布镇定的样子,加上又给了他们一个明确的承诺,于是就平息了下来,继续向西航行。

10月7日,水手们在海上发现了一种小鸟正在往西南方飞行,哥伦布判断出这个时候正好是候鸟迁徙的时候,前方一定会有陆地。于是,哥伦布立刻调整方向,以候鸟为航标,率领整个船队向西南方航行。

10月11日,水手们在大海中捞上来一根带着树叶和果实的树枝。看了这根树枝之后,哥伦布认为,他们当天就能到达陆地。日落的时候,哥伦布带领船员开始高唱祝福歌,并且宣布,第一个发现陆地的人将得到西班牙国王巨额的奖赏,还拿出了自己的财物作为当即就可以兑现的奖励。天黑了以后,哥伦布决定继续加速行驶,并且大胆地在船上点起了明火,以确保各个船只不会失散。终于,凌晨两点,一位水手在远方发现了月光下闪烁的灰白色的砂石——他们终于抵达了陆地!

当哥伦布率领船队回到西班牙的时候,西班牙的国王带领老百姓举行了盛大的欢迎仪式,并且任命哥伦布为新殖民地的总督,海军上将。于是,哥伦布一夜之间成为人们心目中的英雄。哥伦布的远航因为发现了美洲大陆,而成为世界航海史上的空前壮举。

对于自己所获得的巨大成就,哥伦布说:"即便再简单的道理,也需要有人去发现和证实。光站在那里指手画脚是没有用的,成功的关键在于大胆的创新和无畏的探索。"

案例分析

哥伦布之所以能够发现新大陆,首先就是因为他敢于质疑、大胆假设的精神。在当时宗教学术盛行的背景下,哥伦布敢于同教会对抗,勇敢地提出地圆说,需要非凡的勇气和胆识。在招募水手的时候,他能够灵活地转换思维,从招募"付出任何代价都不愿意应招的水手"转向招募那些"为了自由愿意付出任何代价的囚犯",不但解决了人手问题,而且为船队节省了一大笔资金。在航行的过程中,哥伦布预见到水手们可能出现的担忧和恐惧,编撰了一本假的航海日志用于稳定人心。当遭遇水手威胁的时候,他镇定自若地用一个确定的日期安抚水手们的情绪。在看到海上的小鸟时,他立刻就想到了鸟类迁徙的规律,并由此判断出正确的航向。在发现了海上漂浮的树枝时,果断决定连夜航行,甚至不惜在船上升起明火,确保船队不会失散。在发现新大陆的航行中,哥伦布展现出了非凡的勇气和优于常人的灵活的思维方式,以及大胆实践探索,不达目的誓不罢休的决心。正是哥伦布的创新性的思维方式和他对理想的坚持,确保了他在重重阻碍中克服了诸多困难,多次转危为安,并且最终实现了自己伟大的梦想,为世界航海事业的发展做出了巨大的贡献。

案例思考

当你需要完成一个富有挑战性的任务的时候,创新思维能够给你带来哪些帮助?

项目二　认知创新思维

任务四　提升创新能力

创新情境

经过对创新思维的学习,赵阳了解和掌握了创新思维的概念和主要类型。在与希望加入新部门的员工的对话过程中,赵阳也特地进行了观察,并且提出了一些具有引导性的话题,通过这些员工对这些话题所展开的论述,对他们进行了考察和分析。此外,赵阳也使用了一些关于创新能力测评的问卷,通过问卷的结果对员工进行创新能力水平的评估。但是,在这个过程中,赵阳发现一些员工尽管对新部门的工作表现出了很强的意愿,在思维类型方面也表现出了一些相应的特质,可在创新能力方面的表现却还达不到他心目中认为是优秀的水平。为此,赵阳约了林浩,就这个问题进行请教。

赵阳:林总,这段时间我同很多员工都做了面谈。我发现无论是有经验的老员工,还是相对比较年轻的同事,他们的意愿都是非常高的,也具有一些创新性思维的特点。但是,我觉得创新思维与能力还是不一样的,思维还是停留在思想层面,真正动起手来,需要的就是创新能力了。然而在创新能力水平上,我觉得还是有一些人没有达到我理想中的水平。对于这些人,我应该怎么进行取舍?

林浩:你觉得,人们的创新能力是天生的还是后天养成的呢?

赵阳:可能都有吧。

林浩:是的,你看公司里那些有能力、有经验的老员工,他们之所有具备现在的能力,固然有他们的个人优势,但也是通过这么多年的刻苦工作和学习一步一步成长起来的。

赵阳:所以,我希望能够进入这个部门的员工都是创新能力很强的人,是不是过于理想了?

林浩:是的,我们任何一个部门、一个岗位,都不可能在一开始的时候就一定能找到那些完全符合条件的、能力水平最高的人。但是,我们要看到每个人都有成长和发展的空间。创新能力的训练,就与运动员的训练一样,不可能一开始就能达到冠军的水平,只有经过长期的联系和实践,才能不断进步和成长,才能都达到我们所需要或希望看到的程度。

赵阳:我明白了,对于那些创新能力水平还有所欠缺,但是有培养和发展潜力的同事,我们也应该给他们创造训练、学习和实践的机会,帮助他们提升创新能力。

林浩:是的,所以我们应该给他们提供一些创新能力训练的方法,再结合一些创新类课程或培训,帮助他们了解创新思维,提升创新能力,然后再在实际工作中不断地进行实践。这样,才能帮助他们尽快成长起来,开展他们的工作。

赵阳:好的,我会尽快了解一些关于创新能力

提升的训练方法,帮助同事们尽快地提升创新能力,让这个部门尽快运转起来,在公司里发挥他们的作用和价值。

通过对创新思维的学习,我们已经了解和掌握了不同的创新思维的类型与具体的方法。但是,拥有创新思维并不意味着就拥有创新的能力。创新思维还仅仅停留在思想的阶段,而创新能力则要求人们不但在思维方式上具有创新性,同时也需要具备开展创新活动的技能。那么,什么是创新能力?创新能力有没有办法通过训练得到提升呢?接下来,让我们一起来展开进一步的学习。

一、创新能力的概念

创新能力是指人们运用已经掌握的知识、经验和原理,借助创新的思维方式,在科学、艺术、技术和各种社会实践活动中创造出全新的,具有经济价值、社会价值、生态价值的新思想、新理论、新方法和新发明的能力。创新能力是当今社会、国家和民族发展与进步的最为重要的核心能力,在科学技术更新速度越来越快的时代,创新意识和创新能力已经成为衡量一个国家国际竞争力和国际地位的最重要的决定因素,也是每一个人在日常的生活、学习和工作中必须要掌握、锻炼和提升的能力。

二、创新能力提升训练

创新能力的训练方法如图2-6所示。

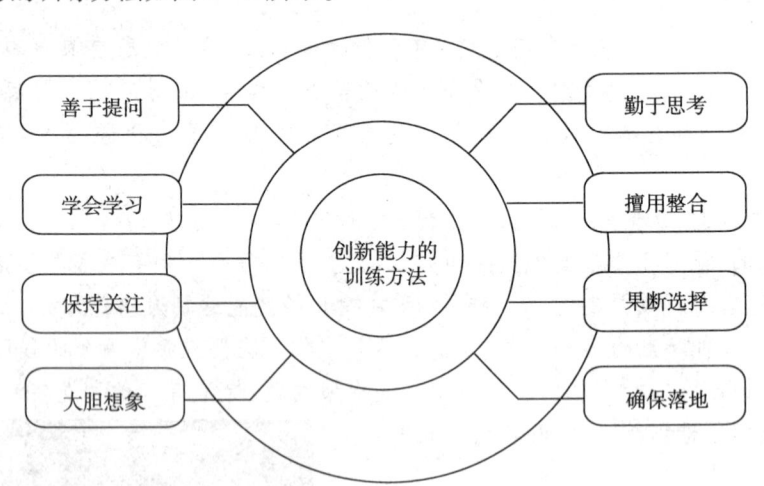

图2-6 创新能力的训练方法

（一）善于提问

问题是展开创新活动的出发点,善于提问则是提升自身创新能力的基础。掌握提问的方法和技巧能够帮助我们找到那些正确的、关键的、恰当的问题,并且捕捉到新的灵感,实现创新的目标。创新能力强的人不仅能够找到并且解决那些简单的、常见的问题,也能够提出那些常人想不到的,但却直指本质的问题。从这个意义上来说,一个优秀的创新者不仅是一个优秀的问题解决者,也应该是一个优秀的问题发现者。

1. 发现正确的问题

发现正确的问题是确保创新活动沿着正确的道路和途径开展的前提。如果不能发现正确的问题,人们就会在错误的道路上苦苦挣扎,渐行渐远。通过发现问题的方法和技巧,能够帮助我们及时、高效地构思出为数众多的好问题,并且发现解决问题的不同角度,继而产生创新性的产品、思路或解决方案。

(1) 快速提问

可以确定一个在生活中需要解决的难题,并且就这个难题快速地、不停顿地连续提出10个问题;避免进行长时间的、理性的思考,并且每个问题尽量寻找不同的角度。同时,坚持长期练习,就会形成一种新的思维习惯,在面对难题时快速找到那些正确的、有意义的、有价值的问题,并且产生出更加新奇和有趣的想法与思路。

练一练

我在生活中面临的一个难题是:＿＿＿＿＿＿＿＿＿＿＿＿＿＿＿＿＿＿＿＿＿＿
我能够提出的10个问题是:＿＿＿＿＿＿＿＿＿＿＿＿＿＿＿＿＿＿＿＿＿＿＿

1. ＿＿＿＿＿＿＿＿＿＿＿＿＿＿＿＿＿＿＿＿＿＿＿＿＿＿＿＿＿＿＿＿＿＿＿＿＿
2. ＿＿＿＿＿＿＿＿＿＿＿＿＿＿＿＿＿＿＿＿＿＿＿＿＿＿＿＿＿＿＿＿＿＿＿＿＿
3. ＿＿＿＿＿＿＿＿＿＿＿＿＿＿＿＿＿＿＿＿＿＿＿＿＿＿＿＿＿＿＿＿＿＿＿＿＿
4. ＿＿＿＿＿＿＿＿＿＿＿＿＿＿＿＿＿＿＿＿＿＿＿＿＿＿＿＿＿＿＿＿＿＿＿＿＿
5. ＿＿＿＿＿＿＿＿＿＿＿＿＿＿＿＿＿＿＿＿＿＿＿＿＿＿＿＿＿＿＿＿＿＿＿＿＿
6. ＿＿＿＿＿＿＿＿＿＿＿＿＿＿＿＿＿＿＿＿＿＿＿＿＿＿＿＿＿＿＿＿＿＿＿＿＿
7. ＿＿＿＿＿＿＿＿＿＿＿＿＿＿＿＿＿＿＿＿＿＿＿＿＿＿＿＿＿＿＿＿＿＿＿＿＿
8. ＿＿＿＿＿＿＿＿＿＿＿＿＿＿＿＿＿＿＿＿＿＿＿＿＿＿＿＿＿＿＿＿＿＿＿＿＿
9. ＿＿＿＿＿＿＿＿＿＿＿＿＿＿＿＿＿＿＿＿＿＿＿＿＿＿＿＿＿＿＿＿＿＿＿＿＿
10. ＿＿＿＿＿＿＿＿＿＿＿＿＿＿＿＿＿＿＿＿＿＿＿＿＿＿＿＿＿＿＿＿＿＿＿＿

(2) 寻找缺陷

寻找缺陷的过程,往往也是发现错误并且改正错误的过程。发现那些隐藏的,不为人所察觉的缺陷能够对提出问题提供很大的帮助,也能把一些小的错误扼杀在萌芽状态,避免这些小错误在未来造成巨大的隐患,从而推动创新活动更加顺利地开展。我们可以任意选择一个身边的物品,仔细地观察它,并且认真思考这件物品还存在哪些缺陷,哪怕是要满足极致的,甚至无理的要求都可以。可以罗列一个清单,把这些缺陷都写上去,然后再逐个看看,

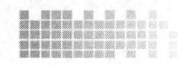

有没有能够弥补这些缺陷的好主意。

练一练

我观察的一个物品是：_____

我发现的缺陷和解决办法如下。

1. 缺陷：_____
   解决办法：_____
2. 缺陷：_____
   解决办法：_____
3. 缺陷：_____
   解决办法：_____
4. 缺陷：_____
   解决办法：_____
5. 缺陷：_____
   解决办法：_____

（3）发掘新的价值

人们通常都会接受一个物品所被赋予的功能和价值，但是有很多生活中常用的物品，经过认真的思考，都能够在其他的特定场合或情境下发挥意料不到的作用，产生新的意义和价值。很多创新的产品和方案，恰巧是在人们所意想不到的情境下产生了独到的用处，从而获得了意料之外的成功。别忘了，创新往往就是突破常规的观点而产生的。我们可以挑选一些正在使用的物品，并且完全放弃这些物品本来具有的功能和价值，然后认真地思考，除了原来的用途之外，它们还可以在何时、何地、什么情况下发挥新的功能和价值。

练一练

我选择的物品和它能够产生的新的价值如下。

1. 物品：_____
   新的价值：_____
2. 物品：_____
   新的价值：_____
3. 物品：_____
   新的价值：_____
4. 物品：_____
   新的价值：_____
5. 物品：_____
   新的价值：_____

（4）好问题清单

当人们遇到问题需要解决时，通常会提出很多问题。并不是所有的问题都有益于问题的解决，但有一些问题却能够直指问题的本质和核心，或者是有益于解决问题的关键性问题。可以把这样的问题做一个提炼和概括，列出一张好问题清单，帮助我们在创新活动中更加高效地找到问题并且提出相应的解决办法，提高创新效率。

好问题清单如下。

① 为什么要解决这个问题？
② 解决这个问题能带来什么好处？
③ 关于这个问题还有没有不理解、不清楚的地方？
④ 关于这个问题的相关信息都有哪些？还有没有需要进一步收集和整理的信息？
⑤ 这个问题能分解成哪几个部分？每个部分之间有什么关系？
⑥ 解决这个问题还需要解决哪些其他的相关问题？
⑦ 问题中有没有其实不需要改变的地方？
⑧ 问题需要解决到什么程度？
⑨ 解决这个问题需要哪些资源的支持？
⑩ 解决这个问题的方法能不能用来解决其他类似的问题？

练一练

确定一个你需要解决的问题，并且借助好问题清单帮助自己进行思考。

我需要解决的问题是：

_____

1. 为什么要解决这个问题？

_____

2. 解决这个问题能带来什么好处？

_____

3. 关于这个问题还有没有不理解、不清楚的地方？

_____

4. 关于这个问题的相关信息都有哪些？还有没有需要进一步收集和整理的信息？

_____

5. 这个问题能分解成哪几个部分？每个部分之间有什么关系？

_____

6. 解决这个问题还需要解决哪些其他的相关问题？

_____

7. 问题中有没有其实不需要改变的地方？

_____

8. 问题需要解决到什么程度？

_____

9. 解决这个问题需要哪些资源的支持？
_____
10. 解决这个问题的方法能不能用来解决其他类似的问题？
_____

2. 转换问题

当我们遇到问题时，也需要对问题本身进行更加全面和深入的思考。有的时候，我们也可以转换看待问题的视角，从另外一个角度或方向去寻找更多的可能性。通过转换提出的新的问题，往往能够成为解决问题、满足需求的关键。

（1）从相反的方向提出问题

借助逆向思维的方法，尝试着从相反的方向提出新的问题，并且思考有没有解决这个问题的可能性。天花曾经是18世纪的致命疾病，很多医生想尽一切方法，进行了无数次实验都没能找到防治这个疾病的办法。而一位英国医生爱德华·詹纳恰恰观察到了挤牛奶的工人几乎没有人患上天花，从"怎么能治愈这个疾病"转向"为什么挤牛奶的工人不得天花"这个完全相反的方向进行思考，从而发现了"牛痘"这个天花的克星，解救了无数人的生命。我们可以找一些生活中难以解决的问题，尝试着从完全相反的方向进行思考，寻求解决问题的可能性。

练一练

我确定选择的生活中的问题，以及通过相反的方向提出的问题和解决办法如下。

1. 生活中的问题：_____
   与之相反的问题：_____
   有可能的解决办法：_____
2. 生活中的问题：_____
   与之相反的问题：_____
   有可能的解决办法：_____
3. 生活中的问题：_____
   与之相反的问题：_____
   有可能的解决办法：_____
4. 生活中的问题：_____
   与之相反的问题：_____
   有可能的解决办法：_____
5. 生活中的问题：_____
   与之相反的问题：_____
   有可能的解决办法：_____
6. 生活中的问题：_____
   与之相反的问题：_____

有可能的解决办法：_____

（2）扩大或缩小问题

我们可以通过把问题扩大化或缩小化的方式，从不同的层面对问题本身进行丰富和发展，从而寻找解决问题的新思路和新办法。通过问题的扩大化，可以从更加全面和宏观的层面对问题进行思考；通过缩小问题，就可以把问题界定的更直观、更具体。例如，怎么才能减轻体重？这是一个人们普遍遇到的问题。这个问题可以进一步展开更高层面的思考：如何才能实现健康的生活？从改变人们生活方式、目标、理想和追求的角度去帮助人们解决这个问题，从而构思出更加新颖独特的产品或解决方案。问题的缩小化，可以通过不断的追问来实现。经过几次连续的追问，逐渐缩小问题的涵盖范围，通常就可以发掘出那些涉及本质和核心的关键问题，如以下问答。

问：为什么人们要买一部昂贵的单反照相机？
答：因为他们想拍出漂亮的照片。
问：为什么他们希望能拍出漂亮的照片？
答：因为他们想把这些照片分享给朋友们并且得到他们的称赞。
问：分享照片给朋友最快最方便的方式是用什么？
答：可能是手机。
问：如果能够开发一部拍照效果非常好的手机，人们会不会购买？
答：这是有可能的。

练一练

我选择的一个需要解决的问题是：_____
_____

按照扩大化问题的方法，可以得到的问题和答案是：

1. _____
_____

2. _____
_____

3. _____
_____

按照缩小化问题的方法，可以得到的问题和答案是：

1. _____
_____

2. _____
_____

3. _____
_____

4. _____

5. _____

（二）学会学习

在每一个领域中，总会有一些天赋异禀、出类拔萃，富有创新精神和创造力的人。我们承认某些人在特定的领域存在着天生优于常人的素质，但从来没有一个人不经过努力的学习或练习就能轻易获得成功。近些年来，科学家们通过对各领域的杰出人才进行的大量研究，越来越证实了这样一个观点：创新能力并非来自于先天的遗传，而是后天勤学苦练的结果。勤于学习的人，就像一块海绵一样，能够快速吸收已有的知识和经验，能够快速接受并适应新的信息和观点，并且善于从别人意想不到的思路和角度去思考与解决问题，表现出超出常人的创新能力。

1. 勤于练习

勤奋的学习和不断的练习是熟练掌握已有知识和经验的最为直接、简单、有效的方法、对于知识的学习是一个要付出努力的过程，也必然是一个辛苦的过程。但是，在学习中，也有一些方法和技巧，能够帮助人们在这个过程中减轻压力、提高效率。

（1）分解组合

当面临一个比较复杂和困难的学习任务时，我们可以把一个整体的学习任务分解成一个一个的小的单元，然后分别设立小的、阶段性的目标，再一个一个地去完成。在这个过程中，要始终把整体学习任务和阶段性学习任务相比对，确保目前进度能够保证顺利或超前完成整体学习任务。

练一练

确定一个学习目标，为自己制订一个长期学习计划，并且把计划分解成若干阶段，制定分阶段目标。

（2）保持专注

在学习的过程中，时刻保持高度的注意力能够使大脑的分析能力、判断能力和记忆能力得到显著的提升，从而确保学习效率和记忆效果。积极的心态、良好的情绪和合理的时间安排都有助于在学习的过程中保持注意力。我们的脑细胞通常在上午的时候处于活力的巅峰状态，因此把学习时间安排在上午能够取得比较好的效果。一次性学习的时间超过两个小时，效果就会逐渐下降，而就某一个具体任务的学习时间超过4个小时，则不再会有显著的提高。

项目二　认知创新思维

2. 学习要"专"和"精"

如果想要在某个领域表现出杰出的创新能力，就要在该领域拥有足够丰富和扎实的相关知识与经验，做到"专"而且"精"。"专"即专注于某个专门的领域，"精"则代表着在这个领域内的刻苦钻研。没有足够的知识和经验基础，在面临问题的时候就会受到知识资源和眼界的束缚，缺乏足够的洞察力和独到的见解，无法创造性地去解决问题。

（1）建立概念结构，挖掘深层意义

创造性的学习要求我们必须对学习的知识进行结构化的理解和认知，并且通过认真的分析、思考和研究，挖掘知识更深层次的作用。知识只有形成逻辑严谨的结构，才能有效地内化为自身的能力，在需要用到相关知识的时候做到自如的运用。对知识做更深层次的意义的挖掘，才能使得我们对客观事物做到更深刻的理解，在需要的时候有勇气和能力打破常规，超越一般常识和规律的局限，从而有所创造、有所创新。

（2）加强知识的运用倾向性

学习到新知识、运用新知识和愿意运用新知识，是截然不同的概念。我们应该锻炼自己把新学习到的知识运用到各种社会实践当中，通过反复的实践练习，熟悉新知识在各种情境下的应用效果。通过多次的练习，可以帮助我们形成思维惯性，并且在反复尝试中锤炼心理承受能力，以便当面临问题时，主动地、不自觉地运用所学到的知识去创造性地解决问题。

3. 坚持终身学习

现代脑神经科学的研究已经证实，人的脑细胞的数量虽然在诞生之后就不会增加，但大脑的功能是能够获得终身成长和发展的，学习的过程就是在脑神经细胞之间不断建立联结的过程。我们越是坚持学习，大脑的思维就会越灵活，反应就会越来越迅速，思考和解决问题的能力也就会越来越强，也就能够有效地提升自身的创新能力。

（1）保持强烈的求知欲

要实现终身学习，就要保持自身的强烈的求知欲。求知欲不是对知识的满足，而是对知识的渴求。我们要不断地对已有的知识和经验提出质疑，也要对尚未了解的知识领域充满探究的兴趣。求知欲是学习的最原初的动力，也能在我们进行学习的时候成为强大的内驱力，确保我们对不断学习新知识的激情和效率。

（2）打造个性化优势

要勇于学习和了解那些自己感兴趣的领域的相关知识。当今的时代是一个知识获取越来越容易的时代，人们通过网络可以快速地获得自己想要的知识。因为知识的丰富性，没有一个人能够学习完所有的知识，所以对知识的学习充满了个性化的色彩。每一个人都会通过学习掌握不同领域中的一些特定知识，这些特定知识整合在一起，就形成了一个人所掌握的知识的个性化特征。知识涉及的领域越广，在某些领域所涉猎的知识越深入，就越能建立知识的个性化优势，比别人更富有创新精神和创新能力。

（3）关注新事物，把握新趋势

要想让自己的思维和知识保持鲜活，就需要随时关注当今世界的实时动态和新的发展趋势。养成每天浏览新闻的好习惯，关注那些新生的事物和新的观点，观察新事物诞生的思路和过程，从中发现创新的灵感和源泉。

练一练

浏览一下今天的政治、经济、科技、娱乐、体育等新闻信息,发掘其中的创新点。

我今天关注的信息是:＿＿＿＿＿＿＿＿＿＿＿＿＿＿＿＿＿＿＿＿＿＿

＿＿＿＿＿＿＿＿＿＿＿＿＿＿＿＿＿＿＿＿＿＿＿＿＿＿＿＿＿＿＿＿

我在其中发现的创新点是:＿＿＿＿＿＿＿＿＿＿＿＿＿＿＿＿＿＿＿

＿＿＿＿＿＿＿＿＿＿＿＿＿＿＿＿＿＿＿＿＿＿＿＿＿＿＿＿＿＿＿＿

4. 成为"通才"和"专才"

每个人都有不同程度的创新能力,但是研究表明,如果人们能够在一个领域里做到"专"和"精",就能够在这个领域里拥有优于常人的创新能力。创新能力中具有的普适性因素,确保了在一个领域中的创新能力可以向另一个领域有效地迁移。因此,深刻理解和掌握某一个领域中的知识,加强知识的深度,然后再以此为基础,向其他的领域拓展知识面,加强知识的广度,进而达到一种平衡,是我们提升创新能力的一个理想途径。

(1) 建构 T 型知识体系

人们应该在自己当前所学习的知识领域努力钻研,刻苦练习,在这个领域中建立自身的知识和经验优势,并且不断进行创造性的思考和实践练习,以提高自己在专属领域中的创新能力。与此同时,应该同步拓宽自己的知识面,了解其他不同领域中的知识和经验,以便把一些新的概念同自身所在领域的概念结合起来,并从中发掘出创新的想法和创意。

(2) 阅读专家论著

在每一个领域中,都有在这个领域中钻研多年并颇有成就的专家和学者。当我们关注某一个领域时,应该搜集并且阅读这个领域内的专家的论著。在这些论著中,往往体现了在这个领域中的热点话题、前沿观点和最新的研究成果,并且具有高度的权威性和可信度。通过对专家论著的阅读,可以省去我们在这个领域中搜集、分析、辨别有用的信息和资料的时间,能够极大地提高学习效率,帮助我们在短时间内熟悉和掌握该领域中的核心知识。

练一练

确定一个对你来说完全陌生的领域,并且搜集这个领域内的权威专家的论著进行阅读。

我选择的领域是:＿＿＿＿＿＿＿＿＿＿＿＿＿＿＿＿＿＿＿＿＿＿＿

＿＿＿＿＿＿＿＿＿＿＿＿＿＿＿＿＿＿＿＿＿＿＿＿＿＿＿＿＿＿＿＿

我阅读的专家论著是:＿＿＿＿＿＿＿＿＿＿＿＿＿＿＿＿＿＿＿＿＿

＿＿＿＿＿＿＿＿＿＿＿＿＿＿＿＿＿＿＿＿＿＿＿＿＿＿＿＿＿＿＿＿

我的阅读收获是:＿＿＿＿＿＿＿＿＿＿＿＿＿＿＿＿＿＿＿＿＿＿＿

＿＿＿＿＿＿＿＿＿＿＿＿＿＿＿＿＿＿＿＿＿＿＿＿＿＿＿＿＿＿＿＿

（三）保持关注

认真观察、勤于思考，并且对所留意的事物保持高度的关注是提升创新能力的一个重要方法。关注不仅停留在视觉层面上，更需要积极主动地对观察到的事物进行自己独特的分析和理解。

1. 用心体察

人们接收外部信息主要依靠视觉、听觉、嗅觉和触觉。平时我们观察客观事物最主要的是依靠眼睛去看，依靠耳朵去听。但是，通过鼻子、嘴巴和皮肤等其他感受器官，我们能从更多不同的角度了解事物更为全面的属性和相关信息。即便我们只把视觉和听觉独立分开去感受同一个客观事物的时候，通常也会得出许多意料之外的新的发现和收获。

（1）转换视角

同样的东西，每个人看到的角度都有所不同，理解也不同。保持高度的专注，并且用新的视角，从不同的角度出发去进行观察和思考，就能帮助我们看到别人所看不到的、想到别人所想不到的，从而比别人拥有更多的机会获得创新性的启发、思考和成果。

（2）发现机遇

创新能力强的人通常会喜欢关注身边正在发生的一切事物，寻找在身边环境中发生的所有新的变化，从中寻找自己认为有价值的兴趣点。有的时候，哪怕是随机地、盲目地关注也在所不惜。只有如此，他们才能比常人看得更多、听到的更多，也因此比常人有更多的机会看到并且抓住创新的机遇。

（3）独立运用各种感官

眼睛、鼻子、嘴巴、耳朵等感受器官是人们在接触和接收外部信息时最常用到的。借助这些感受器官，我们就能通过视觉、味觉、嗅觉、触摸觉等感觉系统来接收、分析、辨别各种各样的外部信息。通常，我们在接触外部信息的时候，会同时使用到多个器官，综合性地接收和感受外部信息。这样的信息接收方式有助于我们能对外部事物形成整体性的、全面的理解。可是，因为通过不同的感觉器官同时接收信息会产生交叉影响，会使得我们对事物的局部属性缺乏理性的、充足的分析和判断。我们可以在生活中尝试独立地去使用这些器官感受客观事物，以便能够发现那些因为外界干扰而忽略了的，或者我们从未想过的新的方式去接触、感受和了解这些事物的属性。例如，在看电影的时候闭上眼睛，认真倾听影片中的各种环境和背景音；喝饮料的时候认真观察液体的颜色和质感，并且摇晃一下，看看能产生什么样的反应。

练一练

我最常用_____去感受_____
我可以更换的感受方式是_____
我的新的感受是:_____
_____
_____

（4）角色替换

人们在对外界客观事物进行评价的时候,通常会从自身的角度出发去思考。除了年龄、性别、受教育程度等人口因素之外,每个人的知识、经验、阅历及身处的社会文化背景都有很大的差别。这就造成了同一个事物,不同的人去观察和体会,内心的感受和理解都会不同。因此,如果要尽可能全面地、多角度地体会和理解客观事物,就要跳出自己原有的角色和身份,设想如果自己是一个另外的截然不同的人,会如何去看待当前的事件。运用这种方法,就会发现许多原来自己根本不会想到的看法和观点。

练一练

确定一个你所熟知的客观事物、事件或现象等,把自己替换成多种截然不同甚至完全相反的角色(男性替换成女性、成人替换成儿童等),以一种全新的身份和视角去观察与体会同样的事物,然后记录下新的感受。

我确定的客观事物、事件或现象是:_____
我要模拟的角色是:_____
我的新的感受是:_____

2. 感受变化

我们身处的生活环境每时每刻都在发生着变化,正是在这些变化中诞生了无数的新鲜事物。用心寻找、观察、感受这些新的、正在发生的变化,能够给我们的创新带来无穷无尽的灵感和启发。

（1）在旅行中用心观察

可以为自己设计一个短途旅行,去一个自己从没去过的地方。因为这个地方是第一次去,一定会有很多之前没有接触过的事物和现象。也可以去一个从来没有去过的场所,去观察在这个场所的环境,以及出入这个场所的人们的言谈举止,从中发现那些从来没观察和体会过的物品或事件,并且和已有的知识与经验建立起联结。

练一练

我去的地方是:_____

我在这里发现的新鲜事物有：_____
_____
_____
_____

（2）即兴创作

即兴进行的艺术创作，如绘画、音乐、诗歌、演讲等，因为没有事先经过任何准备，在进行创作的过程中，最能够体现一个人的知识和经验的积累、思维的灵活性，以及想象和创造的能力水平。即兴创作是随机的、动态的、随时变化的过程，也是最能够实践和锻炼一个人的创新能力的活动。

练一练

立刻确定一个你所愿意去做的艺术活动，并且开始即兴创作，并且记录下创作过程和其中的创新点。

我选择的艺术活动是：_____
在这个活动中，我的创新点包括：_____
_____
_____
_____

（3）多玩玩具

没有比玩玩具更让人能够如此快乐地进行创造性的活动了。玩具，尤其是拼插、组合类的玩具，具有无穷的变化性和可能性。多玩玩具，并且利用玩具展开各种有趣的游戏活动，能够充分地、有效地帮助人们在动手操作中锻炼人们的创新意识和创新思维。

（4）刻意进行改变

在我们的生活中，一定有一些经常发生的规律性事件，已经有很长一段时间没有发生过变化。找到它们，并且刻意进行改变，就会发现很多之前从未有过的新的感受。我们必须承认，有的时候做出改变是困难的。但是，正是改变的发生，让我们有了更多创新的机会和可能。

练一练

我经常做的一件很久没有发生变化过的事情是：_____
_____
我尝试所做的改变是：_____
_____
我的新的感受是：_____
_____

（5）记录感觉

当我们用心观察和感受身边变化着的事物，并且有所感悟和心得时，不妨利用手边的记录工具把它们记录下来。一方面，用文字记录心中的感悟能够帮助我们加深记忆；另一方面在整理记录的过程中，我们实际上对那些脑海中的概念和思路又进行了一次更深层次的加工与处理，做了更加深入的思考和分析。在这个过程中，同样也可能会迸发更多的创意和灵感。

练一练

寻找一个你生活中发生的新的变化，以及你对这个变化的感受和心得，并且把它们记录下来。

我生活中发生的一个新的变化是：_____

我的感受和心得是：_____

_____

_____

_____

（四）大胆想象

人们在成长的过程中，不断地学习、丰富和积累着各种知识和经验。与此同时，在人们的大脑里也不断地产生各种各样的条条框框。人们因为了解了太多的规则，而不愿轻易破坏规则，以免引发不必要的风险。对于违背常理和规条的畏惧，束缚了人们的思想和心灵，让我们不敢去大胆挑战，勇于实践，从而缺乏创新的底气。因此，养成大胆想象的好习惯，有利于我们突破思维局限，创新性地去思考和解决问题。

1. 自由联想

任何想象活动都以自由联想为出发点，人们可以对于当前思考的问题展开无拘无束的想象，并且在想象到的各种事物之间随意建立关联，直到从中发现可以利用的创新点。

(1) 迁移情境

当就一个主题展开想象时,可以把这个主题放置于完全不同的情境中去展开丰富的想象和联结。就像我们在设计一个沙发的时候,可以想象它分别处在森林、大海、草原甚至沙漠中的情境,把它当成该情境中的一部分来进行思考,于是就会得出众多截然不同的关于外形、色彩、质感、使用感受的设计思路和灵感。

练一练

给自己确定一个设计任务,然后想象设计物品在不同的情境中理想的外形、色彩、质感,以及带给人们的感受。

我希望设计的物品是:_____

我想象的情境是:_____

通过联想,我得到的设计思路是:_____

(2) 大胆解释

当我们接触到一个客观事物或自然现象时,要突破习惯性的思路,大胆地甚至反常识地从各种异于常规的角度给予不同的解释,并从中发现奇思妙想。例如,当打了一个喷嚏时,通常会认为自己感冒了,但是不妨给予一些更加多样化的、大胆的解释:是有人想你了;你漏气了;一缕"仙气"钻进了你的鼻子,等等。

练一练

选择一个你所熟知的客观事物或自然现象,然后从平时你想不到的角度给予5个分别不同的解释,不要怕夸张或违背传统。

我选择的客观事物或自然现象是:_____

我的解释是:

1. _____
2. _____
3. _____
4. _____
5. _____

(3) 延展空间

无论身处何地,大胆想象在自己的周围——上方、下方、前后左右,都可能会有什么。根据眼前的线索,展开最为丰富的想象,在心中勾画出一个丰富多彩的世界。

练一练

以你现在所处的情境为出发点，向各个方向拓展空间，进行丰富的联想。

我身处的地方是：_____

我所想象到的场景是：_____

1. 上方：_____
2. 下方：_____
3. 前方：_____
4. 后方：_____
5. 左边：_____
6. 右边：_____

（4）畅想未来

我们的未来是还没有发生的世界，因此蕴含着最为丰富的想象空间和无限的可能性。对身处的世界及日常生活在未来的状态展开大胆的想象，不但有益于思维的拓展，而且对制定未来发展目标和今后一段时间的学习、工作和生活规划会带来很大的帮助。

练一练

想象未来10年这个世界会变成什么样子，以及你未来10年的生活状态的变化。

未来的10年，这个世界会变成这样：_____
_____
_____
_____
_____

未来的10年，我会成为：_____
_____
_____
_____
_____
_____

2. 营造环境

富有成效的创新活动并不意味着时刻不停地进行构思和创造，劳逸结合、张弛有度才是高效解决问题的工作方式。我们善于要给自己营造一个在精神上和客观环境上让自己觉得舒适的、有益于展开思维活动的环境，避免陷入疲劳和紧张，从而能够始终以饱满的精神和灵活的思维开展想象及构思活动。

（1）学会放松

无论是学习还是工作，都需要有一定的节奏，有时候我们需要全神贯注地持久攻坚，有时候我们也要放松下来,补充和恢复体能与精力。同时,我们在选择不同的放松方式的时候,也能够给自己一个机会,转换一下视角和思维,反而能够获得解决问题的新的方法。

(2) 适当留白

在中国的传统绘画中,有一种技法叫作留白。就是在进行绘画的时候,不用整个画面都铺满了颜料,让画面中有一些空白之处,使得画面能够保持一种通透感,也能让观赏者展开更多的遐想。在从事创新活动时,我们不必把时间安排得满满当当,也不必可以追求每一个细节的完美。留有余地,才能让我们的创新活动的后续展开拓展出无限的可能。

(3) 调整情绪

当人们处在积极的正向情绪的时候,会让大脑保持在更加清晰的状态,思维也更加敏捷、更加灵活,人际关系更加和谐,完成任务的效率也会更高。而负面情绪则会导致人们陷入思维狭隘、目光局促的窘境。因此,我们在创新活动中应该确保情绪的积极、正向和稳定,而当我们因为受到阻碍或面对难题时,应该迅速调整和转换情绪,避免因为情绪对思维产生的影响降低解决问题的效率。

(五) 善于思考

善于创造的人总是勤于思考。我们认识和了解的那些有所成就的成功人士,无一不是喜欢思考、会思考的人。任何创新的想法或思路都不会是凭空产生的,它们往往建立在创新者以往所进行的不断思考的成果的基础上。在创新活动中,数量和质量是同样关键的因素。因此,在思考问题的时候,要做到能够随时灵活地拓展思维方式、转换思维方式,才能够源源不断地产生创意和灵感的源泉。只有勤于思考、善于思考,才能在平时积累大量的概念、观点、想法和创意,当需要完成创新的任务时,才能够随时取用这些丰富的智力资源。

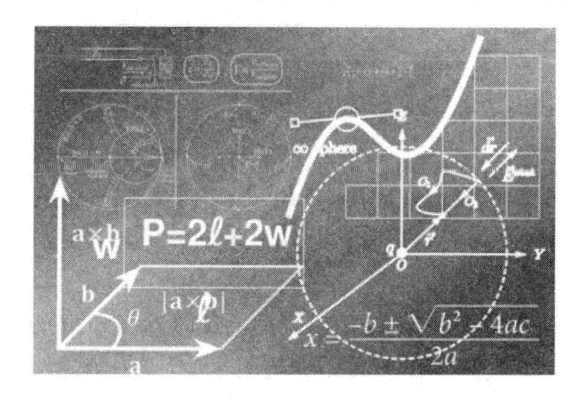

1. 逆向思维

逆向思维能够帮助人们在创新活动中从完全意想不到的立场和角度重新审视和思考问题,以求得意料之外的收获。例如,人们发明了风扇用于乘凉,为了能够用于取暖,人们在风扇叶片前加上电阻丝,就变成了取暖用的热风扇。

练一练

选择一些生活中常见的物品,从完全相反的角度思考它们的用途及实现的方法。

我选择的物品是：_____

完全相反的用途是：_____

可能实现的方法是：_____

2. 横向思维

横向思维能够帮助人们在创新活动中将原有的物品或解决方案实现向不同领域的水平迁移,从而发现新的作用和价值。例如,人们借助横向思维把激光技术在不同的产品和服务领域中进行迁移,于是发明了激光笔、激光测距仪、激光祛斑等产品或服务。

练一练

选择一些生活中常见的物品或者技术,借助横向思维向不同的领域进行迁移,看看能发现哪些新的用途。

我选择的物品或者技术是：_____

我要迁移的领域是：_____

可能存在的新的用途是：_____

3. 批判思维

借助批判思维对目前存在的事物、现象进行质疑和重新审视,可以弥补原有产品、服务或解决方案中存在的缺陷,或者进一步挖掘出产品的新用途及更好的解决方案。例如,人们认为公共交通服务满足不了人们的出行需求,于是陆续创造出出租车、网约车、共享单车等更加便捷的服务。

练一练

选择一个生活中的常见产品或服务,借助批判思维的方法,挖掘出产品或者服务的新用途或新的解决方案。

我选择的产品或服务是：_____

存在的不足是：_____

_____

更好的产品或者解决方案是：_____

_____

_____

_____

4. 联想思维

联想思维通过在不同的事物之间进行无拘无束的联想和组合，能够帮助人们发挥充分的想象力，拓展人们的创新思路，并且想象组合发掘出其中有实现可能和价值潜力的全新的创意，实现创新的产品或解决方案。例如，人们从鱼鳔的作用联想到在船只上可以安装类似鱼鳔的水舱，于是发明出了潜水艇。

练一练

随机列出50个词汇，在这50个词汇中展开随意的组合联想，并且创造出5个全新的产品、服务或解决方案。

我列出的词汇是：_____

_____

_____

_____

我创造出的5个全新的产品、服务或解决方案是：_____

_____

_____

_____

_____

（六）擅用整合

我们可以通过不同的思维方式，从不同的角度和立场出发进行思考，发掘出源源不断的创意，也需要极强的整合能力，能够把这些零散的、单独的创意整合在一起，最终形成一个完整的、具象的、可以独立存在且能够产生价值的创新成果。

1. 强制关联

把一些原本看起来没有任何关系的事物进行强制关联，然后创造出一个全新的概念，能够帮助我们有效提升对众多不同事物的整合能力，并可以从总体、全局的视角把

握和判断事物的发生与发展过程,从而确保我们的创新活动持续且有序地展开。

练一练

随机确定 3 个词,并且用这 3 个词在两分钟内编出一个不少于 100 字的小故事。

我确定的 3 个词是:_____

_____

我的故事:_____

_____

_____

_____

2. 快速归类

对完全随机的客观事物进行快速的归类,能够帮助我们在短时间内提炼出表面不同的事物之间的共同属性,实现不同概念之间的快速融合,从而提升我们发掘事物的内在联系和本质,形成一个整体概念的能力。

练一练

在你的身边找到 5 个人,然后快速找到他们的 5 个共同点。

我找到的 5 个人是:_____

_____

他们的 5 个共同点是:

1. _____
2. _____
3. _____
4. _____
5. _____

(七)果断选择

在创新的过程中,势必会产生很多创意。但是,并不是所有的创意都是有效的、有价值的,或者是在最终的方案中可以使用的。我们必须能够快速、正确地判断出与创新需求高度适配,而且更加易于实现的创意,并做出果断的选择,以保证创新的效率和成功概率。

1. 明确目的

在进行创新活动的过程中,应该始终保持对创新需求和创新目的的明确认知。有的创意虽然非常新颖和有价值,但只要与创新的目的不匹配,也要坚决果断地舍弃。只有始终保持明确的目标和方向,才能结合创新目的做出相对正确的选择。

2. 坚持标准

所有的优秀创意都应该符合3个标准,即简洁、美观、易用。

① 简洁。简洁是指用最简单直接的外观、结构或程序就能够满足需求。

② 美观。除了性能之外,优秀的创意需要具备美观的、富有设计感的外貌形状,能够满足目标受众的审美观。

③ 易用。优秀的创意所实现的产品要使用方便、易于操作,并且能够适应各种复杂或者恶劣的使用条件或环境。

3. 精益求精

创意的选择过程同时也是查找缺陷、弥补错误的过程,对于那些符合要求但存在缺陷的创意,要进行调整和改进,而对于那些看起来已经令人满意的创意,也要进行认真细致、不吝严苛的审评,以确保后续的创新活动能够顺利地开展。

(八) 确保落地

任何创新活动只要停留在思维的层面,就永远都不会产生创新的成果。创意和想法只有转化为具体、直观、形象的产品或解决方案,才能够为人们所了解和接受。因此,确保创业和想法能够变为现实,并且产生实实在在的价值,才是评判创新活动是否成功的唯一标准。

1. 绘制蓝图

通过绘画的方式可以把脑海中的抽象概念在纸面上客观地呈现出来,以便得到脑海中事物的具体形象。在创作的过程中,还能够找到那些在头脑中没有完善或存在缺陷的地方,并且进行不断地调整和改进,最终得到一个完整的、直观的、生动的创新成果的全貌。

练一练

快速确定3个词汇,通过联想组合成一个具体的实物,并且在纸上描绘出它的具体形象。

我确定的3个词汇是:＿＿＿＿＿＿＿＿＿＿＿＿＿＿＿＿＿＿＿＿

我联想出来的具体形象是:

2. 说服他人

说明他人是指向别人介绍创意思路,并且争取对方能够接受和赞同自己的想法。说服别人能帮助自己细心整理,并言简意赅地描绘出创新产品或解决方案的全貌,提炼出能够满足创新需求的核心价值。面对别人的提问和质疑,也能帮助自己完善和改进产品或解决方案中存在的不足与缺陷,帮助创意尽快实现落地。

练一练

构思一个创意,然后向别人介绍你的创意并获得对方的反馈。

我的创意是:_____

_____

我向别人介绍我的创意的思路是:_____

_____

我得到的反馈是:_____

_____

我的改进计划是:_____

_____

_____

_____

3. 制作模型

制作模型是指用硬纸、木板、胶泥等材料帮助自己把脑海中的想象最为直观地呈现出来。通过动手制作模型,我们能把抽象的想法转化为现实,并且能够通过模型的建造发现那些在想象的层面无法发现或解决的问题,为最终产品的实现提供充分的实践和操作经验。

练一练

构思一个创意,然后选择适合的材料制造一个模型。

项目二　认知创新思维

创新总结

在组建TS航运公司创新战略发展部的过程当中,赵阳在总经理林浩的建议下,对于思维、思维定式、创新思维及创新能力的训练和提升方法做了系统性的了解和学习。在学习过程中,赵阳对相关知识进行了归类和整理。

1. 思维的概念、特征和主要类型

所谓思维,就是人们通过各种语言、客观事物的表象或动作实现的,对客观事物的直接或间接的认识和理解。思维的基础是人们的感觉、知觉和记忆活动。思维的特征包括概括性、间接性和创造性。根据思维活动的性质、内容和用于解决问题的方式方法,可以把思维活动分为直观动作思维、具体形象思维和抽象逻辑思维3种不同的类型。

根据人们是凭经验还是依靠理论去解决问题的不同方式,可以把思维活动分为经验思维和理论思维;根据人们在面对问题时所采取的应对方式,可以把思维活动分为直觉思维和分析思维;根据思维活动是聚合还是发散的特性,可以把思维活动分为辐合思维和发散思维;根据创造性水平的高低,可以把思维活动分为常规思维和创造性思维。

2. 思维定式的概念、形成过程、典型类型和突破原则

思维定式也称惯性思维,是由先前的活动而造成的一种对活动的特殊的心理准备状态,或者活动的倾向性。人们在学习知识的时候所进行的不断练习的过程,也就是不断开拓、加宽和巩固特定的神经通道的过程。一旦这个神经通道得以牢固地建立,人们在解决相同问题或类似问题的时候就能够快速、高效地做出反应。因为省时、省力,人们也更愿意通过原有的思维方式去解决问题。这就是思维的惯性,也就是思维定式的形成过程。思维定式的主要类型有书本定式、经验定式、权威定式和从众定式。突破思维定式的原则包括独立性原则、目的性原则、系统性原则和多变性原则。

3. 创新思维的概念和主要类型

创新思维是指以突破传统、新颖独创的思维方式对已有的信息进行分析、加工、改造、重组和迁移,以创造性地解决问题的思维过程。通过创新思维,人们能够突破常规思维带来的束缚,通过超常规或反常规的视角、方法和思路去思考问题,因此能够获得新颖、独特的解决方案或创新性的产品。常见的创新思维的类型包括逆向思维、横向思维、批判思维和联想思维等。

4. 创新能力的概念和提升训练方法

创新能力是人们运用已经掌握的知识、经验和原理,借助创新的思维方式,在科学、艺术、技术和各种社会实践活动中创造出全新的,具有经济价值、社会价值、生态价值的新思想、新理论、新方法和新发明的能力。创新能力提升的训练方法包括善于提问、学会学习、保持关注、大胆想象、勤于思考、擅用整合、果断选择和确保落地。

创新实践

在接下来的工作中,赵阳通过面谈、测评、行为观察和时间考评等方式,对申请加入新部

门的员工进行了考察和筛选,并最终确定了一个经验够、意愿强、潜力大的团队。在新部门运转起来之后,赵阳又通过邀请领导和专家举办讲座、培训、研讨会及组织参观、主题实践、技术攻关等各种类型的学习与实践活动,持续帮助新部门的员工发扬创新精神,提升创新能力,使得创新战略发展部的工作在公司取得了出色的工作绩效,得到了公司上下一致认可与高度评价。

知识拓展

创新能力相关测评

一、南加利福尼亚大学测验

(一) 南加利福尼亚大学测验概述

南加利福尼亚大学测验(University of Southern California Testing,简称USC Testing)又称吉尔福特智力能力结构测验,是美国心理学家吉尔福特(J.P.Guilford,1897—1987)在1957年使用智力三维结构模型编制的一个评估人们扩散思维能力水平的测验。根据吉尔福特的观点,扩散思维是一个人在解决一个具体问题的时候,能够发散性地从多个维度和层面去思考问题,寻求更多的解决问题的思路的思维能力,能够体现一个人的创新能力的水平。

根据吉尔福特的智力结构模型,扩散思维与思维内容、思维结果组合在一起,一共可以形成30种创造力组成要素。在目前南加利福尼亚大学测验中包含其中的14个要素:词语流畅性、观念流畅性、联想流畅性、表达流畅性、非常用途、解释比喻、用途测验、故事命题、推断结果、职业象征、组成对象、构图、火柴问题、装饰。其中,1至10项需要使用言语反应;11至14项需要使用图形内容反应,按照记分手册的标准进行计分。

(二) 南加利福尼亚大学测验的内容

① 词语流畅性。给出一个字母,快速写出包含这个字母的一系列单词。
② 观念流畅性。给出一个物体的属性,快速写出具备这种属性的多个事物。
③ 联想流畅性。给出一系列词语,快速写出这些词语的近义词。
④ 表达流畅性。给出几个字母,用这几个字母开头的单词组成一个句子。
⑤ 非常用途。指定一个具体事物,列举出这个事物的各种异想天开的用途。
⑥ 解释比喻。给出一个句子的开始部分,用不同的意义相近的句子完成这个句子的剩余部分。
⑦ 用途测验。指定一个具体事物,列举出这个事物的多种用途。
⑧ 故事命题。给出一个简短的故事情节,写出一个合适的故事标题。
⑨ 推断结果。提出一个假设性的问题,给出各种不同的答案。
⑩ 职业象征。给出一个物品或符号,列举出于其相关的各种可能的职业。
⑪ 组成对象。利用一套简单图形组成不同的图案。
⑫ 构图。利用简单的图形画出各种复杂的物体的草图。
⑬ 火柴问题。移动一定数目的火柴,使火柴能够构成一定数量的正方形或三角形。
⑭ 装饰。用尽可能的方式为一般物体的轮廓图加以修饰。

二、托兰斯创造思维测验

(一)托兰斯创造思维测验概述

托兰斯创造思维测验(Torrance Tests of Creative Thinking,TTCT)是由美国明尼苏达大学的托兰斯(E.P.Torrance)等人于1966年编制而成的,可以评估人的灵活性、流畅性、精确性和独创性,是目前在世界范围内应用最为广泛的创造力测验,适用于各个不同年龄阶段的人群。托兰斯创造思维测验一共由言语创造思维测验、图画创造思维测验及声音和词的创造思维测验构成,包括12个分测验。测验形式多采用游戏性活动的方式进行,计分采用测验手册的标准进行评分。

(二)托兰斯创造思维测验的内容

1. 言语创造性思维测验

言语创造性思维测验一共包括7个活动。前3个活动要求被试者根据给出的图形列举出他想问的问题;第4个活动要求被试者对一个玩具提出自己的改进意见;第5个活动要求被试者说出一个普通物品的各种可能的用途;第6个活动要求被试者对一个物体提出各种非同寻常的问题;第7个活动要求被试者推断一个不可能发生的事件一旦发生会引发什么样的后果。该组测验考察的是被试者的流畅性、变通性和独创性。

2. 图画创造性思维测验

图画创造性思维测验一共包括3个活动。第1个活动要求被试者在白纸上任意位置贴一个色彩鲜艳的纸片,然后以这个纸片为起始点画出一个有故事意义的图画;第2个活动要求被试者用少量线条画出物体的草图;第3个活动要求用成对的端平行线或圆形画出各种不同的图案。该组测验考察的是流畅性、灵活性、独创性和精确性。

3. 声音和词语创造性思维测验

声音和词语创造性思维测验一共包括两个活动。第1个活动要求被试者对给出的声音展开丰富的联想;第2个活动要求被试者按照象声词展开联想。该组测验考察的是独特性。

三、芝加哥大学创造力测验

(一)芝加哥大学创造力测验概述

芝加哥大学创造力测验(Chicago University Test of creativity)是由美国芝加哥大学盖泽尔斯(Getzczs)和杰克逊(Jaekson)于20世纪60年代初期编制的创造力测验。这套测验适用于小学高年级到高中阶段的青少年,适用于团体测试,并有时间限制。

(二)芝加哥大学创造力测验的内容

① 语词联想测验。
② 用途测验。
③ 隐蔽图形测验。
④ 完成寓言测验。
⑤ 组成问题测验。

创新思考和练习

1. 思维的特征是什么？
2. 思维定式是如何形成的？
3. 简述创新思维的类型和内容。
4. 简要介绍创新能力提升训练的3种具体的方法。
5. 阅读以下案例并分析。

创新能力是天生的吗？

在有关创新能力的早期研究中，人们认为创新能力是天生的。那些在众多领域获得巨大成就的人，其非凡的创造力都是与生俱来的。19世纪著名的英国心理学家，达尔文的表弟弗朗西斯·高尔顿经过大量的研究认为，这些成功人士比普通人拥有更多的天赋才能，并且发表了《遗传的天才》等众多关于遗传的能力和遗传的成功的著作。在此后的一个世纪里，科学家们都认为高尔顿的观点是正确的，创新能力就是一种天赋才能。

然而，到了20世纪80年代，著名瑞典心理学家安德斯·埃里克森开始质疑高尔顿的观点，他对上千名世界级的音乐家、体育冠军和象棋大师进行了跟踪研究，并且最终发现了这些名人获得成功的秘诀——刻意的练习。

在一项对柏林音乐学院小提琴手的练习记录的研究项目中，埃里克森发现，那些最优秀的小提琴手的练习时间是一般的小提琴手的两倍。而在他的其他研究中，他发现在诸多领域中的专家都会至少花一万小时去打磨他们的技能。后续的一些科学家的研究陆续证明了他的观点，并最终形成了著名的"一万小时定律"。

埃里克森的研究有力地证明了这样一个事实：非凡的创新能力并非源自于先天遗传，而是后天辛苦练习的结果！

分析

（1）你赞同埃里克森的观点吗？如果赞同或者不赞同，你的理由是什么？
（2）据你了解，还有没有其他与"一万小时定律"相类似的研究？其研究成果是什么？
（3）你准备采用什么具体的方法训练和提升自身的创新能力？

项目三

港航营销创新

知识目标

1. 了解营销的概念、发展、内容和过程。
2. 了解当今市场的变化和创新的思路。
3. 了解水平营销的概念和方法。

技能目标

1. 掌握水平营销的6个创新方法。
2. 掌握移情图的使用方法。
3. 掌握SWOT分析方法。
4. 掌握5WHY分析方法。

情感目标

1. 激发学生对营销相关知识的学习兴趣。
2. 培养学生的营销创新意识。
3. 帮助学生建立在工作中积极实践营销创新知识和方法的意愿。

创新导学

KJ航运公司一直以来都在以传统的模式按部就班地开展自己的宣传和推广工作,虽然每年也投入了大量的资金,但营销周转效率和投资回报率却不够理想。为了改变这个局面,公司领导给营销部门下达了明确指示,要求营销部门创新营销方法,提升营销工作的周转效率和投资回报率。为此,营销部门的员工开始积极地群策群力,力求在以往的营销模式上有所创新,取得优异的营销成果。到底他们该如何着手展开营销创新的工作呢?这天,营销部的经理杨亮找到了刚入职不久的新员工周磊,就营销部门的创新工作进行了沟通。

杨亮:小周,现在公司非常重视营销部门的创新工作。你是年轻人,脑子比较灵活,看待问题的眼界和思路都没有什么条条框框,我希望能听听你的想法。

周磊:经理,我刚参加工作不久,对公司营销部门的工作还不是很熟悉。如果想在公司的营销创新上做出贡献的话,恐怕还得多了解我们公司以往的营销工作都是怎么开展的。

杨亮:是这样。你知道,我们部门的员工都是在公司工作多年的了,对传统的营销理论和具体的营销工作都非常熟悉。一直以来,我们都把主要的精力集中在提升产品和服务质量方面,近年来,因为市场在变化,竞争对手越来越多,大家都在进步,老的思路和工作方法已经跟不上了。我们的营销思路和工作方法虽然也在逐渐改变,但没有比较明显的改观。现在,我们主要的营销工作也仅仅是每年按计划在媒体上投放一定数量的广告,当有新的产品和服务推出的时候,也会组织一些宣传和推广活动,但效果一般,没有取得什么突破性的创新。你是年轻人,现在很多顾客也都是年轻人,你们的想法和思路应该是比较接近的,对现在的新科技、新观念也比较了解。而且,恰恰是因为你参加工作的时间不长,所以不会受到我们的工作习惯影响和束缚。你不要有什么顾虑,大胆地去想,也不用非得有多全面。只要与公司以往的做法不同,有所创新,我们都可以一起探讨。

周磊:好的,经理,我一定会努力。但是在此之前,我需要一段时间,一方面是要多了解一些营销方面的知识和经验,另外也需要多熟悉我们的客户,还有我们的产品和服务。

杨亮:没问题,你可以先做一些准备。如果你有什么想法和意见,我们随时可以探讨。

周磊:好的,谢谢经理。

周磊与经理谈完之后,购买了一些营销领域的经典书籍,也在网上搜集了一些相关的资料,查阅了很多相关的案例。同时,对公司的创新工作进行了思考,以便为日后的营销创新工作的开展做好充分的准备。

任务一　了解营销

如今,营销在我们的生活中无处不在。通过计算机、手机、电视或收音机,人们每天都能接收成百乃至数千条关于产品和服务的信息;走在大街上,四处可见各色商铺的招牌和广告;在购买生活用品时,总是被那些减免或秒杀的优惠所吸引。市场上每天都会诞生新颖而独特的产品,人们的需求总会有机构或组织能够满足。科技的发展已经使得企业之间相互没有了秘密,技术的进步令产品能够迅速被模仿。这是一个激烈竞争的时代,也是一个高度营销化的时代。企业想在市场上生存和盈利,就必须依靠各类营销活动开展需求调研、产品研发、生产制造、宣传推广等一系列的经营活动,以确保产品或服务在市场上能够获得成功。那么,到底什么是营销?营销都包括哪些具体的内容?经历了什么样的发展历程?有哪些具有代表性的理论?接下来,就让我们通过新的学习,认识营销、了解营销。

一、营销的定义

营销是指企业通过对目标用户(包括个人消费者和企业客户)进行认真的调查、分析和研究之后,针对用户的需求,设计、研发、制造相应的产品(包括服务和解决方案),制定合理的价格,通过精心策划的宣传和推广活动使用户了解产品的信息,产生购买行为,最终满足用户需求的全部过程。

自从营销学成为一门科学以来,世界上的权威经济组织、专家和学者都对营销给予了不同的定义。其中,比较著名有美国市场营销协会、美国经济学家尤金·麦卡锡、日本市场营销协会和美国营销专家菲利普·科特勒分别给予的不同定义。

(一) 美国市场营销协会的定义

关于营销最早的定义是美国市场营销协会(AMA)的前身——美国营销教师协会于1935年确定的:"市场营销是引导货物和劳务从生产者流向消费者或用户所进行的一切企业活动。"2004年,美国市场营销协会更新了它们对营销的定义:"市场营销既是一种组织职能,也是为了组织自身利益及相关利益者的利益而创造、沟通、传递客户价值,管理客户关系的一系列过程。"

(二) 尤金·麦卡锡的定义

1960年,美国经济学家尤金·麦卡锡也给营销下了定义:"市场营销是企业经营活动的职责,它将产品及劳务从生产者直接引向消费者或使用者,以便满足顾客需求并实现公司利润,同时也是一种社会经济活动过程,其目的在于满足社会或人类需要,实现社会目标。"

(三) 日本市场营销协会的定义

1990年,日本市场营销协会(JMA)根据变化了的市场营销环境和不断发展的市场营销事件,对营销的定义做了进一步的阐释:"市场营销是包括教育机构、医疗机构、行政管理机构等在内的各种组织、机构与顾客、委托人、业务伙伴、个人、当地居民、雇员及有关各方达成的相互理解,通过对社会、文化、自然环境等领域的细致观察,而对组织内外部的调研、产品、价格、促销、分销、顾客关系、环境适应等进行整合、集成和协调的各种活动"。

(四) 菲利普·科特勒的定义

美国著名营销专家菲利普·科特勒在其经典著作《市场营销》一书中对于营销的定义是:"企业为从顾客处获得利益回报而为顾客创造价值并与之建立稳固关系的过程。"

二、营销理论的发展

市场营销活动最早在企业的实践中产生,并且帮助企业在实践中获得了丰厚的回报。在早期开展市场营销活动的企业,都在各自所属的领域获得了巨大的成功。工业革命以来,因为生产效率的不断提高,产能开始出现过剩,所以市场营销被企业越来越关注和重视。随着市场营销在企业中的重要作用日益显现出来,美国的大学纷纷设立市场营销课程,开始了市场营销领域的教学和研究。自此以后,市场营销学开始正式成为一门独立的学科,并且获得了蓬勃的发展。

(一) 市场营销理论的产生

企业开展市场营销活动的实践最早始于17世纪的日本。1673年,三井高利在日本京都创办了三井吴服店(后来更名为三越百货),并且制定了一些明确的经营原则:为顾客提供全心全意的服务,主动充当顾客的采购员;根据顾客的需要设计和生产适合的产品;不断丰富产品的品种、花样和规格,以满足不同顾客的个性化需求;确保产品令顾客满意,如果客户不满,则原款奉还,等等。

19世纪中叶,美国国际收割机公司的塞勒斯·麦克密克(Cyrus H. McCormick)率先把市场营销作为企业中最重要的管理职能,并且把满足顾客需求作为管理的中心任务。塞勒斯·麦克密克还创造了诸多现代市场营销的基本概念、工具和方法,如市场调查与市场分析、市场定位、定价政策、向顾客提供各种零部件和售后服务、可以通过分期付款的方式购买产品等。

20世纪初,因为工业革命带来的经济增长、生产能力的提高,企业生产的产品从供不应求转向生产过剩的局面。不少具有远见的企业开始设立专门的市场营销部门,开始重视通过市场营销活动研究和分析顾客需求来设计研发产品,并且开展有效的宣传和推广活动。

1904年,克鲁希教授(W. E. Kreus)在美国宾夕法尼亚州大学开设了名为"产品市场营销"的课程,"市场营销"第一次作为课程名称正式出现。1912年,美国哈佛大学的赫杰特齐(J. E. Hegertg)出版了第一本名为《市场营销学》的教科书,全面论述了有关推销、分销、广告等方面的知识。它标志着市场营销学作为一门独立学科的产生。自此,市场营销学的理论研究蓬勃发展,并且通过在企业的积极实践取得了丰硕的成果。

(二) 营销观念的发展

营销观念是企业制定营销战略时的决策依据和指导性原则。随着市场经济的发展和人们消费观念的转变,营销观念经历了3个发展和演变的阶段:传统观念阶段、市场营销观念阶段和社会市场营销观念阶段。其中,传统观念阶段又包括了生产观念、产品观念和推销观念3个发展阶段,如图3-1所示。

营销观念的发展

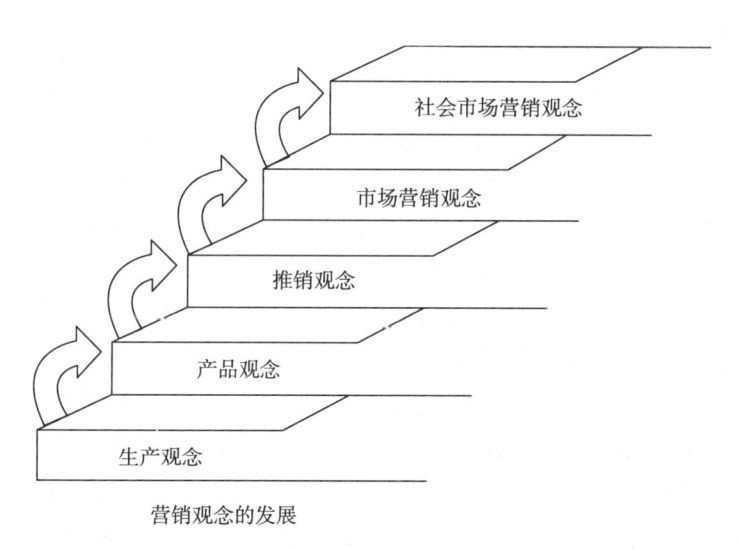

图 3-1　营销观念的发展

1. 生产观念

生产观念产生于 20 世纪 20 年代,当时的工业生产水平还处于初级阶段,人们喜欢那些替代了粗糙的手工制品的材料先进、制作精良的工业产品。但那时,企业的生产效率不高、生产能力不足,因此生产出来的产品往往不愁销路。企业认为自己的核心任务就是要动用一切资源,提高生产效率,扩大生产能力,降低生产成本,尽力生产那些能够让顾客买得起的产品,努力占据市场,这样才能获取更高的利润。这种重视产品,把产品作为企业生产经营活动的中心的管理思想,就是生产观念。

20 世纪初,福特汽车公司大规模建设汽车生产线,提高了汽车的产量,降低了汽车的生产成本,当时亨利·福特的"扩大生产,降低价格"的经营思想就是典型的生产观念。亨利·福特虽然让更多的美国普通家庭都能买到,而且买得起汽车,但是他非常漠视消费者的需求,更不愿意为此做出额外的努力。他甚至曾经跟别人开玩笑说:"福特汽车公司可以向顾客供应任何他们喜欢的颜色,只要他们要的是黑色汽车。"像亨利·福特这种只重视生产,而不注重客户需求的观念,是典型的生产观念。

在新中国成立以后相当一段时间内,因为物资供应紧张,粮油、肉类、手表、自行车、布匹等很多日常生活中的商品都需要凭票供应。而且因为国家实行计划经济,厂家生产的商品都是国家统一采购、统一调拨,企业的产品不用担心销路问题——国家计划需要什么,企业就生产什么,商业部门就采购和销售什么,根本就不需要了解消费者的需求。这也是典型的生产观念。

当市场需求大于生产供应,造成市场上的产品紧缺,这个时候就形成了卖方较为强势的"卖方市场"。这个时候企业用生产观念来指导企业的经营活动是没有问题的。但是当生产供应大于生产需求,导致市场上的产品过剩,这个时候就会形成买方比较强势的"买方市场"。如果企业不能满足顾客的需求,顾客就会转而去购买其他能够满足他们需求的企业(通常是竞争对手)的产品,这时生产观念就是不合时宜的了。

2. 产品观念

20世纪30年代，随着工业化的发展和市场经济的繁荣，以及社会生活水平的日益提高，产品供应已经不是那么紧张了。这时，消费者已经不满足于产品的基本功能，他们对产品功能的多样性、外观、色彩、质量和独特性等方面提出了越来越多的要求。因此，企业开始关注产品本身的质量和性能，致力于打造更加优质的产品，逐渐形成了企业经营的产品观念。产品观念认为，只要产品本身质量好、性能高、功能多样、外形美观，就能够吸引消费者购买。于是，企业的产品研发人员在产品的设计和功能上越来越追求完美，力争为消费者提供比竞争对手更好的产品。

从19世纪创立一直到20世纪50年代，美国爱尔琴钟表公司被顾客认为是世界上最好的钟表制造商。爱尔琴钟表公司的经营理念就是要为顾客生产最优质的产品，并且通过高档珠宝店和大型百货公司进行产品销售。然而，越来越多的消费者已经不执着于购买制作精良、价格昂贵的名表，而是把手表当作了一种日常生活工具，喜欢购买那些价格便宜、款式新颖、功能更多的时尚手表。很多手表制造商关注到了消费者观念的转变，转而生产更加廉价、功能丰富的中低档手表，消费者在普通商店、超级市场就可以很方便地购买。但是，爱尔琴钟表公司忽视了市场形势的变化，仍然执着于生产外形精美、制作优良的高档传统手表。它们认为，只要自己的产品质量好，消费者自然就会继续购买。从20世纪50年代末开始，爱尔琴钟表公司的销量开始一路下滑，从此一蹶不振。

在我国，"酒好不怕巷子深"就是典型的产品观念。在改革开放之前和之后的一段时间，有很多企业一直奉行产品观念，把提高产品质量看作企业经营管理的核心。不可否认的是，这种观念对于推动我们我国企业加快产品的升级换代和与国外企业的同类产品之间缩短差距起到了积极的推动作用。

奉行产品观念的企业会敦促自己的研发部门不断地设计和改进产品，但是它们更多地把注意力放在了产品的本身，而忽视了消费者的需求、市场发展的趋势和竞争对手的动态。它们一厢情愿地认为消费者愿意花钱购买那些足够好的产品，陷入了对自己产品的深深迷恋之中，而不能根据社会的发展、时代的进步、人们日常消费需求的转变及时调整企业的经营理念和产品设计研发思路，势必会阻碍企业的发展。

3. 推销观念

推销观念产生于从市场从企业占据强势地位的卖方市场向消费者占据强势地位的买方市场转变的时期。信奉推销观念的企业都把产品推销作为经营管理活动的核心任务，认为消费者本身具有购买惰性或抗拒心理，只要向消费者大力介绍和宣传产品并且努力劝说消费者，消费者就会购买产品。从20世纪20年代到40年代，西方国家的企业因为工业化生产的不断技术进步，从生产不足时期进入到生产过剩时期。企业生产的大量产品销售不出去，企业之间的竞争变得日益激烈，再加上世界性经济危机的爆发，大量工人失业，众多企业和银行纷纷倒闭，造成了经济的空前萧条。惨淡市场的状况使得企业认识到，即便企业生产的产品再物美价廉，如果不主动进行推销，产品也未必能卖得出去。因此，企业必须把产品的推销工作放到首位，以维持企业的生存和发展。在当时的市场环境下，推销观念被企业普遍采用，对一些企业销售滞销产品起到了一定的帮助作用。

改革开放以来,我国一些企业奉行推销观念,强调全员销售,规定企业中的每一个员工必须完成一定数额的产品销售任务。这也是一种典型的推销观念。

在产品过剩的市场状况下,企业奉行推销观念,改变了过去坐等消费者上门的传统做法,开始主动接触和说服消费者,是有积极意义的。但是,推销观念仍然是以企业自身或产品本身为出发点,完全忽略了消费者的需求,以至于消费者在劝说下不得不买下一些用处不大,或者完全用不上的产品,极易导致消费者后悔或产生反感,对企业的长期发展而言是非常不利的。

4. 市场营销观念

市场营销观念以消费者需求为导向,认为企业获得盈利和发展的关键在于正确把握市场发展变化的趋势及消费者的真实需求,然后针对市场需求有计划、有组织地开展市场营销活动,并且能够比竞争对手更快、更有效地满足消费者。市场营销观念强调的是根据消费者的需求研发、设计和制造产品,而不是制造产品之后再想办法销售给顾客。

市场营销观念产生于20世纪50年代以后。随着二战的结束,社会环境整体趋于稳定,科学技术迅速发展,社会生产力迅速提高,生产制造的技术门槛越来越低,企业生产的产品供大于求,企业之间竞争日益激烈,形成了较为强势的买方市场。同时,随着人们物质生活水平的不断提高,消费者的需求越来越多样化和个性化,并且处于不断变化之中。越来越多的企业意识到,传统的生产和推销观念已经不能适应当前经济的发展。企业如果想在激烈的竞争中得以生存,就必须重视消费者的愿望和需求,企业的一切经营活动要紧密围绕着消费者需求为中心而展开,于是,市场营销观念开始形成并且得到了企业的重视。

1956年,宝洁公司开发部主任维克·米尔斯的小孙子出生了,他在照看孩子的时候,发现孩子的尿布给孩子的母亲带来了极其繁重的劳动负担。于是,维克·米尔斯就想,为什么不能设计一种一次性的尿布,用完了就可以扔掉,为母亲们的繁重的家务劳动减轻一些负担呢?于是,他就开始着手让公司的研发部门设计研发一次性尿布。其实,市场上已经有一些企业产生了相同的想法,而且已经有了类似的产品。维克·米尔斯让研发部门进行了市场调研,发现这些一次性尿布的销售状况很不理想。原因是多方面的:价格太高、吸水性差、使用不方便,等等。研发部门根据调研的结果分析得出:只要解决了这些问题,一次性尿布的市场潜力是巨大的。当时正值第二次世界大战之后,人们正在努力享受战后宁静的和平生活,世界上很多国家都处于婴儿的出生高峰,研发部门经过详细的计算,发现存在一个惊人的潜在销量。

于是,宝洁公司历时一年多的时间,对一次性尿布进行了数次改造和升级,并且不断地试制样品,免费送给初生婴儿的父母们使用,收集他们的反馈意见,根据他们的使用感受继续进行改造,直到父母们都感到满意为止。1961年12月,宝洁公司的一次性纸尿布"娇娃"开始在美国最中部的城市皮奥里亚试销。在试销过程中,宝洁公司发现母亲们非常喜欢使用这款产品,但是,她们却并不喜欢10美分的定价。接下来,宝洁公司在其他6个城市进行了进一步的试销,并最终确定母亲们可以接受的价格是6美分一片的价格,如果能够根据这个产品价格进行销售,将会非常畅销。于是,宝洁公司就根据这个定价目标提高生产能力,直到能够以这个价格开始在全国进行销售的水平。

娇娃尿布正式推向市场后,受到了母亲们的热烈欢迎,产品一度供不应求,在市场上获得了巨大的成功。一直到今天,一次性纸尿布仍然是宝洁公司获利能力最强的产品之一。

市场营销观念从本质上改变了企业的经营管理思想,帮助企业实现了以产定销向以销定产的转变,彻底转换了企业和消费者的角色地位,确立了以消费者需求为中心的管理导向,是企业管理思想的一次重大变革。

市场营销观念对于现代企业经营管理的重要意义有以下几点。

① 企业的经营管理思想从以产品为中心转变为以满足消费者的需求为中心,促进了企业的经营生产效率,满足了日益增长和多样化的消费需求,促进了市场经济的繁荣。

② 确立了市场营销部门在企业中的地位和重要作用,形成了以营销为中心的新型组织结构。

③ 改变了企业经营生产的过程和次序,从传统的以产品的设计开发为起点转变成以研究和分析消费者需求为起点。

④ 从产品推销转变为产品营销,通过满足消费者的真实需求和利益帮助企业获得利润。

5. 社会市场营销观念

社会市场营销观念产生于20世纪70年代。随着社会的进步和发展,越来越多的企业开始关注企业自身所肩负的社会责任,力求企业在获得经济效益的同时也能够带来更多的社会利益,以求为社会做出更多的贡献,实现企业更高层次的价值,从而获得更加长远的发展。

进入20世纪60年代以后,市场营销观念的弊端逐渐显现出来。很多企业为了满足日益高涨的消费者需求,全力扩大经营和生产,造成了资源过度开发,环境受到污染,严重危害了人们的生活环境。尤其典型的是大型化工企业无节制的排污,使得江河中的鱼类和水生植物大量死亡、饮用水受到污染,不但破坏了生态平衡,而且危及人们的生活健康。一些企业为了牟取暴利,不惜产品以次充好,采用虚假广告的方式展开营销活动,严重损害了消费者的利益。还有很多企业为了促进产品销售,只追求产品的短期效果,而丝毫不关注长期使用产品对人的健康带来的危害。这些企业的行为最终引发了人们的普遍质疑和谴责,并且开始关注企业的社会责任和与之相关的企业经营理念。于是,社会市场营销观念被提出并且得到了企业界的广泛认可。

社会市场营销观念认为,企业在经营管理和营销活动中既要实现企业获取利润、满足消费者需求,也要使企业的经营活动符合社会发展的要求,实现企业、消费者和社会的共同获利。只有在企业、消费者和社会三者之间实现统一与平衡,才能使企业拥有充足的发展潜力和动力,获得社会公众的认可,永葆基业长青。近些年来,一些国际性的企业在开展经营活动的时候,大力倡导合理利用资源、开发再生资源、严格处理排放、加强环境保护等有利于社会进步和发展的理念,获得了社会公众的充分赞许,间接推动了企业产品的销售增长,实现了非凡的销售业绩。

社会市场营销观念是对市场营销观念的丰富和发展,企业倡导社会市场营销观念将会有效提升企业的知名度、品牌的影响力和顾客的忠诚度。随着近些年来人们的社会责任意识的不断增强,环保、健康、可持续发展的观念日益深入人心,只有与社会文明进步的步伐保持一致的企业,才能够与消费者共同成长,在获利的同时为社会物质文明和精神文明的繁荣做出应有的贡献。

（三）市场营销组合理论的发展

市场营销组合是指企业在展开市场营销活动时，根据目标市场和消费者的特点，把企业能够实施的各种关键因素和营销行为进行最佳的组合与运用，帮助企业更好地实现经营目标。市场营销组合是企业制定市场营销战略的一个重要前提，其最终目的是更好地满足消费者的需求。

市场营销组合的概念最早由美国哈佛大学的尼尔·鲍顿教授于1953年提出，指出市场需求会在某种程度上受到营销要素的影响，为了达到企业的市场营销目标，企业需要对这些要素进行有效的组合，并且确定了营销组合的12个要素：产品计划、定价、品牌、供销路线、人员销售、广告、促销、包装、陈列、扶持、实体分配和市场调研。自从市场营销组合的概念提出后，众多管理学家和营销学家纷纷就这个概念提出了自己的见解，并且展开了深入的研究，使得市场营销组合理论的不断丰富和发展。其中，最主要的市场营销组合理论包括4P、4C、4R市场营销组合理论。

1. 4P市场营销组合

1960年，麦卡锡在《营销基础》一书提出了著名的4P组合概念，把市场营销的要素概括为产品（Product）、渠道（Place）、价格（Price）、促销（Promotion），如图3-2所示。因为这4个要素的英文单词首字母都是P，因此称为4P。

图3-2 4P营销组合

（1）产品

产品是企业能够提供给目标市场的所有货物和服务的集合，包括产品的功效、质量、外观、式样、品牌、包装和规格，以及与产品相关的服务等。

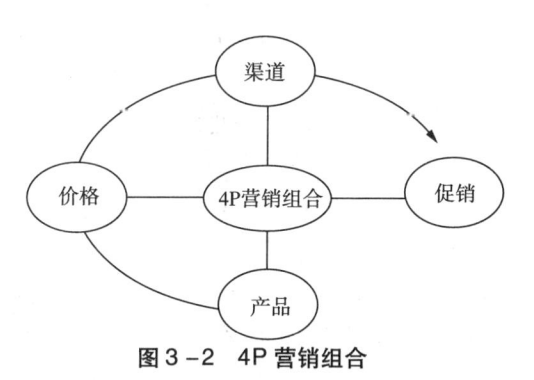

（2）价格

价格包括基本价格、折扣价格、付款时间、借贷条件等，体现了企业出售产品所追求的经济回报。

（3）渠道

渠道就是消费者能够购买到产品的通路，即企业为了让产品顺利地送到消费者手中而进行的各个环节,通常包括产品的分销渠道、储存设施、运输设施、存货控制等。

(4)促销

促销是指企业为了促进产品的销售而利用各种信息载体和消费者展开互动的传播活动,包括媒体宣传、人员推销、活动推广和公共关系维护等。

4P营销组合策略是所有后续发展出的各类营销组合策略中最基础的策略。4P中的每一个因素都是企业可以自行控制的,企业可以根据目标市场的特点,自行决定产品的设计、价格的制定、渠道的建设及促销活动的开展。同时,根据市场动态和消费者需求不断变化的特点,企业也应该在制定营销组合策略和执行的过程中灵活做出调整与改进,以达到企业的市场营销目标。

2. 4C市场营销组合

20世纪末,世界经济开始极大繁荣和发展,市场上的物质商品日益丰富,企业间的竞争变得越来越激烈。随着计算机和网络的兴起,信息传播速度越来越迅速,人们接收的信息越来越庞杂,人们的消费需求也日益多样化和个性化。市场环境的变化使得传统的4P理论显得越来越不合时宜。1990年,美国学者罗伯特·劳特朋(Robert Lauterborn)教授提出了与传统营销的4P相对应的4C营销理论,即产品(Production)向顾客(Consumer)转变、价格(Price)向成本(Cost)转变、分销渠道(Place)向便利(Convenience)转变、促销(Promotion)向沟通(Communication)转变,如图3-3所示。由此,顾客、成本、便利和沟通共同构成了4C市场营销组合的核心因素。

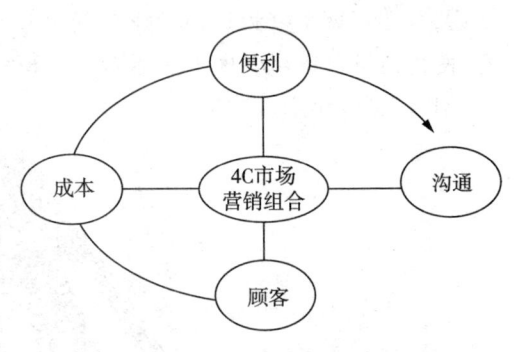

图3-3 4C市场营销组合

(1)从产品(Production)向顾客(Consumer)转变

在4P营销组合中,产品的主要内容包括产品本身的各种属性,如功效、质量、外观、式样等;4C中的顾客则更强调企业应该从以产品为中心转向以顾客为中心,企业要更重视顾客,而不是产品。企业"创造出愿意购买自己产品的顾客"比"开发出顾客愿意购买的产品"更重要;消费者的需求和欲望比产品所具备的功能更重要。只有以消费者为中心,在产品的设计和研发上围绕消费者的需求与利益紧密的展开,才能够开发出真正令顾客满意的产品,实现企业和消费者的共同获利。从产品到顾客的转变是现代市场营销学中的革命性的创举,在以往的营销理论中,消费者是整个营销活动的终点,而现在消费者成了营销活动的起点。

(2)从价格(Price)向成本(Cost)转变

在4P营销组合中,产品价格是由企业决定的,当开发一个新产品时,企业在对市场潜力和生产成本进行了细致的分析与测算之后,通过不同的定价策略制定产品的价格,确保企业能够获得足够的利润。而4C营销组合中的成本,并不只是企业的生产和经营成本,同时也包括消费者在满足自身的消费需求的时候所要付出的成本。消费者成本并不仅仅是金钱的付出,而且包括了消费者在购买产品的过程中所要付出的时间、精力、体力,甚至情感上的成本。企业要着重分析和研究的是消费者愿意为满足这个需求付出什么,而不是企业认为消费者应该支付多少钱来购买这个产品才能使企业获利。

(3) 从渠道(Place)向便利(Convenience)转变

在4P营销组合中,渠道是能够最为有效地把产品从厂家送到消费者手中的途径和方式,是消费者能够购买到产品的场所。在一个完整的分销渠道中,从厂家到消费者,一系列的机构和个人参与其中,在商品流通的各个环节发挥着传递商品的作用。而4C营销组合中的便利指的是企业应该着重分析和研究消费者怎样能够最方便地获得产品,并且根据消费者的需要和利益来建设产品的分销渠道,尽量减少中间的流通环节,降低流通成本并让利给消费者。在购买产品的过程中及购买产品之后,企业也能够提供各种及时周到的服务,以快速高效地解决顾客在购买过程中遇到的各种各样的问题。现在的企业越来越重视产品的销售和售后服务,就是努力向消费者提供便利的体现。

(4) 从促销(Promotion)向沟通(Communication)转变

在4P营销组合中,促销是企业发起的,单方面向消费者通过各种信息载体或活动传递产品信息,目的是引起消费者对产品的注意和兴趣,激发消费者的购买欲望。但消费者在这个过程中的感受和意见却不能及时地传递给企业,致使企业不能及时了解产品存在的缺陷或与不足,不利于产品的销售与改进。而4C营销组合中的"沟通"强调的是企业和消费者之间要能够实现及时的双向沟通与交流。从产品的设计和开发阶段,消费者就应该参与进来,在设计、生产、物流运输到销售的各个环节提出自己的意见,帮助企业更好地理解消费者的需求和感受,从而设计出真正符合消费者需求的、令消费者感到满意的产品。企业和消费者之间的双向沟通有利于及时化解矛盾、达成共识、维系情感、为企业培养忠诚的顾客。忠诚的顾客不仅是企业的消费者,而且能够帮助企业进行更好的推广和宣传作用,这是企业以往凭单方向的促销所不能实现的。

4C营销组合帮助企业转换了视角,从企业自身的角度出发思考问题转变为从消费者的角度出发去思考问题。在当今科学技术日渐发达、生产门槛越来越低、产品同质化越来越严重的市场环境下,4C营销组合能够帮助企业更快、更好地了解消费者的真实需求,设计研发出更符合消费者利益的产品,并且能够比竞争对手更快更安全地把商品送到消费者的手中,同时满足了企业和消费者的利益和需求。

3. 4R市场营销组合

4R营销组合是美国西北大学整合营销传播教授唐·舒尔茨(Don E. Schultz)在4C营销组合的基础上提出的营销新理论。4R营销组合的4个关键要素包括与顾客建立关联(Relevance)、反应(React)、关系(Relation)和回报(Return),如图3-4所示。唐·舒尔茨教授认为,随着市场环境的新变化,企业需要主动地在更高的层次上建立和消费者之间的新型关系——企业不仅要积极地满足顾客的需求,更应该主动创造顾客需求,通过关联、反应、关系和回报等形式建立和消费者之间的独特关系,从而形成企业独特的竞争优势。

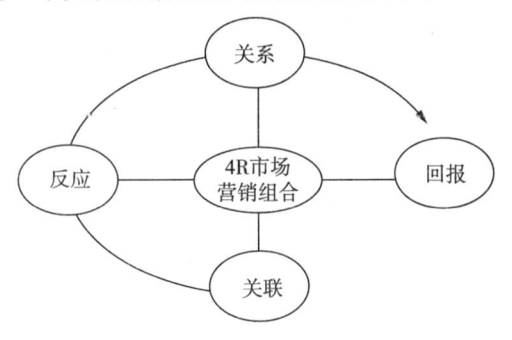

图3-4 4R市场营销组合

(1) 关联

与顾客建立关联是指在市场的竞争环境下,企业必须通过各种有效的方式加强与消费者的黏性。应该把企业和消费者的关系建立成一种牢固的、相互信任和依赖的关系,提高消费者对企业的忠诚度,避免消费者因不满而转向竞争对手,以谋求与消费者的长期合作,获得长期而稳定的业务收益。

(2) 反应

反应是指企业必须建立消费者的快速反应机制,通过多种信息渠道了解消费者的需求和期待,并且及时做出改进和调整以满足消费者不断变化的消费需求,以赢得高度的顾客满意。

(3) 关系

关系是企业的日常关系维护。企业要善于辨别消费者的特征和类型,并且有针对性地、建设性地建立与不同消费者的牢固关系,把消费者当成亲密的伙伴,而不是单纯地谋求利益。

(4) 回报

回报是企业需要在和消费者之间建立的关系中,通过向消费者提供满意的价值而实现利益回报。企业需要在经营活动中获得利润才能够持续生存和发展,因此任何的营销活动的最终目的必须要有明确的产出,为企业的股东带来切实的收益。

(四) 市场营销的管理过程

市场营销的管理过程是指企业为了完成经营目标,分析和研究消费者的需求,寻找可能的市场机会、确定目标市场、设计市场营销组合策略和管理市场营销活动的过程,如图3-5所示。

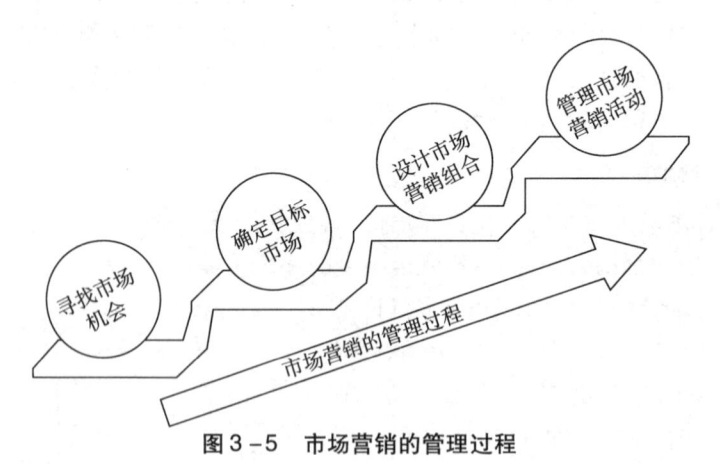

图3-5 市场营销的管理过程

1. 寻找市场机会

分析消费者的潜在需求、寻找可能的市场机会是展开市场经销活动的前提和基础。在如今的市场上,消费者的需求不断变化,产品迭代速度加快,产品的生命周期越来越短,企业的营销管理人员必须保持对市场的敏锐,不断寻找新的市场机会以确保企业的持续发展。通常,营销管理人员可以通过以下方法寻找市场机会。

(1) 收集市场信息

营销管理人员可以通过在网上搜索和浏览行业信息、消费者访谈、问卷调查、参加行业内的大型展会和论坛、竞争企业和产品分析等多种途径收集市场信息,发现消费者未被满足的需要,并从中发现新的市场机会。

(2) 产品/市场分析矩阵

产品/市场分析矩阵又称安索夫矩阵,由美国战略管理专家伊戈尔·安索夫博士(H. Igor Ansoff)提出,是应用最广泛的营销分析工具之一,如图3-6所示。产品/市场矩阵基于产品和市场两个层面,以2×2的矩阵帮助企业选择4种不同的成长性策略,找到市场机会。

	现有产品	新产品
现有市场	市场渗透	产品开发
新市场	市场开发	多元化经营

图3-6 产品/市场分析矩阵

① 市场渗透。在现有产品的基础上力求扩大市场占有率,可以通过促销活动或提升服务品质等方式说服消费者增加购买。

② 市场开发。为现有产品开拓新的市场,在新市场中寻找拥有产品需求的新顾客,而产品本身并不做更多的改变。

③ 产品开发。针对现有的消费者,对已有产品进行改进和升级,或者研发出新的产品。利用已经建立起来的顾客关系推动新产品的销售。

④ 多元化经营。在已有产品和市场的基础上,开拓其他领域的新市场,并且针对新市场中的消费者的需求开发新的产品。

产品/市场分析矩阵可以帮助企业科学地选择营销发展战略,高效地寻找和确定新的市场机会,在使用该工具的时候,可以按照以下步骤来进行。

1) 分析在现有市场上,现有产品还能不能占据更多的市场份额(市场渗透战略)。

2) 分析能不能为现有的产品继续开拓新的市场(市场开发战略)。

3) 分析能不能为现有的市场开发新的产品(产品开发战略)。

4) 分析能不能借助现有的产品、技术和市场优势,向其他的相关领域进行开拓和发展(多元化经营战略)。

我们可以以某物流企业为例,设计一个产品/市场分析矩阵,如图3-7所示。

	现有产品	新产品
现有市场	推出一小时上门取货服务(市场渗透)	推出当日达、隔日达极速运输服务(产品开发)
新市场	新增澳大利亚直达物流运输服务(市场开发)	推出海外产品代购服务(多元化经营)

图3-7 某物流企业的产品/市场分析矩阵

（3）市场细分

市场细分（Market Segmentation）的概念是美国市场学家温德尔·史密斯（Wendell R. Smith）于20世纪50年代中期提出来的，是指企业的营销管理人员通过对消费者的分析和研究，根据不同类型消费者的消费需求、人口特征、心理特征和行为特征等方面的差异，把企业的目标市场划分成若干个子市场的分类过程，具有某一种共同特征的消费群体就构成了一个细分市场。最基础的市场细分的划分依据包括地理细分、人口细分、心理细分和行为细分，如图3-8所示。

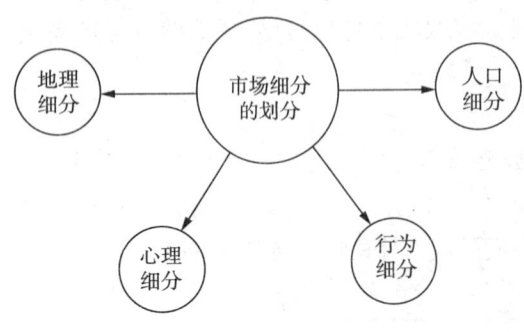

图3-8　市场细分的划分依据

① 地理细分。地理细分是指按消费者所在的地理位置的不同来进行市场细分。处在不同地理区域的消费者，对相同的企业产品会有不同的消费偏好。例如，同样是摩托车产品，城市中的消费者更偏重车辆的外形设计和制作工艺，而农村中的消费者更偏重车辆的耐用性和维护保养的便利性。

② 人口细分。人口细分是指按照消费者的性别、年龄、职业、收入、家庭人口、民族、宗教、国籍等因素，把消费者细分为不同的群体。因为人口因素更易于测量，而且适用范围广泛，所以经常被企业所采纳。例如，手机的生产商针对年轻人推出外形时尚、功能多样的产品，而针对老年人则推出音量大、字体大，方便老年人易于听到铃声和查看信息的老年手机。

③ 心理细分。心理细分是指按照人们不同的世界观、价值观、人生观、性格、态度和动机等因素，把消费者细分为不同的群体。例如，服装公司根据不同性格特征的女性，细分为青春型、婉约型、时尚型、企业家型等不同的类型，并且针对不同的类型采用不同颜色、质地的面料，设计出能够体现出不同气质特征的服装款式。

④ 行为细分。行为细分是指企业按照消费者购买或使用企业产品的时间间隔、购买数量、购买频率、购买地点及对品牌忠诚度等变化因素把消费者划分为不同的群体。例如，旅游公司在学生暑假期间针对家庭推出亲子游产品，在旅游的过程中穿插一家人可以共同参与的各类游戏娱乐活动，以增进家庭成员之间的情感。

2. 确定目标市场

目标市场就是通过市场细分后，企业准备以相应的产品和服务满足其需要的一个或几个子市场。企业营销管理人员在进行市场细分之后，就要根据企业的现实情况确定应该选择哪个或哪些目标市场设计和开发产品。目标市场的选择策略主要包括市场集中化策略、产品专门化策略、市场专门化策略、有选择的专门化策略和完全市场覆盖策略，如图3-9所示。

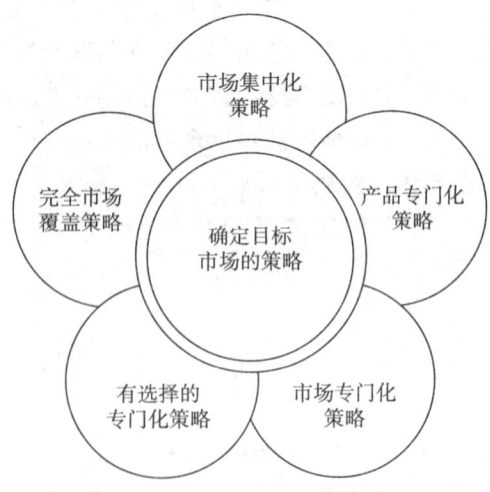

图3-9　确定目标市场的策略

（1）市场集中化策略

市场集中化策略就是企业选定一个有潜力的细分市场，集中企业的所有资源为该细分市场提供产品和服务。例如，得利办公用品公司针对办公用品市场生产办公设备、办公用纸、书写工具、桌面文具等产品。

（2）产品专门化策略

采用产品专门化策略的企业致力于某一类产品的设计、研发和生产，并且向所有的细分市场销售这款产品并提供服务。例如，尼康公司专注于摄影器材的研发、设计和生产，为摄影器材市场提供各种性能的照相机和相关配件。

（3）市场专门化策略

市场专门化策略是指企业专门为某一细分市场的消费者群体提供各种能够满足消费者需求的产品和服务。例如，哥伦比亚运动服装公司为户外运动爱好者生产服装、背包、水具等产品。

（4）有选择的专门化策略

有选择的专门化策略是指企业在进行市场细分之后，选择其中几个企业能够建立优势的细分市场，在多个细分市场同时为消费者提供产品和服务。例如，索尼公司在摄影器材、音乐播放器材、计算机等多个市场为消费者生产产品并提供服务。

（5）完全市场覆盖策略

选择完全市场覆盖策略的企业试图在所有细分市场中根据各个细分市场的需求，生产能够满足各种类型的产品和服务。例如，可口可乐公司生产各种口味的饮料，以满足世界各国各种不同类型的消费者的饮用需求。

3. 设计市场营销组合

美国营销学专家麦肯锡教授曾经指出，企业的营销战略主要包括两个各自独立而又紧密关联的部分，即确定目标市场和根据目标市场设计市场营销组合。设计市场营销组合是企业营销管理的一个重要内容，在前面已经介绍了市场营销组合的主要内容和发展历程。企业营销管理人员在设计市场营销组合时，应该紧密结合消费者的真实需求，研发和设计能够满足消费者需求的产品及服务，并且以最便捷的方式送到消费者的手中，力求消费者满意，从而建立长期的、牢固的信任关系，帮助企业实现持续的获利和增长。

4. 管理市场营销活动

企业的营销管理人员应该做好市场营销活动的计划、组织、执行和控制。这个环节是企业市场营销管理思想的落地和实施阶段。制订周密的营销活动计划是营销活动管理的前提，通过计划的制订，可以帮助营销管理人员梳理工作流程、核定预算、预测效果、避免风险。市场营销活动的过程也是一个项目管理的过程，因此市场营销人员在市场营销活动实施的过程中要做好严谨的组织、执行和控制，根据市场环境的变化和营销活动现场可能出现的各种情况，做到及时应对、灵活调整，确保市场营销活动能够顺利达成既定的目标。

创新案例 1

港口企业市场营销

HY 港务公司坐落在一个年轻的港口城市。由于前期建设规模较大,出现了港口能力过剩、货源不足的困难局面。面对激烈的市场竞争,HY 公司认识到,必须通过积极开展市场营销工作,努力提升港口的硬件和软件服务水平,打造自身突出优势,向客户更好地推介自己,力争获得更多的客户的信任,才能赢得市场,在激烈的竞争中得以生存和发展。

HY 公司的市场营销部门结合市场营销组合的 4 个关键因素——产品、价格、渠道和促销,对本公司目前所处的状况和未来要采取的市场营销策略进行了深入的研究与分析。

① 在产品层面,HY 公司认为,港口的产品就是服务,努力提升服务的质量是港口企业得以生存和发展的根本保障。因此,HY 公司明确了把"服务领先"作为重要的营销目标,在全公司深化服务意识,推动服务质量评比,加强服务工作管理,建立客户满意度调查和投诉快速反应机制,力争实现港口服务水平的稳步提升,逐步确立在市场上的服务优势。

② 在价格层面,HY 公司决定为标杆客户提供大幅优惠,吸引标杆客户和港口建立长期的稳定合作关系,并且利用标杆客户的影响力向新客户推介自己的服务。同时,根据客户不同的运货规模和运货周期,分别提供各种不同组合的价格套餐,以便不同需求的企业均能够通过套餐的形式获得优惠的价格,以实现稳定货源的目的。

③ 在渠道层面,HY 公司和港口服务配套相关企业联手共建营销网络,根据各自的业务环节和服务内容,提升服务质量,打造优势特色,共同面向客户展开联合营销活动,为客户提供多样化、个性化的物流服务。

④ 在促销层面,HY 公司通过媒体广告、宣传报道、人员推销、宣传活动推广活动等各种方式,积极开展促销工作,努力推动销售业绩的增长,充分实现和客户之间的互惠互利,实现双赢。

为了在各个层面实现公司的营销目标,HY 公司加强了营销队伍的建设,加大了营销资金的投入,在公司大力倡导全员营销意识,全力打造服务文化,把服务意识渗透到每一个岗位的具体工作当中。为了给客户提供高质量的服务,HY 公司加大了对客户的研究力度,建立客户档案,区分各种不同类型客户,充分了解客户心理,深挖客户潜在需求,力求向客户提供满意的个性化服务。同时,HY 公司加大了对同业竞争对手的关注,学习和借鉴竞争对手的优势经验,努力提高装卸效率,压缩船舶在港停留时间,简化业务流程,加强货物管理,做好货物的交接交付,减少货损货差事故,致力于为客户提供优于行业平均水平的高效率、高质量服务。此外,HY 公司坚持打造特色港口的理念,以钢材、木材和粮油作为特色货种,针对这些货物的装卸特色,建立了极具个性化的特色服务体系,在特定行业内建立了良好的信誉。

认识到渠道营销的重要性,HY 公司积极开展了船货代理营销、口岸单位营销和物流营销推广工作。在船货代理营销方面,因为船代、货代能够直接接触客户,所以 HY 公司选择优质的船代、货代企业作为港口的分销商,共同开展市场营销活动。口岸通关环境的效率直接决定了港口服务的质量水平。HY 公司积极争取到了海关、检验检疫、海事等口岸单位的支持与配合,陆续推出一系列便利的通关措施,为客户带来了极大的便利。在物流方面,HY 公司健全铁路、公路、管道等集疏运系统网络,同各个集疏运系统建立了稳定高效的合作关系,并且通过集疏运系统加强对上下游客户的营销和宣传推广。

通过种种营销措施,HY 公司港口吞吐量得到快速提升,货种结构不断被优化,港口知名度快速增长,客户群体不断增加,业绩增长势头迅猛。通过积极主动地开展市场营销工作,HY 公司最终获得了丰硕的成果。

案例分析

HY 公司作为一个年轻的港口企业,之所以能够在劣势中成功扭转局面,就是因为根据市场营销组合中的各个因素对企业的现状进行了深入的研究与分析,针对港口企业的自身业务特色和客户的特点,把企业运营的各种关键因素和相关的营销行为进行了最佳的组合与运用,有力地帮助 HY 公司提升了经营业绩、行业影响力和品牌竞争力。同时,HY 公司还意识到,市场营销活动不是一家企业的事情,于是通过公司在整个商业链条中所处的位置,努力地整合上下游资源,借助上下游供应商的优势,共同联手开展市场营销活动,从而最大化地开发和利用了营销资源,获得了多方共赢的有利局面。

案例思考

请选择一个你所了解的远洋运输企业,结合市场营销组合的各个层面进行分析和研究,以发现在营销推广工作中的创新思路。

任务二 当今市场的变化和创新的思路

创新情境

通过对营销的相关知识的学习,周磊已经了解了营销的定义、市场营销观念和市场营销组合理论的发展历程。在学习和研究的过程中,周磊意识到,现在的市场环境与以往已经发生了巨大的变化,如果按照传统的思路开展营销工作,确实已经不能帮助营销部门取得突破性的创新。于是,他打算在接下来的一段时间里,多了解一些当今市场上的新变化、新趋势,以及一些创新的思路和想法。

我们已经了解了营销的定义、营销理论的发展和营销管理的过程与具体内容。从 20 世纪初期至今,市场营销理论对企业顺利开展经营生产活动、满足消费者的需求做出了巨大的贡献。正是因为企业开展的各种各样的营销活动,才使得消费者的需求被不断地被挖掘出来,通过品种繁多、功能全面的产品或细致周到的服务得到满足,让人们的生活变得日益丰富多彩。但是,进入 21 世纪以来,随着年轻一代的成长、全球范围内的经济增长、科学技术的不断进步和网络经济的快速发展,消费者群体自身的特点和市场环境都发生了巨大的变化。传统的营销思路对于今天的消费者和市场的变化已经显得不合时宜,企业如果想要在变化的市场环境中生存和发展,就必须有所创新。可以说,无论是政府部门、事业单位,还是

企业,各类组织都必须把创新作为应对变化的最为重要的手段和途径。只有创新,才能够确保组织跟得上时代的发展,在新的社会和市场环境中走出一条新的发展之路。接下来,我们就一起看一看,当今的市场都发生了哪些变化,企业应该如何做才能够实现创新。

一、当今市场的变化

从 20 世纪中期开始,由于社会环境相对稳定,人口迅速增长,人们的生活健康水平和经济收入水平不断提高,市场需求日益旺盛,使得众多国家都经历了一个经济快速增长的繁荣时期。在此期间,企业通过积极开展营销活动,充分了解消费者的需求,设计制造出丰富多样的产品,不断提高服务的水平,与消费者建立了长期的、友好的互惠和共存关系。然而,随着年轻一代消费者成为市场的消费主力、科学技术的快速发展、信息的加速传播、交通运输服务的日益便捷,人们的消费理念和消费方式都发生了巨大的变化。这些变化主要体现在 7 个方面,如图 3-10 所示。

当今市场发生的变化:
- 购物方式产生巨大变化
- 品牌数量众多,企业竞争加剧
- 产品生命周期变短
- 换比修更合算
- 产品细分做到极致
- 广告效果降低
- 顾客越来越难以打动

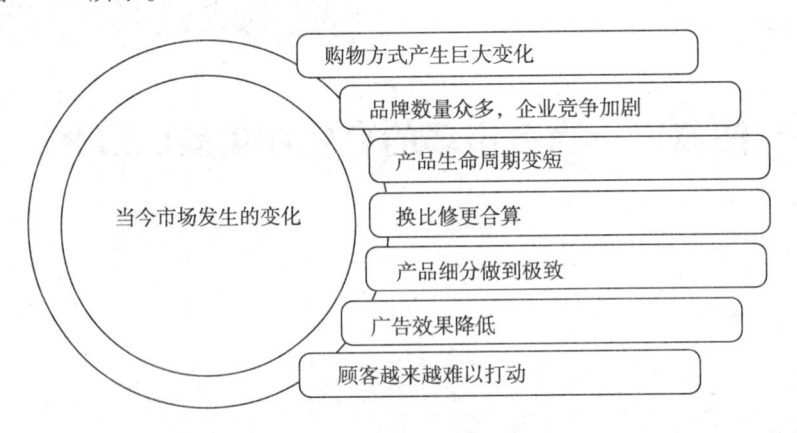

图 3-10 当今市场发生的变化

(一)购物方式产生巨大变化

自从 19 世纪以来,人们最初的购物途径是去百货商场。世界上的第一家百货商场是 1852 年在巴黎成立的 Bon Marche。从 19 世纪到 20 世纪中期,百货商场逐渐发展和壮大起来。百货商场里的商品包罗万象,力求满足所有人的购物需求,人们在百货商店里几乎可以买到生活中的所有日常用品。

继百货商场之后,超市成为人们的另外一个最主要的购物场所。1930 年 8 月,美国人迈克尔·库仑(Michael Cullen)在美国纽约州开设了金库仑联合商店,首创了让顾客从货架上自助购买商品,并且最终一次性结算的销售方式,超市就此诞生。发展至今,大型超市已经成为人们采购日常用品的必去之处,给人们的生活带来了巨大的便利。

而现在,网络购物已经被人们普遍使用。因为电子商务平台的产品丰富性、物流配送体系的日渐发达、消费者购物保障体系的健全,网络购物已经成为人们购买日常消费品最常用、最便捷的途径。

(二)品牌数量众多,企业竞争加剧

在产品技术门槛降低、商业注册手续简单便利的今天,创办企业已经不是一件困难的事情。市场上诞生任何一款受欢迎的产品,都会有众多生产相同或类似产品的企业迅速出现,参与到竞争中来。当今市场上品牌林立的主要原因包括以下几点。

① 已有市场不断被细分,企业可以服务的群体规模越来越小,吸引了众多小企业为了服务于细小的市场而创建自己的品牌。

② 大型企业为了与竞争对手相抗衡,纷纷针对不同的细分市场推出自己的子品牌,以形成品牌集群,在加强竞争力的同时有效抵御竞争对手的进攻。

③ 企业可以凭借众多品牌降低市场风险,当一个品牌陷入不利境地时,可以依靠其他品牌降低损失。在就某一个子品牌产品进行渠道谈判时,也可以通过降低价格获得竞争优势,在价格上的让步可以通过其他子品牌产品的高价格进行弥补。

(三)产品生命周期变短

在当今市场上,新产品从诞生到淘汰的产品生命周期变得越来越短,像过去那种一款产品可以卖上几十年的好时光已经不复存在,如今的企业每年都会增加新的品种或对现有产品进行升级换代。产品生命周期变短的主要原因包括以下几点。

① 企业生产技术和生产效率提高,生产能力过剩,很容易就可以通过局部调整推出新的产品。

② 顾客越来越喜欢尝试新的产品,并且在层出不穷的新产品吸引下难以保持对某一种产品的忠诚度。

③ 新产品是快速占据市场的有效手段,在企业竞争激烈的市场环境中,当竞争对手不断推出新产品时,企业只有通过自身不断推出新产品来抗衡。

(四)换比修更合算

现在,越来越多的消费者在产品出现故障的时候,宁愿购买新的产品,也不会把旧的产品送去维修。一方面,在企业不断降低成本、提高生产效率、产品不断更新换代的今天,产品价格下降速度加快,降幅不断加大;另一方面,因为产品更新换代加快,零配件供应周期和数量不断减少,维修人工费用也不断上涨。因此,当一款新产品出现故障时,昂贵的维修费用让消费者觉得还不如购买一款新产品更加快捷、更加经济。

(五)产品细分做到极致

为了尽可能地寻找市场机会或扩大市场占有率,企业不断地对已有市场进行产品细分。从大众市场到小众市场再到一对一服务,现在许多企业都已经能够通过网络销售平台为每一位顾客提供个性化定制产品,把市场细分做到极致。

(六)广告效果降低

随着互联网的发展,尤其是智能手机的普及,人们每天都能收到数百甚至数千条广告信息,因此人们普遍对无孔不入的广告信息产生了抵触甚至厌烦心理。因为市场上部分企业广告宣传内容具有夸张和虚假成分,随着消费者的日益理性和成熟,人们在产生消费需求时不再盲目信任广告,更愿意自己主动搜集产品的相关信息和资料,企业通过广告进行宣传和推广的效果已经大不如前。

(七)顾客越来越难以打动

市场上众多的产品供应商让消费者有了更多的选择,消费者在购买商品时越来越理性和挑剔。在购买商品时,消费者倾向于自己主动搜集产品相关信息,其他顾客对产品的购买经历和评价往往成为消费者购买商品的重要参考依据。如今,仅仅靠企业单方面的宣传和推广已经不能打动消费者的心,还必须通过多种途径加强与消费者的交流和沟通,建立与客户的信任与互惠关系。

二、基于市场之外的创新思路

在当今日益变化的市场环境下,传统的营销思想和营销方式已经不能给企业带来长期的、稳定的增长。越来越多的企业已经把创新作为开市场营销活动的指导思想,通过产品和服务的持续创新来满足消费者不断变化的需求。长期以来,企业传统的创新方式主要包括增加产品的特性或功能,更新产品的外观设计,改变产品的包装、规格或容量,为消费者提供更加便捷的服务等。然而,这些创新方式都是局限在市场因素之内的,对原有产品和服务的改进和延续,产品和服务的本质并没有得到改变,也没有创造出新的产品类别和新的市场。因此,如果想实现更高层次的创新目标,企业必须能够跳出现有市场和产品的局限,从市场之外的因素中寻找创新的思路和方法。

在突破传统营销理论的创新探索和实践中,美国著名的市场营销专家菲利普·科特勒的水平营销理论得到了一致的认可。水平营销理论和方法能够切实地帮助各类型企业的营销人员突破传统营销观念带来的思想束缚,有效地规避在企业创新过程中可能面临的潜在风险,并且通过创新性的思维和方法帮助营销人员在当今日趋饱和的市场及过度激烈的竞争中赢得顾客,创造价值。

(一)纵向营销——传统的营销理论

相对于"水平营销"这个新的概念,传统的营销方式被科特勒称为纵向营销。"纵向营销是通过对市场的界定,采用市场细分和定位的策略来调整现有的产品与服务,以创建新的类型。纵向营销是通过顺序、有逻辑的思维过程,从宏观到微观的纵向思维方式。"(摘自《水平营销》)。纵向营销的具体内容和实施步骤如下。

1)识别客户需求。通过市场调研,以及对调研结果的分析和研究,发现那些存在但还没有被发现或者被满足的客户需求,确定所要服务的目标客户群体。

2）市场界定。在确定市场需求之后，分析和界定产品或者服务所能满足的群体或企业，即特定的市场。当企业在界定目标市场时，同时也放弃了那些不适合的群体或企业，划分出了清晰的界限。

3）市场细分和定位。当企业不能占据整个目标市场的时候，企业应该从市场的亚类别入手，界定可以获得竞争优势的子市场，确定自己在市场中的特定位置，建立差异化区格，突出自己的产品或服务特性，向顾客证明自己的独特价值。

4）运用具体的营销组合策略推出产品或服务。传统的 4P 营销组合策略包括产品（Product）、价格（Price）、渠道（Place）和促销（Promotion）。

不难看出，传统的营销理论把营销工作视为一个流程，营销工作的起点是用户需求分析，并且界定出一个能够满足其需求的特定市场，然后通过 4P 营销组合推出产品或服务去满足市场需求。在这个过程中，企业通常认为市场一经确定，就是固定不变的，从而可以从容地进入工作流程，开展市场评估、竞争分析、计算市场份额等一系列相关工作。这种思维框架决定了企业无法有效应对市场需求的不断变化。同时，过度的市场细分令企业把关注的焦点聚焦于一个个细小的局部，却忽略了整体市场的动态发展变化，最终导致即便有所创新，也只能局限于特性市场的狭小范围之内。例如，对产品或服务进行调整性的创新、对产品或服务规格的创新、包装形式的创新、外观和功能设计的创新等，很难有大的突破和进展，最终造成细分市场的过度饱和，无利可图。企业把营销工作视为一个固定的流程虽然简单有效，但却会因为思维的僵化和视野的局限性失去了更多的创新机会与灵感，很难取得突破性的重大创新和获得更好的发展机遇。

（二）水平营销——营销领域的创新思路

针对纵向营销的局限性，科特勒提出了"水平营销"的概念："当企业在现有产品或服务的基础上应用水平营销时，就能够生产出创新产品并提供服务，其涵盖的是不用于以往的市场需求、产品用途、情景和锁定目标。因此，应用水平营销更加有可能创建新类别或新市场。"（摘自《水平营销》）

与传统的纵向营销思维模式不同，水平营销从一个新的视角来看待营销的创新之道。纵向营销的创新是在各细分市场中进行不断调整和改进的创新，是一个从宏观到微观的过程。而水平营销则是把企业所掌握的所有信息进行重组，运用创造性的思维开发产品的新用途、开辟新市场的创新行为，是一个从微观到宏观的过程。从两者的关系来看，水平营销和纵向营销是互相补充的关系，各有各的作用和价值，而不是替代关系。当一个新的市场开辟之后，仍然需要通过纵向营销的方式推出新的产品或服务。

任务三　认识水平营销

创新情境

对于当今市场发生的变化和基于市场之外的创新思路的学习，引发了周磊对营销创新的强烈兴趣。他对当今市场上发生的那些变化的原因非常认同，因为他自身也经历了这些转变的过程。基于市场之外的创新思路给了他很大的启发。他认为，公司营销工作的创新之路，就应该突破原有的市场局限，在新的高度、层次和视角上开展，才能取得突破性的成果。恰好杨亮找周磊了解创新工作的进展，于是他们就目前周磊的想法展开了交流。

杨亮：怎么样，对于公司的营销创新工作，有没有什么新的想法？

周磊：是的，经理，我觉得我们以往开展营销创新工作的时候，还是围绕着产品和服务质量，也就是围绕着我们自身为出发点。虽然我们部门已经意识到了顾客的重要性，开始更多地考虑顾客的需求，但是，这也都是基于我们已有的产品和市场在展开工作。这几天我了解了一些新的营销思路和观点，我觉得，我们必须在现有产品和市场之外去寻求创新的突破。

杨亮：这个想法真的很好，至少我们以前还没有从我们现有产品和市场之外的角度去考虑如何做到创新。怎么样，有什么具体的想法了吗？

周磊：思路现在有了，不过要产生具体的想法，我还得多研究和学习一下具体的理论与方法。我发现菲利普·科特勒的水平营销理论应该能对我们的创新工作带来很多启发。因此，我准保好好学习和研究一下水平营销理论，看看能给我们的创新工作带来什么帮助。

杨亮：好的，我也会去学习一下，然后我们再继续讨论，希望能从中找到新的突破点。

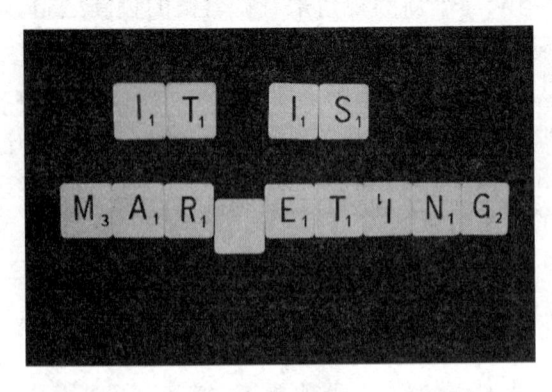

通过前面的学习，我们已经了解到当今的市场已经发生了巨大的变化，按照传统的营销理论开展企业的营销创新工作已经力不从心。传统的营销理论和方法都是基于原有市场本身的内部因素而展开的，而新的营销思路却强调，突破性的创新需要更加开阔的视野。我们需要尝试着跳出原有市场和产品或服务的束缚，甚至也要暂时忘记曾经拥有的那些熟悉的顾客。创新的魅力在于创造，当能够创造出一个全新的市场、创造出一些全新的产品或服务、创造出一个全新的顾客群体，创新才能获得突破性的成果。接下来，让我们共同学习水平营销理论的相关知识和方法，以便能够从一个全新的角度理解营销创新，实现营销创新。

菲利普·科特勒(Philip Kotler)是现代营销学的著名专家,被誉为"现代营销学之父",是国际营销领域的权威。多年来拥有近20本著作,并且在《哈佛商业评论》《加州管理杂志》《管理科学》等专业杂志上发表过100多篇论文。"水平营销"是科特勒根据全球市场环境的新变化,针对传统的营销方式(被科特勒称为纵向营销)而提出的创新型营销理论。

菲利普·科特勒认为,创造性的思维遵循3个简单的步骤:选择一个焦点;进行横向置换以产生刺激;建立联结。因此,水平营销的具体步骤包括:第一,在市场营销的过程中选择一个焦点;第二,进行横向置换以制造营销空白;第三,建立联结。

(一)选择一个焦点

在选择焦点时,为了提高效率,菲利普·科特勒把营销过程中可能产生焦点的细节划分成了3个主要的层面:市场层面、产品层面和其余营销组合层面。

(二)进行横向置换以制造营销空白

在横向置换的步骤中,在市场、产品和其余营销组合的每一个层面,都可以分别应用6种不同的技巧进行横向置换以制造营销空白:替代、倒置、组合、夸张、去除、换序。

水平营销的横向置换步骤如表3-1所示。

表3-1 水平营销的横向置换步骤

	选择焦点		
	市场层面	产品层面	其余营销组合层面
横向置换	替代	替代	替代
	组合	组合	组合
	倒置	倒置	倒置
	去除	去除	去除
	夸张	夸张	夸张
	换序	换序	换序

接下来,我们在每一个层面尝试水平营销在创新中的具体运用。

1. 市场层面的水平营销

市场层面涵盖了有关产品和服务的众多维度,包括需求、目标、地点、时间、情景和用户体验等。几乎所有的产品和服务都具备并且离不开上述所有这些维度。因此,虽然每个层面都可以应用6种横向置换的技巧,但针对这些维度而言,"替代"显然是最适合使用的技巧,其他的5种技巧应用在维度上都较难实现。例如,"夸大"某一个维度,"组合"某两个维度,或者"去除"某一个维度。

(1) 需求替代

需求替代就是用新的需求替代原有的需求,即企业应该如何进行创新,才能够使企业的产品或服务能够满足不同的、新的客户需求。

1886年5月8日,来自美国佐治亚州亚特兰大的约翰·彭伯顿医生配置出了一种药水,并具有提神、镇静的作用及减轻头痛的作用。起初这种药水在药店出售,售价为5美分,平均每天销售9瓶。后来，因为这种药水具有良好的口感，越来越多的人喜欢将它作为饮料来饮用，于是约翰·彭伯顿医生干脆将其当作饮料来出售。自此，世界上最受欢迎的饮料——"可口可乐"诞生了。

（2）目标替代

当产品或服务不能满足当前目标客户群体的需求，或者当前的目标客户群体不能给企业带来利润的持续增长时，企业可以开发新的、潜在的目标客户群体，以替代当前的目标客户群体。

世界第一大烟草公司菲利普·莫里斯（Philip Morris）的万宝路香烟刚刚问世的时候，定位是女士香烟，消费者绝大多数是女性。尽管美国在那个时候吸烟的人数迅速上升，但万宝路香烟却始终打不开销路。因为销售业绩一路下滑，莫里斯公司被迫于20世纪40年代初停止生产万宝路香烟。二战后，莫里斯重新开始生产万宝路女士香烟，并且连续推出了3个系列，虽然当时美国每年的香烟消费量达到了3 820亿支，但万宝路香烟的销路仍然不佳。1954年，莫里斯公司委托著名的营销策划人李奥·贝纳来解决这个难题：怎么才能让更多的女士购买消费万宝路香烟。李奥·贝纳在对香烟市场进行了深入的研究分析之后，大胆突破了莫里斯公司的原有期望，提出将目标消费群体改为男性的想法。从此以后，万宝路香烟改变了原有的女性定位，摇身一变，成了男子汉香烟，口味由淡变重，改变了香味，采用鲜艳的红色包装，并且在广告中塑造了粗犷、豪迈、充满英雄气概的美国西部牛仔形象，强调万宝路香烟的男子汉气概。改头换面的万宝路男士香烟一经推出，就吸引了所有喜爱、欣赏和追求男子汉气概的男性消费者。万宝路香烟在美国香烟品牌中的销量从此扶摇直上，一跃排名第10位。1975年，万宝路的销量居于美国第一。到了20世纪80年代中期，万宝路最终成为世界烟草行业的领导品牌。

（3）地点替代

地点替代就是把产品置身于一个新的消费情境之中，即改变产品或者服务的购买地点、使用地点或消费地点，创造出一个原本不可能发生在某个特定地点或情境下使用的产品或服务。

19世纪70年代前，因为录音机笨重的体积和质量，人们只能在家中欣赏美妙的音乐。虽然制造厂商一直在追求录音机的小型化，但是因为录音系统、放音系统和喇叭等零件必不可少，所以始终没法把录音机做得更小。一个在日本一家录音机生产企业工作的年轻人非常渴望能够在餐厅、公园和大街上随时随地享受到音乐的乐趣，于是在工作时间改造了一款小型录音机。他改装了录音机的主板，去掉了录音系统和喇叭，改由耳机来收听音乐，从而诞生了一个体积小巧，只能用来播放音乐的设备。恰巧会长来公司视察，发现了他的这个小小发明。会长意识到，这种可以随身携带的音乐播放设备使得人们不再只能在家中，而是随时随地都能够收听自己喜欢的音乐，一定会受到消费者的欢迎。于是，在他的鼓励和支持下，一种全新的随身听诞生了，并且从此风靡全球，极大地改变了人们的工作、学习和娱乐的方式，为人们带来了无尽的欢乐。

（4）时间替代

时间替代是指改变消费者购买、使用产品或服务的时间段。很多产品的使用都是与时间相关的，替代时间就是发掘产品可以适用的其他时间。

对于酒店来说,通常入住的客人只是在晚上才使用房间。因此,白天的大部分时间,客房都处于空置的状态,对酒店来说,这就造成了资源的浪费,因为空房率是酒店最大的闲置成本。近些年来,随着人们工作和生活方式的改变,流动人口的增加,越来越多的消费者需要短暂的休息。于是,很多酒店纷纷针对午休、高考家庭、商务谈判、候机候车人群等目标消费群体推出了"钟点房"服务,消费者可以在早上6点和晚上6点之间以2小时为单位入住酒店,在舒适的环境下充分放松和休息。"钟点房"的推出改变了酒店传统的消费时间,在极大地方便消费者的同时也大幅创造了额外的营业收入。

(5) 情境替代

很多产品都与特定的事件和情境相关,如圣诞树、奖杯、生日蛋糕等。替代产品或服务的使用情境,可以给产品或服务创造出新的需求点。

婚纱照一直以来都被视为年轻新婚夫妇的专属产品。然而,很多影楼近年来陆续推出了老年婚纱照摄影服务,得到了众多老年朋友的欢迎。现在的很多老年朋友因为结婚的时间比较早,那个时候人们结婚还没有拍婚纱照的习惯,能够拍婚纱的影楼也比较少,所以很多老年朋友在结婚的时候只有一张简简单单的合影,不能不说是一种遗憾,影楼推出的老年婚纱摄影服务则帮助老年人弥补了这个遗憾。老年朋友们可以在情人节、七夕节、结婚纪念日或子女成婚的时候拍一组婚纱,以这种方式来纪念长久以来的幸福生活,并追忆美好的青春岁月。

(6) 用户体验替代

用户体验替代,就是把现有的产品或者服务植入到其他的产品或服务的体验当中。

随着智能家电的普及,原本在计算机上才能够使用的网络产品提供商纷纷在家电产品上动起了脑筋。2016年9月,爱奇艺与创维集团联合宣布,双方联合就客厅娱乐生态展开深度合作,为上千万中国家庭提供以互联网电视为载体的娱乐体验。自此,购买创维电视的消费者在家里用电视就可以登录爱奇艺网站,观看爱奇艺的各类视频资源。通过与创维的合作,爱奇艺得以走进更多的家庭,借助智能家电的平台获得了更加广泛的市场。

2. 产品层面的水平营销

在产品的层面,科特勒认为,产品是人们按照既定的方式把独立的元素组合在一起的产物,如果想在产品层面选择恰当的焦点,就必须把这些元素再次分解,以便利用6种横向置换的技巧实现创新。为了有效地实现产品元素的分解,可以把产品分为4个主要的层面:有形的产品或服务;包装;产品特征;使用或购买。接下来,我们一起看一看运用6种不同的横向置换技巧,在产品的这4个主要层面如何实现创新。

(1) 替代

替代是指去除产品的一个或多个元素并且改变它,也可以模仿其他产品的某些方面。

① 有形产品或服务。在1973年,日本精工用电力驱动装置替代原有手表上的机械驱动装置,研制开发出世界上第一块液晶显示式数字石英手表"精工石英06LC"。石英电子表的

出现,因为其走时精确、结构简单而迅速成为钟表界的主流产品。

② 包装。1959年,美国俄亥俄州帝顿市DRT公司的员工艾马尔·克林安·弗雷兹(ERNIE C. FRAZE)发明了易拉罐。与传统的玻璃瓶相比,易拉罐具有轻便、牢固、简单、低成本等多项优势。这一天才的发明使金属容器经历了漫长发展之后有了历史性的突破,同时也为制罐和饮料工业的发展奠定了坚实的基础。

③ 产品特征。早期的第一代手机只是一种通信工具,功能比较简单,人们只用它来打电话或发送短信。随着科学技术的进步和人们对手机功能需求的不断增加,在手机中植入了操作系统的智能手机出现了。智能手机的问世,意味着手机不再是一部简单的通话工具,人们可以在手机上运行各种应用软件,使得手机成为可随身携带的强大的智能化信息处理终端,大大提高了人们的工作、学习和生活效率,给人们带来了巨大的便利。

④ 使用或购买。随着人们收入水平的提高和生活节奏的加快,很多上班族都希望能够在家中快速解决就餐问题,既要简单省事,同时又不必为了食品的储藏和食用安全担心。于是,与传统饮食品质相近,但制作、存储和加工方式截然不同的速冻食品问世了。速冻食品通过急速低温($-18℃$以下)保证了食物组织中的水分、汁液不会流失。而且在这样的低温下,微生物基本上不会繁殖,食品的安全有了保证。在食用时,通过简单的蒸煮或煎炸就可以快速完成烹饪过程。自20世纪90年代以来,国内的速冻食品产量以每年超过20%的速度增长,成为食品行业中的新星。

(2) 组合

组合是指对现有产品或者服务增加一个或多个元素,并保持其他元素不变。

① 有形产品或服务。早期的办公电器功能都比较单一。通常,一个办公设备只具备一个功能,如复印机只能复印文件、传真机只能发传真、扫描仪只能扫描图片。而现在,一台办公用的复印机就集合了以往众多办公设备的功能,用一台机器就可以完成打印、复印、传真、扫描等多种办公需求,大大提高了办公效率。

② 包装。京东商城早期的包装袋都是PE(聚乙烯)材质的普通塑料包装袋。为了确保商品的安全,通常都会在包装袋外面用透明胶带捆扎起来,再套上一个透明的袋子并热封封口。消费者在收到商品后拆封非常麻烦,而且包装袋都会被损坏,无法再次利用,只能丢弃。这就造成了资源的极大浪费,并且非常不环保。2014年,京东研发出了新的专利防撕手提袋,取代了传统的"包装袋+透明袋热封封口"的包装形式,消费者只要沿着手提袋上的虚线一撕,就能打开包装。更加巧妙的是,京东在这款新型的防撕手提袋上设计了两个封口,消费者只要撕开这两个封口,就可以把这个手提袋作为日常手提袋使用。这种防撕手提袋整合了包装和日常使用的功能,不仅使用更加便利,而且更加环保,同时也起到了宣传和推广的作用,得到了消费者的一致好评。

③ 产品特征。1898年百事可乐Pepsi-Cola诞生以来,销售业绩不断上升,直逼可口可乐,但始终未能超越。1983年,百事可乐公司的新任总裁罗杰·恩里克认为,就软饮料而言,百事可乐和可口可乐在口味上难分优劣,因此,应该把营销的重点聚焦在产品的性格特征上。百事可乐通过新的产品定位打开了突破口,把自己定位为年轻人的可乐。百事可乐选择那些二战之后的新生代所喜欢的超级巨星作为品牌代言人,倡导"新鲜刺激,独树一帜",利用新生代强烈地要与老一代划清界限的叛逆心理,提出"新一代"的消费品位及生活方式。

1984年，百事可乐投入500万美元聘请了流行乐坛巨星麦克尔·杰克逊拍摄广告片，把最流行的音乐文化贯穿到企业和产品之中，开启了百事可乐的音乐之旅。2010年，百事推出足球嘉年华活动，聘请全世界的众多超级球星作为自己的形象代言人。多年以来，百事可乐围绕着"新的一代"这个主题，融入了"新的生活方式""音乐""体育"等多种产品性格特征，吸引了众多的年轻消费者成为其拥趸。

④ 使用或购买。1999年当当网上书店开通以来，人们的购书习惯就已经发生了巨大的变化。海量的图书资源、快捷的送货方式和充分的售后保障使得在线购买图书成为一种新的购书模式。2007年，亚马逊发布了第一代电子书阅读器Kindle，用户可以通过亚马逊网站购买、下载和阅读电子书、报纸、杂志、博客及其他电子媒体。随后，当当、京东都相继开发出了自己的电子书阅读器。自此，实体书+电子书+电子书阅读器已经成为人们购买图书的新套餐。

（3）倒置

倒置是指选择产品或者服务的一个或多个元素的对立面，或者直接否定它。

① 有形产品或服务。自从15世纪人们开启航海时代以来，所有的船只都是漂浮在水面上行驶的。但是，从文艺复兴时代开始，人们就开始憧憬能够创造在水面下行驶的船只。1775年，北美独立战争时期，美军中的达韦·布什内尔将军受到鱼鳔的启发，与军事专家们共同研制了一艘在船底配备了一个类似鱼鳔的水舱的机动船。这个机动船的水舱里安装了水泵，船只需要下潜时，就往水仓里灌水，需要上浮时，就把水抽出去。船只依靠两台螺旋桨驱动，一台负责前进和后退，一台负责上升和下降。自此，可以在水面下行驶的、具有现代意义的潜水艇诞生了。

② 包装。在家用电器普及的初期，电视机、洗衣机、电冰箱等大型家用电器的包装箱是从上面打开的。很快，人们就发现，这种包装箱的设计使得消费者从包装箱中取出产品的时候非常不方便，或者要把产品费劲地抬出来，或者需要把产品放倒或倾斜才能取出来。因此，生产商对大型家电的包装箱进行了新的设计，把包装箱的开口设计在了下面。消费者在收到产品后，只要在下方拆开封条，然后把包装箱向上抽出，就可以方便地取出产品，从而给消费者带来了极大的便利。

③ 产品特征。绘画颜料都具有色彩鲜明、附着力强、不易褪色的产品特征。但是，儿童在学习绘画时很容易把颜料弄到手上和衣服上，清洗起来非常麻烦。于是，美乐（JoanMiro）等儿童文具生产商开发出了易洗颜料，使用这种易洗颜料，无论是在手上还是衣服上，都很容易清洗，且不会留下明显的痕迹。这种颜料一经推出，就受到了家长们的欢迎，取得了非常优异的销售业绩。

④ 使用或购买。我们在电视或计算机上看到的动画片其实都是一幅一幅单独的静态画面。因为人的眼睛在观察物体时有视觉暂留现象，在眼前高速闪过的画面在视网膜上会留下短暂的残像，所以当这些静态画面以每秒钟24幅的速度在人的眼前依次闪过的时候，人们眼前的画面就变成了活的、动态的画面。近年来，在北京、上海、广州等城市的地铁里，乘客往窗外看去的时候，能够看到一些像动画片一样的动态广告。这种新的广告形式同样利用了人的视觉暂存现象，只不过移动的不再是静态的画面，而是地铁里的人们。人们在地铁车厢里看到的实际上是数百根一米左右高、分布着近600个小光点组成的灯柱，每隔一定的距离放置一

根,当列车高速通过的时候,地铁里快速移动的人们就会看到连续的、动态的画面。

(4) 去除

去除是指去掉产品或者服务的一个或多个元素。

① 有形产品或服务。20世纪70年代,西方经济发达国家的电话已经普及,几乎每个家庭都安装了电话,打电话成为人们日常交流和沟通的主要方式。同时,为了让家庭成员能够在多个房间里使用电话,电话分机也成为每个家庭里通常会安装的设备。但是,因为电话必须要和电话线连在一起,人们在通话的时候无法大范围移动,让人还是觉得很不方便。在这种想法的启发下,一种没有电话线的新型可移动通话方式产生了。1993年,西门子公司研制出了世界上第一部数字无绳电话,并于同年创立了Gigaset(集怡嘉)品牌以大力发展数字无绳电话产业。2016年,Gigaset中文名由"集怡嘉"正式更名为"金阶"。迄今为止,Gigaset品牌已在全球70个国家中售出超过2亿部数字无绳电话,全球品牌知名度达到38%,是世界电话机领域的领导品牌。

② 包装。爱喝啤酒的人都知道,刚从生产线上下来的经过了过滤,但没有杀菌的散啤酒,才是最新鲜、最好喝的啤酒。瓶装或罐装的啤酒固然运输方便,存储时间也比较长,但却失去了新鲜的口感。因此,在青岛,从20世纪六七十年代起,青岛啤酒厂和市民就共同开创了一种新的啤酒购买和饮用方式:市民可以自带暖壶去销售点购买散装啤酒。发展至今,暖壶已经被更加便捷好用的塑料袋所替代。如今,在街头买一塑料袋青岛啤酒,且走且饮或带回家中,已经成为青岛市一个有鲜明特色的城市符号。

③ 产品特征。随着零售业进入微利时代及受电商带来的冲击影响,家乐福、沃尔玛等大型超市都把创新转型的着眼点放在了超市自有品牌产品上。超市自有品牌主要集中在快速消费品(食品和日用品)和服饰等商品。这些商品具有技术门槛低、供应商众多、消费者购买量大、购买频率高、供应商众多、购买频率高特点。因为这些商品不具备鲜明的品牌特征,不需要在宣传和推广上进行过多的投入,仅仅依靠超市自身的影响力就可以赢得顾客的信赖,具有物美价廉的特点,因此得到了众多消费者的喜爱。对大型超市来说,自有品牌商品的开发和建设是传统零售企业创新和转型过程中的一个良好契机。

④ 使用或购买。在照相机发明并普及之后,人们都喜欢在生活中用照相机记录下那些重要和美好的时刻,用以长久保存。在拍摄完照片后,人们都迫切希望能够尽快看到自己的摄影作品,但却不得不忍受胶卷冲洗的过程和时间。为了满足消费者尽快看到照片的需求,1948年,宝丽来公司在市场推出了世界上第一个即时成像相机Polaroid95。这种即时成像相机在机内安装了特殊的显影构件,使用专门的相纸,在按下快门后,立刻就能得到一张清晰的照片,帮助人们省去了去照相馆冲洗照片的环节和等待的时间,因此喜爱这款相机的消费者给它起了一个通俗易懂、接地气的别称:拍立得。

(5) 夸张

夸张是指对产品或者服务的一个或多个元素进行放大或者缩小。这也是对完美产品或服务的想象。

① 有形产品或服务。1946年6月,法国戛纳的一位女装设计师雅克·海姆设计了一款非常小的泳衣。这款泳衣史无前例地用了极少的布料,穿在女性身上具有极强的视觉冲击力。因此,雅克·海姆把这款泳衣命名为"原子弹",并且雇了一架烟幕飞机,在天空中写下

了她的广告语:原子弹——世界上最小的泳装。3 周之后,她的法国老乡,机械工程师里尔德也用飞机在天空中写道:比基尼——比世界上最小的泳衣还要小!

② 包装。光盘一度因为其轻便、成本低、容量大而在市场上大行其道。但是,很多光盘产品生产商害怕顾客因为光盘本身的廉价而忽视了产品本身的价值,就在包装上下了大功夫。这些光盘包装盒不仅尺寸比正常规格的图书还大,而且制作精美,堪比高档商品的礼盒包装,让消费者在购买光盘时获得了极大的心理满足。

③ 产品特征。汽车问世之后,各个汽车制造商都努力设计更宽大、更豪华、更舒适的汽车,而奔驰公司则反其道而行之,开始研发设计尽可能小的汽车。1994 年,奔驰汽车公司与 SWATCH 公司合资成立 MCC 公司,合作开发了名为 SMATCHMOBILE 的超微型紧凑式汽车。1998 年 10 月,Smart 汽车在欧洲上市销售,车长仅 2.5 米,专门开发的三缸发动机排量仅 0.6 升。Smart 汽车不但环保经济,而且驾驶灵活,泊车方便,成为消费者非常喜爱的代步工具,通常会买来作为家中的第二辆或第三辆汽车。同时,奔驰公司采用了全新的设计理念,为 Smart 汽车生产了多种充满艺术感和想象力的绚丽多彩的塑料材质车身,让购买者可以像更换手机外壳那样随意变换车身的图案和颜色。这一特色也使得 Smart 汽车成为众多追求标新立异的年轻人的心爱的"大玩具"。

④ 使用或购买。用完就扔的眼镜,你想象得到吗?对于隐形眼镜的使用者来说,佩戴隐形眼镜最麻烦的就是每天的清洁和护理,因为人的眼睛是非常脆弱的器官,而且非常容易感染。隐形眼镜随着佩戴时间的增加,镜片上的沾染物会越来越多,日常的清洗未必能够达到理想的清洁效果,感染眼睛的概率会大大增加。对于那些喜欢运动、经常出差和旅行的人,每天清洁隐形眼镜就成了一个负担,日抛型隐形眼镜则让这件事情变得简单起来。非离子材质的应用让镜片可以保持全天的洁净,戴着也比较舒服,而且每天用完就可以丢弃,使用周期短,对眼睛也能起到很好的保护作用。正是因为其在使用上非常便捷和卫生的特性,日抛型隐形眼镜由此而成为眼镜市场上的一个非常重要的产品。

(6) 换序

换序是指改变产品或者服务的一个或多个元素的排列顺序。

① 有形产品或服务。一般来说,消费者去餐厅用餐时,都是先点菜,然后由厨师烹饪,客人在用餐完毕后支付用餐费用。而自助餐则完全打乱了这个顺序:厨师先准备好食物,客人在用餐之前先支付费用,然后再自己选择喜欢的菜品食用。对顾客来说,自助餐在用餐时可以不再受价格和数量的限制,想吃什么就吃什么,想吃多少就吃多少;餐厅则省去了服务员的桌前服务和厨师的按需烹饪,节省了大量的人力成本。因此,这种自助式服务的用餐方式受到了很多食客的喜爱,在全世界广为流行。

② 包装。消费者都喜欢吃刚出炉的爆米花,因为刚出炉的爆米花香甜、清脆、非常可口。但是,爆米花也非常容易受潮,无论如何包装,放置一段时间之后,都会失去良好的口感。现在,这个问题已经被副食品生产商通过包装的重新设计而完美地解决。生产商先把玉米粒封装在一个密封的纸袋里,消费者在购买以后,可以用微波炉直接进行加热。高温使得玉米粒在纸袋中膨胀并爆裂,从而让消费者非常便捷地就可以吃到新鲜出炉的爆米花。

③ 产品特征。只要提起汽车,人们首先想到的就是速度。然而,有一个汽车品牌,人们只要一想到它,在脑海中最先浮现出来的就只有一个概念——安全。这家公司就是沃尔沃

汽车公司。"对沃尔沃来说,每年都是'安全年'"。这句话是沃尔沃公司一则非常著名的广告。沃尔沃汽车公司用实际行动证明了此言不虚:公司从1927年成立至今,一直持续不断地推出大量具有前瞻性的安全发明,其公司的企业文化始终以关注人身安全为重要的准则。沃尔沃的创始人阿瑟·格布尔森和古斯塔夫·拉尔森曾说过:"车是人造的。无论做任何事情,沃尔沃始终坚持一个基本原则——安全,现在是这样,以后还是这样,永远都将如此。"

④ 使用或购买。在商品经济发展起来之后,人们购买商品的方式都是一手交钱,一手交货。直至20世纪50年代,一位美国商人弗兰克·麦克纳马拉在餐厅用餐后发现忘记了带钱包,于是不得不通知他的妻子带着现金到餐厅为他结账。因为这件事情让麦克纳马拉深感难堪,于是他诞生了一个想法:为什么不能先消费,然后在某一个特定时间再把钱都还上呢?于是,他和朋友一起创办了大来信用卡公司,会员凭卡片到指定从餐厅用餐,不必当时支付现金,可以记账并且在指定时间统一归还。这种"先花钱,后还钱"的消费理念得到了众多消费者的拥护和支持。1952年,美国加利福尼亚州的富兰克林国民银行作为金融机构首先发行了银行信用卡,成为世界上第一家发行信用卡的银行。

3. 营销组合层面的水平营销

营销组合的主要内容包括价格(包括支付方式)、渠道和宣传。在这个层面,不需要改变产品或服务的内容和属性,只是把向消费者呈现产品或服务的方式进行横向置换。在营销组合层面运用水平营销,可以在保持产品或服务不变的情况下,通过营销策略的调整,快速有效地产生新的创意,获得创新成果。

(1) 替代

① 价格。高速公路的ETC电子收费系统可以通过电子标签直接向用户收取高速费,替代了原有的收费站人工收费。

② 渠道。企业取消实体店店面销售,全部改由电商平台销售产品。

③ 宣传。企业采用自媒体作为宣传推广的主要方式,逐渐放弃在其他媒体上的广告投放。

(2) 组合

① 价格。例如,佛教京东商城采用折扣、满减、优惠券、买三免一等促销方式给予消费者价格优惠。

② 渠道。企业通过商场、超市、电商、直营店等多种个渠道销售自己的产品。

③ 宣传。企业通过互联网、电视、微博、微信朋友圈、路牌、车体广告等多种媒体宣传产品信息。

(3) 倒置

① 价格。例如,百度搜索引擎广告采用竞价排名的方式,由广告需求方决定价格,而不是由企业制定产品价格。

② 渠道。例如,京东商城采取用户自提商品的方式,由客户上门取货,而不是送货

上门。

③ 宣传。例如,培训公司采用直接邀请客户参加公开课的方式进行销售和宣传,而不是通过宣传吸引客户购买培训。

(4) 去除

① 价格。例如,佛教禅修班采用"随喜",即想支付多少钱就支付多少的方式收取学员费用。

② 渠道。例如,安利公司采用直销的方式免去了中间商渠道。

③ 宣传。例如,共享单车以产品,即自行车本身作为宣传和推广的载体,不再借助其他的媒体进行宣传。

(5) 夸张

① 价格。例如,零售商先制定极高的商品价格,然后再以大幅折扣将商品销售给顾客。

② 渠道。例如,中国工商银行采取密集营业网点策略让用户能够非常容易地就近找到营业厅。

③ 宣传。例如,涂料厂老板为了证明自己生产的涂料环保无毒,在展会上当场喝下一杯涂料。

(6) 换序

① 价格。例如,美容店采用先以优惠折扣办卡预存现金,然后消费的方式收取顾客费用。

② 宣传。例如,建筑公司在设施完工后在建筑主体上挂上一个"由某某公司承建"的广告牌。

(三) 建立联结

在市场、产品和其余营销组合的每一个层面进行横向置换而产生营销空白之后,就会创造出可以填补这个营销空白的新产品或解决方案。然后,还需要在可能的新产品(或服务)和可能的消费情境之间建立联结,以评估新产品(或服务)能够产生实际价值的可能性。因此,建立联结的过程,也是对填补营销空白的新产品(或服务)进行充分的价值评估的过程。具体的价值评估方法有 3 种,分别是想象购买过程、提取其中的积极因素和寻找可能的情境。

1. 想象购买过程

想象消费者在购买新产品(或服务)时会经历的所有过程,包括产生需求、信息搜集、决定购买和产品(或服务)的使用。

例如,电影院里的观众喜欢在看电影的时候吃爆米花,而在黑暗中爆米花看不清楚,所以需要一种能够看得见的爆米花。于是,生产饮料的企业在餐厅里免费派送撒了彩盐的爆米花,这样观众就能够在黑暗中看到爆米花了。但是,因为吃撒了彩盐的爆米花会令人感到口渴,所以观众在吃爆米花的时候就会买一瓶饮料,而销售饮料获得的利润远远高于爆米花的成本。

2. 提取积极因素

在所创造出的新产品(或服务)中提取积极的因素,当出现不利因素时,尝试从积极的角度产生解决问题的办法。

例如,笔记本电脑因为硬件发生故障而被退货。企业把这些退回的故障产品加以修理,然后作为官方翻新的二手商品以低价格提供给消费者。

3. 寻找可能的情境

设想一个消费者有可能使用新产品(或服务)的情景,然后调整新产品(或服务),直到能够完全适合这个情境为止。

例如,很多去超市购物的年轻妈妈觉得带孩子去会非常麻烦,于是超市对妈妈们在超市中既忙于购物又得分心照顾孩子的情境进行了分析,提供了能够供孩子乘坐的购物车。为了让孩子在车里坐着的时候不觉得枯燥,超市把购物车设计成各种可爱的卡通造型,然后在里面安装了能够播放动画片的电子屏幕。这样,孩子们就会乖乖地坐在车里,妈妈们就可以安心购物了。

创新案例2

加油站便利店

很久以来,在广大车主们的心目中,加油站就是给汽车加油的地方。虽然在给汽车加油的时候,人们并不奇怪工作人员会顺便推销一些燃油添加剂之类的产品,但只是当便利店出现在加油站后,才代表了一种新型商业模式的成功。

近年来,持续上涨的油价和数量激增的汽车并没有给加油站带来预期的高利润回报,因此,加油站必须寻找新的利润增长点。正是由于一直以来加油站在车主加油时会推销一些便利产品,当这些便利产品种类增多,并最终达到一定规模的时候,加油站就产生了开设便利店的主意。现在,车主在加油的时候去便利店买一些饮料、香烟、零食及其他生活用品已经成为司空见惯的事情了。

人们乐于利用在加油站加油的间隙,购买一些原本还要跑一趟超市才能够买到的物品。加油站便利店还利用了车主的另外一个心理,相对于加油的费用来说,这些小商品的价格就会显得比较低廉,而且哪怕价格比超市略微上浮一些,车主们也不会太敏感。事实上,车主们也不会太在意几元钱的东西能比超市贵到哪里去。

此外,在加油站购物,同时也避免了去超市购物需要停车的麻烦,只是在停车加油的间隙,人们就可以完成购买。当然,如果车主希望采购更多的生活用品,把车辆停在加油站里也是一件很方便的事情,而且从便利店到车子之间的距离通常都很短,也省去了车主们需要像在超市那样要走半天才能走到车前。

现在,超市便利店已经成了许多加油站的另外一个重要的收入来源。将来,我们可以想象便利店中会出现越来越多的商品,兴许在加油站里再出现其他让人意外的消费场所,也不会是一件奇怪的事情了。

案例分析

还记得我们在水平营销的方法中学到的"地点替代"和"情境替代"吗?"地点替代"就

是把产品置身于一个新的消费情境之中。改变产品或者服务的购买地点、使用地点或者消费地点,创造出一个原本不可能发生在某个特定地点或者情境下使用的产品或服务。而很多产品都与特定的事件和情境相关,"替代情境"就是改变产品或服务的消费情境,从而创造出一种新的产品或服务。加油站便利店就是把原本在超市里才能买到的商品放到了加油站中,改变了这些商品的购买地点。同时,加油站便利店把"加油站加油"和"超市购物"的两个不同的消费情境变成了"加油站加油+购物"的新情境。因此,一种创新的营销方式就诞生了,这就是水平营销思路的典型应用。

案例思考

通过"地点替代"或"情境替代"的方法,你还能想出一个新的商业模式吗?

任务四 掌握港航营销创新的工具

创新情境

通过对营销相关知识和水平营销的学习,周磊觉得深受启发,于是他找到杨亮,准备开始进入实质性的工作。因为在具体工作方面没有太多的经验,所以他也希望能听取一些杨亮的建议。

周磊:经理,我觉得我现在可以尝试着开始我们的创新工作了。我准备结合水平营销的创新思路,看看能给公司的营销创新带来什么帮助。但是在具体工作方法上,我可能还有所欠缺,所以想听听您的建议。

杨亮:好的,你打算怎么开展具体工作呢?

周磊:我准备先深入研究一下我们的顾客,从各个层面和角度分析他们的想法和需求,看看能不能创造出新的市场机会。

杨亮:很好。对顾客进行更加深入的研究是开展营销工作必须要做的。但是,你也可以先对我们部门以往的营销工作做一些反思,深挖一下营销工作不能取得突破性进展的原因,这可能对你更好地开展工作有所帮助。

周磊:好的,经理。您有什么好的工具和方法可以介绍给我吗?

杨亮:对于发现问题的根本原因,有一个很好用的工具,叫5WHY分析法。还有一个工具叫移情图,这个工具可能对你更好地分析和研究顾客能起到很好的帮助作用。再有一个就是SWOT分析法,你在发掘市场机会、制定营销策略和计划的时候,应该能用得到它。

周磊：太好了，经理。那您给我仔细讲一讲吧！

于是，在接下来的一段时间里，杨亮给周磊详细介绍了5WHY分析法、移情图和SWOT分析法这3个工具的内容、作用和具体的使用步骤，以便周磊能够运用这些工具和方法更好地开展营销创新的工作。

通过对市场营销相关知识的学习，我们已经了解和掌握了营销的概念、营销理论的发展、当今市场的新变化、创新的营销思路及水平营销的具体内容和方法。接下来，还需要学习和掌握一些具体的营销创新工具，以便将来在工作岗位上能够更加有效地开展营销创新活动。

一、5WHY分析法

（一）内容和作用

5WHY分析法最初是由日本丰田公司的创始人丰田佐吉提出的，是用于找到问题的根本原因的方法。5WHY分析法又称"五问法"，就是对一个问题点，要至少连续追问5个"为什么"，以发现问题存在的根本原因。5WHY分析法在使用时不限定具体的次数，而是要通过这种方法找到问题的根本原因才能结束。该方法鼓励问题的解决者努力避免自己的主观判断和假设，跳出自身的逻辑局限，沿着原因和结果的关系链条顺藤摸瓜，直到找到问题的根本原因。因此，在企业的营销活动中，5WHY分析法能够帮助营销管理人员有效地找到消费者面临的问题的根本原因，发掘出消费者的真实需求。

（二）操作步骤

第1步 确定一个消费者觉得不方便，或者不满意的问题点。例如，这款自行车不好骑；这个背包真是糟透了；这家企业的售后服务真差，等等。

第2步 这对这个问题点至少连续追问5个"为什么"，直到找到问题的根本原因。

第3步 根据问题的根本原因发掘消费者的真实需求，对产品或服务做出改进，或者创造出新的产品或服务。

练一练

确定一个产品或服务的问题点,用5WHY分析法找到发生问题的根本原因,并且提出改进建议或创造新产品、新服务的思路。

我确定的问题点是:

_____

我连续追问的5个问题是:

1. _____
2. _____
3. _____
4. _____
5. _____

我的产品或服务的改进建议,或者创造新产品、新服务的思路是:

_____
_____
_____
_____

二、移情图

(一) 内容和作用

移情图是一个用于挖掘顾客真实需求,寻找潜在的市场机会的非常有用的工具。通过绘制移情图,可以帮助企业从顾客的角度和立场出发,对顾客进行深入的了解,推断出顾客的真实感受,分析出顾客真正面临的问题,从而创造出能够满足客户需求的产品或服务。

移情图的具体形式和内容如图3-11所示。

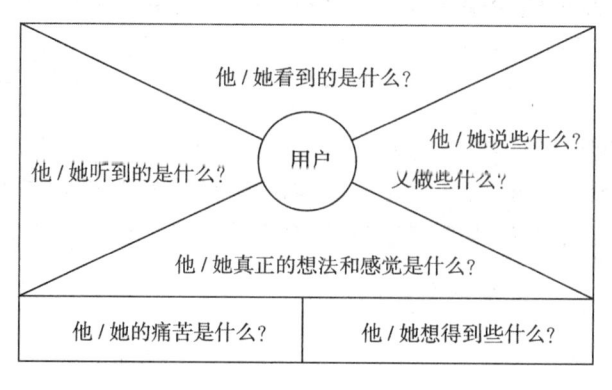

图3-11 移情图的具体形式和内容

(二)操作步骤

第 1 步　准备一张大白纸。
第 2 步　在大白纸上绘制空白移情图表格。
第 3 步　想象一个具有典型特征的消费者,并且给他/她创造一个姓名。
第 4 步　详细描述这个消费者的背景信息,如年龄、性别、职业、兴趣和爱好等。
第 5 步　设想一个他/她在生活中的情境。
第 6 步　想象自己就是这个顾客,参照移情图中的问题做出详细的解答。
第 7 步　对所有问题的回答进行分析,充分发掘顾客在这个情境中可能产生的需求。
第 8 步　设想能够满足顾客需求的产品或服务形式。

练一练

设想一个消费者和他/她在生活当中的情境,然后根据移情图中提出的具体问题绘制一张移情图,并且通过分析挖掘出他/她可能的需求,设想能够满足他/她的产品或服务。

这个消费者是:＿＿＿＿＿＿＿＿＿＿＿＿＿＿＿＿＿＿＿＿＿＿＿＿＿＿＿＿＿＿

他/她的背景信息是:＿＿＿＿＿＿＿＿＿＿＿＿＿＿＿＿＿＿＿＿＿＿＿＿＿＿＿

＿＿＿＿＿＿＿＿＿＿＿＿＿＿＿＿＿＿＿＿＿＿＿＿＿＿＿＿＿＿＿＿＿＿＿＿＿

＿＿＿＿＿＿＿＿＿＿＿＿＿＿＿＿＿＿＿＿＿＿＿＿＿＿＿＿＿＿＿＿＿＿＿＿＿

＿＿＿＿＿＿＿＿＿＿＿＿＿＿＿＿＿＿＿＿＿＿＿＿＿＿＿＿＿＿＿＿＿＿＿＿＿

他/她正处在其中的典型情境是:＿＿＿＿＿＿＿＿＿＿＿＿＿＿＿＿＿＿＿＿＿

＿＿＿＿＿＿＿＿＿＿＿＿＿＿＿＿＿＿＿＿＿＿＿＿＿＿＿＿＿＿＿＿＿＿＿＿＿

＿＿＿＿＿＿＿＿＿＿＿＿＿＿＿＿＿＿＿＿＿＿＿＿＿＿＿＿＿＿＿＿＿＿＿＿＿

＿＿＿＿＿＿＿＿＿＿＿＿＿＿＿＿＿＿＿＿＿＿＿＿＿＿＿＿＿＿＿＿＿＿＿＿＿

回答以下问题,并绘制移情图。

1. 他/她看到的是什么?

＿＿＿＿＿＿＿＿＿＿＿＿＿＿＿＿＿＿＿＿＿＿＿＿＿＿＿＿＿＿＿＿＿＿＿＿＿

＿＿＿＿＿＿＿＿＿＿＿＿＿＿＿＿＿＿＿＿＿＿＿＿＿＿＿＿＿＿＿＿＿＿＿＿＿

＿＿＿＿＿＿＿＿＿＿＿＿＿＿＿＿＿＿＿＿＿＿＿＿＿＿＿＿＿＿＿＿＿＿＿＿＿

2. 他/她听到的是什么?

＿＿＿＿＿＿＿＿＿＿＿＿＿＿＿＿＿＿＿＿＿＿＿＿＿＿＿＿＿＿＿＿＿＿＿＿＿

＿＿＿＿＿＿＿＿＿＿＿＿＿＿＿＿＿＿＿＿＿＿＿＿＿＿＿＿＿＿＿＿＿＿＿＿＿

＿＿＿＿＿＿＿＿＿＿＿＿＿＿＿＿＿＿＿＿＿＿＿＿＿＿＿＿＿＿＿＿＿＿＿＿＿

3. 他/她真正的想法和感觉是什么?

＿＿＿＿＿＿＿＿＿＿＿＿＿＿＿＿＿＿＿＿＿＿＿＿＿＿＿＿＿＿＿＿＿＿＿＿＿

4. 他/她说些什么？又做些什么？

5. 他/她的痛苦是什么？

6. 他/她想得到些什么？

他/她可能的需求是：

能够满足他/她的产品或服务是：

三、SWOT 分析法

(一) 内容和作用

SWOT 分析法(也称 SWOT 分析矩阵)是 20 世纪 80 年代初由美国旧金山大学的管理学教授韦里克提出的,常应用于企业营销战略决策制定、竞争对手分析等场合。SWOT 分析法中的 4 个字母 S、W、O、T 分别代表 Strengths(优势)、Weaknesses(劣势)、Opportunities(机会)和 Threats(威胁)。运用 SWOT 分析法,可以帮助企业把自身所拥有的内部资源和外部环境有机地结合起来,对企业、产品或服务在市场中的状况进行全面、系统、准确的研究,并且根据研究结果发现可能的市场机会,制定针企业的新产品或服务的营销战略和计划。

SWOT 分析法(分析矩阵)如图 3-12 所示。

Strengths(优势)	Opportunities(机会)
Weaknesses(劣势)	Threats(威胁)

图 3-12 SWOT 分析法

（二）操作步骤

1. 分析优势

分析优势是指研究和分析企业内部的,相对于市场上的竞争对手所具备的所有优势因素。它具体包括:有利的竞争态势;充足的资金来源;良好的企业形象;雄厚的技术力量;优良的产品质量;较大的市场份额;较低的成本,等等。

2. 分析劣势

分析劣势是指研究和分析企业内部的,相对于市场上的竞争对手所具备的所有劣势因素。它具体包括:机器设备的陈旧;管理上的缺失;关键技术的缺乏;研究能力不足;资金来源不足;现有产品滞销,等等。

3. 分析机会

分析机会是指研究和分析企业外部的,在市场上可能得到的机会。它具体包括:消费者的新需求;新的产品;新的市场;技术上的突破;有利的国家政策;竞争对手产生的失误,等等。

4. 分析威胁

分析威胁是指研究和分析企业外部的,在市场上可能遭遇的威胁。它具体包括:出现新的竞争对手;出现新的替代产品;消费者偏好转变;经济不景气;不利的国家政策,等等。

5. 制订营销计划

通过对SWOT中各个因素进行综合分析之后,就可以根据分析结果制定出新产品或服务的营销决策和行动计划了。制订营销计划的基本思路是:充分发挥企业的自身优势因素,努力克服企业的劣势因素,充分挖掘潜在的市场机会,尽量化解外部的威胁。

练一练

确定一个你所熟知的企业和最具典型性的产品,绘制该企业的SWOT分析图,并且制订一个该产品的营销计划。

我选择的企业和产品是:_____

针对该企业的SWOT分析如下。

优势:_____

_____

_____

_____

劣势:_____

_____

_____

机会:_____

威胁：_____

_____

我的营销计划是：_____

_____

_____

创新总结

在开展 KJ 公司营销创新工作的过程中。周磊对营销和营销创新的知识进行了系统性的学习和深入的研究。在正式开始创新尝试之前，他把自己了解和掌握的知识做了一个总结和梳理，以便加深理解、明确思路，为创新工作做好更加充分的准备。

1. 营销的定义、营销理论的发展和市场营销的管理过程

营销是指企业通过对目标用户（包括个人消费者和企业客户）进行认真的调查、分析和研究之后，针对用户的需求，设计、研发、制造相应的产品（包括服务和解决方案），制定合理的价格，通过精心策划的宣传和推广活动使用户了解产品的信息，产生购买行为，最终满足用户需求的全部过程。

营销理论的发展主要包括营销观念的发展和市场营销组合理论的发展。营销观念是企业制定营销战略时的决策依据和指导性原则。随着市场经济的发展和人们消费观念的转变，营销观念经历了 3 个发展和演变的阶段：传统观念阶段、市场营销观念阶段和社会市场营销观念阶段。其中，传统观念阶段又包括了生产观念、产品观念和推销观念 3 个发展阶段。

市场营销组合的概念最早由美国哈佛大学的尼尔·鲍顿教授于 1953 年提出，指出市场

需求会在某种程度上受到营销要素的影响,为了达到企业的市场营销目标,企业需要对这些要素进行有效的组合,并且确定了营销组合的12个要素:产品计划、定价、品牌、供销路线、人员销售、广告、促销、包装、陈列、扶持、实体分配和市场调研。自从市场营销组合的概念提出之后,众多管理学家和营销学家纷纷就这个概念提出了自己的见解,并且展开了深入的研究,形成了市场营销组合理论的不断丰富和发展。其中,最主要的市场营销组合理论有4P、4C和4R。

市场营销的管理过程是指企业为了完成经营目标,分析和研究消费者的需求,寻找可能的市场机会,确定目标市场,制定市场营销组合策略和对各类市场营销活动进行管理的过程。

2. 当今市场的变化和创新的思路

当今市场的变化主要体现在以下几个方面:购物方式产生巨大变化;品牌数量众多,企业竞争加剧;产品生命周期变短;换比修更合算;产品细分做到极致;广告效果降低;顾客越来越难以打动。长期以来,企业传统的创新方式主要包括增加产品的特性或功能,更新产品的外观设计,改变产品的包装、规格或容量,为消费者提供更加便捷的服务等。然而,这些创新方式都是局限在市场因素之内的,对原有产品和服务的改进与延续,并没有使产品和服务的本质得到改变,也没有创造出新的产品类别和新的市场。因此,如果想实现更高层次的创新目标,企业必须能够跳出现有市场和产品的局限,从市场之外的因素中寻找创新的思路和方法。针对纵向营销的局限性,菲利普·科特勒提出了"水平营销"的概念。与传统的纵向营销思维模式不同,水平营销从一个新的视角来看待营销的创新之道:纵向营销的创新是在各细分市场中进行不断调整和改进的创新,是一个从宏观到微观的过程;而水平营销则是把企业所掌握的所有信息进行重组,运用创造性的思维开发产品的新用途、开辟新市场的创新行为,是一个从微观到宏观的过程。从两者的关系来看,水平营销和纵向营销是互相补充的关系,各有各的作用和价值,而不是替代关系。当一个新的市场开辟之后,仍然需要通过纵向营销的方式推出新的产品或服务。

3. 认识水平营销

水平营销的具体步骤包括:第一,在市场营销的过程中选择一个焦点;第二,进行横向置换以制造营销空白;第三,建立联结。在选择焦点时,为了提高效率,菲利普·科特勒把营销过程中可能产生焦点的细节划分成了3个主要的层面:市场层面、产品层面和其余营销组合层面。在横向置换的步骤中,在市场、产品和其余营销组合的每一个层面,都可以分别应用6种不同的技巧进行横向置换以制造营销空白:替代、倒置、组合、夸张、去除、换序。在市场、产品和其余营销组合的每一个层面进行横向置换而产生营销空白之后,我们就会创造出可以填补这个营销空白的新产品或服务。

4. 掌握港航营销创新的工具

港航营销创新的工具包括5WHY分析法、移情图和SWOT分析法。5WHY分析法最初是由日本丰田公司的创始人丰田佐吉提出的,用于找到问题的根本原因的方法。5WHY分析法又称"五问法",就是对一个问题点,要至少连续追问5个"为什么",以发现问题存在的根本原因。5WHY分析法在使用时不限定具体的次数,而是要通过这种方法找到问题的根本原因才能结束。该方法鼓励问题的解决者努力避免自己的主观判断和假设,跳出自身的逻辑局限,沿着原因和结果的关系链条顺藤摸瓜,直到找到问题的根本原因。因此,在企业的营销活动中,5WHY分析法能够帮助营销管理人员有效地找到消费者面临的问题的根本原因,发掘出消费者的真实需求。移情图是一个用于挖掘顾客真实需求,寻找潜在的市场机会的非常有用的工具。通过绘制移情图,可以帮助企业从顾客的角度和立场出发,对顾客进行深入的了解,推断出顾客的真实感受,分析出顾客真正面临的问题,从而创造出能够满足客户需求的产品或服务。SWOT分析法是20世纪80年代初由美国旧金山大学的管理学教授韦里克提出的,常应用于企业营销战略决策制定、竞争对手分析等场合。SWOT分析法中的4个字母S、W、O、T分别代表Strengths(优势)、Weaknesses(劣势)、Opportunities(机会)和Threats(威胁)。运用SWOT分析法,可以帮助企业把自身所拥有的内部资源和外部环境有机地结合起来,对企业、产品或服务在市场中的状况进行全面、系统、准确的研究,并且根据研究结果发现可能的市场机会,制定针对企业的新产品或服务的营销战略和计划。

创新实践

在接下来的工作中,周磊经过积极的思考,跳出企业自身的层面去寻求创新性的突破。他认为营销部门所面临的问题也许是客户企业也会面临的问题。于是,他创造性地提出了为公司的客户定制专属集装箱,同客户展开联合宣传和推广活动的创新性思路。客户可以付出一定的费用,由KJ公司为他们定制企业专属的集装箱——巨大的集装箱箱体成为客户企业向世界宣传和展示企业形象的最佳窗口。客户为此付出的费用远远低于在传统广告媒体上投入的费用,而KJ公司通过营销合作增加了营销费用的外部来源,并且还能够有所盈余,变成公司的收入,实现KJ公司和客户企业联合营销推广工作的双赢。

创新思考和练习

1. 市场营销观念的主要内容是什么?
2. 市场细分的划分依据有哪几个?
3. 当今市场的变化体现在哪些方面?
4. 水平营销理论中的横向置换技巧分别是什么?
5. 阅读以下案例并分析。

天天马士基

2011年,马士基航运公司(Maersk Line)在亚欧航线上推出了名为"天天马士基"(Daily Maersk)的新服务。10月24日,"天天马士基"在上海实现首航,该业务的主要服务对象是从中国大陆出口到欧洲的货运承揽业和相关货主。该航线的海运需求相对旺盛,马士基公司相信,"天天马士基"服务将对货主的供应链管理产生重大的积极影响。

"天天马士基"项目针对的是从亚洲的4个主线港(宁波、上海、盐田、丹戎帕拉帕斯)到欧洲的3个主线港(费利克斯托、鹿特丹、不来梅)之间的货物运输服务,每周7天都设有同一截关/截港时间;每次订舱时,货主都可以得到固定的运输时间承诺。如果马士基航运不能在向货主承诺的时间内把货物送达目的地,马士基就会对货主做出相应的赔偿。

"天天马士基"亚欧航线提供的具体服务内容包括：每日截关/截港；运输时间按照交货截关/截港开始计算到可提货的时间；每个集装箱将得到固定运输时间的承诺，如果超出承诺的运输时间，1至3天之内马士基公司将为每个集装箱赔偿100美元，如果延迟4天以上，每个集装箱将会赔偿300美元。

2015年，马士基公司首席执行官施索仁在接受《劳氏日报》专访时表示，由于大多数的客户都不愿意为更好的服务支付更高的价格，"天天马士基"战略未能实现预期的业绩目标，马士基航运已大幅缩减"天天马士基"的规模。

施索仁称，为保证"天天马士基"，马士基需要投入更多的成本，但愿意为高品质服务支付溢价的客户很少，所以公司不得不改变战略。"天天马士基"战略的失败，表明东西航线班轮业务已成为高度标准化的服务，通过提供差异化服务获得商业成功的难度非常大。

分析

(1) 结合市场营销的相关理论，谈一谈马士基公司为什么会推出"天天马士基"服务？

(2) 你认为，"天天马士基"服务没有获得成功的真正原因是什么？

(3) 如果需要对"天天马士基"服务加以改进，以赢得客户的认可，你有什么创新的思路？

项目四

港航服务创新

知识目标

1. 了解服务的定义、作用、特征和分类。
2. 了解服务创新的概念、价值、特点、类型、内容和模式。
3. 了解用户、员工、供应商多方参与的服务创新。

技能目标

1. 掌握用户体验地图的使用方法。
2. 掌握服务蓝图的使用方法。

情感目标

1. 激发学生对服务相关知识的学习兴趣。
2. 培养学生的服务创新意识。
3. 帮助学生建立在工作中积极实践服务创新知识和方法的意愿。

创新导学

ST航运公司一直以来采用传统的客户服务模式。但是,在越来越讲求效率,越来越注重用户体验的今天,很多客户都对该公司的服务越来越不满意,投诉也越来越多。公司决定通过服务创新提高服务质量和效率。为此,公司专门从各部门抽调人手,成立服务创新项目组,任命许新作为项目组的负责人。许新走马上任之后,深切感受到服务创新是一个庞大而系统的工程,千头万绪一时难以理清。于是,他和两位部门员工李想、张志一起商量,看看怎么能更快更好地开展创新工作……

许新:说实话,我们都知道公司对服务创新工作寄予了极大的期望,我也相信服务创新能够极大地改善公司的现状,帮助公司实现更好的发展。但是,要实现服务创新,我们要做的事情实在是太多了,而且我们在创新方面也没有什么实际的工作经验。今天找二位来,就是想聊一聊,咱们应该怎么尽快开展具体工作,争取能早日拿出成果来。

李想:许新,我觉得做好服务创新的前提咱们得了解服务,别看我们天天都在给客户提供服务,但是我们都缺乏对于服务领域的系统的专业知识。打个比方说,张志,你能用一句话说明白什么是服务吗?

张志:我觉得,服务就是我们要尽力通过具体的服务工作,帮助客户实现他们的目的和要求吧。但这么说是不是正确,我心里也没谱。

李想:你看,其实你也不确定服务具体到底应该是什么。其实,我们虽然承担了服务创新的重要任务,但我觉得我们还是应该先补补课,研究和学习一下服务领域的相关知识,看看什么是服务,服务有什么作用,服务的特征是什么,都有哪些类型。咱们把这些弄清楚了,也许就知道该从哪里着手开始工作了。

许新:李想说得对。这样吧,咱们先花点时间好好学习一下关于服务的相关知识,给咱们接下来的服务创新工作做好知识上的准备,然后再开始我们的服务创新工作。你们看怎么样?

李想:好的。那咱们就赶紧去找一些相关的资料开始学习吧。

任务一　了解服务

自从18世纪工业革命以来,服务业迅速发展并崛起,而且超越了农业和制造业,成为促进世界经济发展的新的支柱产业,许多企业或组织的服务工作需要大量的具备专业知识水平的人才。因此,服务在极大地改善了人们的生活品质的同时,也创造了无数新的就业岗位。如今,服务领域的就业已经在现代社会中占据了主导地位,人们的生活方式、水平和质量无一不受到服务的深刻影响。近年来,随着时代的发展、企业经营理念的进步和科学技术的革新,各行各业的服务水平都取得了突破性的提升。然而,不断地创新永远是服务能力和水平不断提升的动力。那么,到底服务是什么?怎样才能实现服务的有效创新?接下来,让我们首先从了解服务开始服务创新的学习。

一、服务的定义

(一)社会学和经济学对服务的定义

在中国,"服务"在历史上曾经代表"侍候,服侍"的意思。随着时代的发展和社会经济的进步,"服务"一词被不断地赋予新的含义。现在,"服务"已成为整个社会的经济活动的重要基础。社会学意义上的服务是指为社会公众的利益或某个事业的发展而工作;经济学意义上的服务则是指以无偿或等价交换的形式,为满足企业、社会团体或其他社会公众的需要而提供的劳务活动,通常是与具体的产品联系在一起的。服务自身在实现的过程中不会产生有形的具体产品,而是通过本身的效用来满足对方。

（二）西方不同机构和专家对于服务的定义

与"营销"一样，西方很多机构和专家都给服务下过定义。因为服务本身不具备固定的形态，所以每个人也有不同的理解。其中，获得认可比较多的有以下 5 个。

1. 美国市场营销协会的定义

1960 年，美国市场营销协会（AMA）率先给服务下了一个定义："用于单独出售或者和产品一起出售的活动、利益或满足感。"这一定义得到了广泛的认可，并且被沿用多年。

2. 斯坦通的定义

1974 年，斯坦通（Stanton）指出："服务是一种无形的特殊活动。服务向消费者或企业客户提供所需的满足感，与其他产品的销售及其他的服务并无必然的联系。"

3. 莱特南的定义

1983 年，莱特南（Lehtinen）认为服务是："与某个人或机器设备可以产生相互作用，并且为消费者提供满足的一种或一系列的活动。"

4. 格鲁诺斯的定义

1990 年，格鲁诺斯（Gronroos）给服务下的定义是："服务是以无形的方式，在消费者与从事服务的人员、有形的产品或服务系统之间发生的，可以帮助顾客解决问题的一种或一系列行为。"

5. 菲利普·科特勒的定义

当代著名市场营销学专家菲利普·科特勒（Philip Kotler）给服务下的定义是："一方提供给另一方的不可感知且不导致任何所有权转移的活动或利益。它在本质上是无形的，它的生产可能与实际产品有关，也可能无关。"

二、服务对经济发展的促进作用

（一）服务成为经济活动的中心

服务已经是当今市场经济活动的中心，商品售出后不用考虑顾客感受的年代早已一去不复返了。现代科学技术的进步使得企业再也不能仅仅靠技术或配方就能牢固地占据市场强势地位。企业清醒地意识到，只要消费者在购买商品之后不满意，就会轻易地转向竞争对手。而本身就把服务活动作为经营项目的企业更是如此。

（二）服务正在取代企业和家庭的众多职能

在一个完整的经济体系中，服务既是各类生产型企业实现物质资源流通的纽带，也是把商品输送给最终消费者的渠道。服务是工业化生产体系得以高效运转的前提和基础，是商品实现快速流通的保障。因此，没有高度发达的服务体系，现代工业体系和社会经济就不能得到增长与发展。在不断细分的市场上,服务已经取代了越来越多的企业和家庭的原有职能。企业把人力资源、财务、维修、研发等诸多业务外包给更加专业、效率更高的服务商,家庭也把做饭、洗衣、清洁和幼儿看护等家务劳动交给服务机构,服务已经成为经济社会高效运行和家庭生活品质不断提升的必不可少的组成部分。

(三) 公共服务确保稳定和繁荣

公共服务为企业正常开展经营活动,人们安心享受物质和精神生活创造了一个安全、稳定的环境。良好的教育、发达的交通、完善的医疗、充足的电力供应、洁净的饮用水、清新的空气、安全的社会生活环境能否实现,都取决于公共服务的质量和效率。无论在哪个国家,各种公共服务都是百姓安居乐业、经济繁荣昌盛、国家发展进步的必要条件。

(四) 利润重心向服务倾斜

众多生产制造型企业在成本越来越高、利润越来越薄的困局中发现,产品本身之外的附加值成为企业另外一个有利可图的利润来源。生产有形的产品和硬件设施正在成为低利润的经营项目,消费者更愿意为那些方便快捷、细致周到的服务而痛快地买单。

服务对经济发展的促进作用如图 4-1 所示。

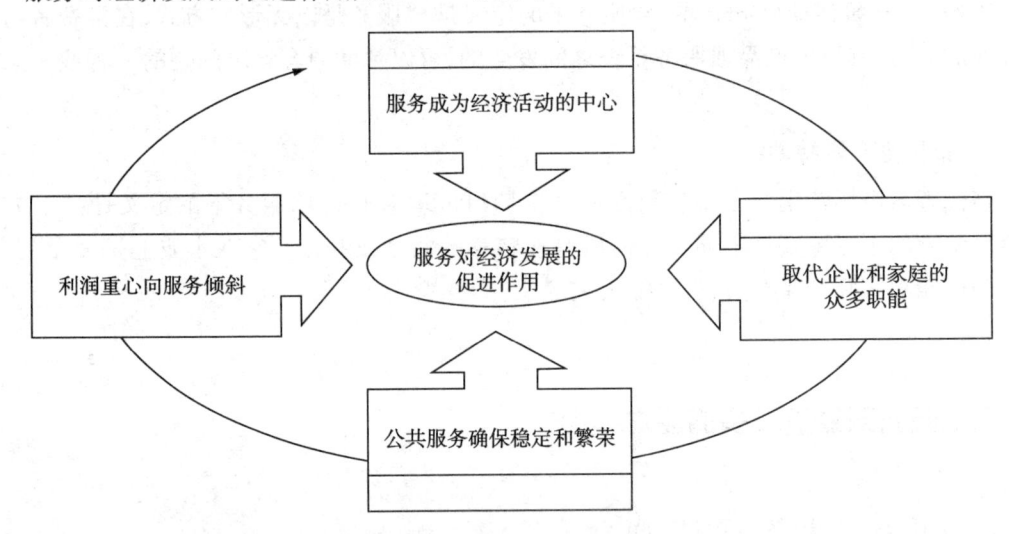

图 4-1 服务对经济发展的促进作用

三、服务的特征

服务的特征如图 4-2 所示。

(一) 无形性

相对有形的商品而言,服务的无形性是其最典型的特质。有形的产品是可以看得见和摸得着的,而服务是通过一系列的

图 4-2 服务的特征

活动来实现价值的,不以实物的方式来体现。因此,人们在享受服务的过程中,是通过内心的体验和感受获得产品的附加价值,而不能获得具体的有形的产品。

(二) 无物权性

服务区别于商品的另外一个主要的特性就是无主权性——在服务过程中并不涉及物权的转移。在消费者享受服务的过程中,消费者得到的是服务的使用权,而不是服务中所涉及物品的所有权。例如,租车公司为消费者提供的是汽车的使用过程,而不意味着消费者能够拥有这辆汽车。

(三) 异质性

服务是通过特定的服务人员向顾客提供的,在进行服务的过程中,服务人员接触的是一个个具体的消费者,而消费者同样接触到的是一个具体的服务人员。因为在这个世界上没有完全一样的两个人,所以每一次服务过程都是独特的,没有两个一模一样的服务过程和感受。同时,由于服务是通过每一个服务人员提供给消费者的,在服务的过程中存在许多不可控因素,因此企业往往不能确保服务人员向消费者提供的服务都能令人满意,而又没有余力加强对服务的品质监管。在这种情况下,很多企业选择把服务外包给第三方机构,从而进一步扩大了服务的异质性。

(四) 同步性

有形商品的消费都是企业先生产有形产品,然后消费者购买后再使用。但消费者在接受服务时,是由服务人员和消费者共同完成的,消费者本身参与到了服务的生产过程中,并且在服务结束的时候也完成了服务的使用。很多服务是由众多消费者共同使用的。例如,旅游就是很多游客在一起集体享受旅行社提供的服务。而且在这个过程中,消费者之间也会同时产生相互作用,影响彼此对服务的感受。

(五) 易逝性

服务是一种随着时间的流逝会消失的商品。服务过程或服务机会不能被储存、转售或退回。飞机上的空座位、酒店的空房间或餐厅里的空桌,只要没有消费者进行消费,服务的使用价值和使用机会就会流逝。因此,对于提供服务的企业来说,没有消费者就等于生产型企业的生产线处于停产状态,会产生大量的闲置成本,使企业失去盈利能力,甚至威胁企业的生存。

四、服务的分类

因为服务覆盖的领域非常广泛,所以对于服务的具体类别有很多分类的方法,并且根据这些不同的分类方法可以产生多种类型的服务。

(一) 根据服务的本质进行分类

服务按照本质进行分类如图4-3所示。

1. 作用于人的有形服务

这是指在服务过程中,服务是作用在消费者的身上,并且能够产生直接影响或效果的服务,消费者可以在接受服务的过程中直接感受服务并且做出对服务的评价。例如,消费者在理发馆里接受的美容美发服务、医院为牙痛患者提供的拔牙服务等。

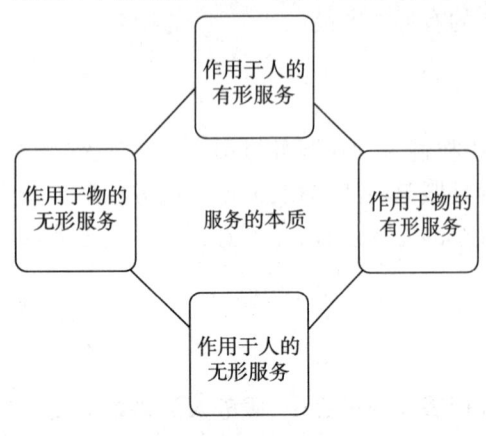

图4-3 服务按照本质进行分类

2. 作用于物的有形服务

这是指在服务过程中,服务是作用在消费者所拥有的物品上,消费者可以在接受服务的过程中通过对物品的被服务状态做出对服务的评价。例如,家电企业提供的家用电器维修服务、家政公司提供的保洁服务、干洗店提供的洗衣服务等。

3. 作用于人的无形服务

这是指在服务的过程中,服务并没有对消费者的身体产生直接的接触,而是通过思想、意识、感受等无形的形式为消费者提供服务。例如,心理医生提供的心理咨询服务、观看演唱会、参加知识讲座等。

4. 作用于物的无形服务

这是指在服务的过程中,服务是作用在消费者所拥有的物品上,但服务并不直接体现在物品本身的变化上,而是通过对物品提供的无形价值来实现。例如,保险公司提供的财产保险、企业提供的延长保修服务、快递公司提供的货物保价服务等。

(二) 根据消费者的参与程度进行分类

服务按照消费者的参与程度进行分类如图4-4所示。

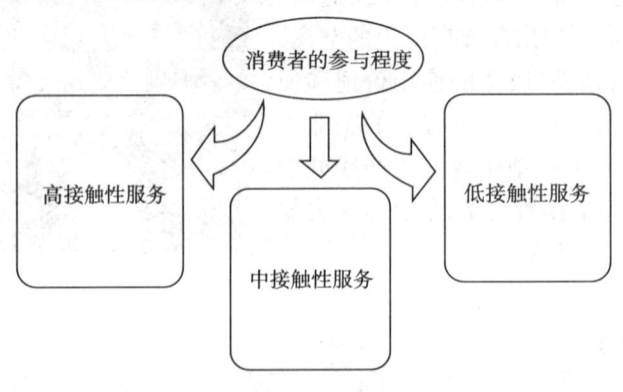

图4-4 服务按照消费者的参与程度进行分类

1. 高接触性服务

这是指消费者在接收服务的过程中会全程参与或大部分参与服务活动。例如,消费者在音乐厅听一场音乐会、乘坐高铁从一个城市到另外一个城市、去理发馆理发等。

2. 中接触性服务

这是指顾客只是部分地参与到服务的过程中,或者在整个服务过程的某一个时间段接受服务。例如,消费者在商场里接受的导购服务、在医院接受的诊疗服务、在银行接受的柜台服务等。

3. 低接触性服务

这是指在提供服务的过程中和消费者接触的比较少。例如,消费者接受移动运营服务商提供的通信服务、在自助餐厅享受自助餐、加油站的自助加油服务等。

（三）根据企业和消费者之间的关系进行分类

服务按照企业和消费者之间的关系进行分类如图4-5所示。

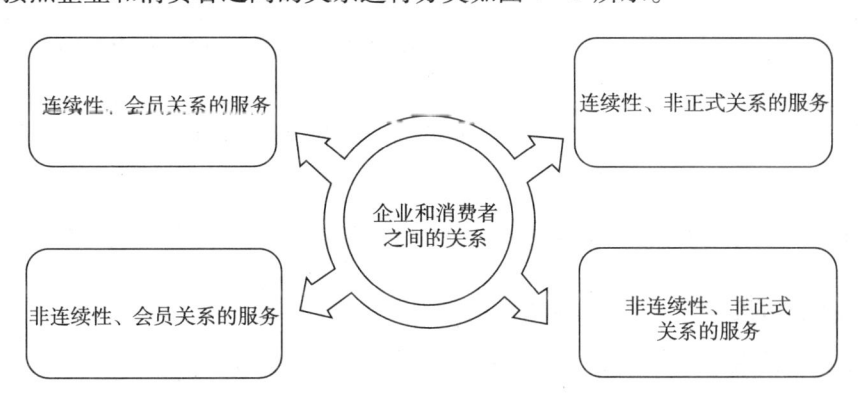

图4-5 服务按照企业和消费者之间的关系进行分类

1. 连续性、会员关系的服务

这是指企业为消费者提供的服务是连续的,并且消费者以加入会员的方式才能享受到服务的内容。例如,健身俱乐部、汽车俱乐部、马术俱乐部为消费者提供的会员服务等。

2. 连续性、非正式关系的服务

这是指企业为消费者提供的服务是连续的,且消费者不一定要与企业形成稳定的正式关系。例如,人们收听或者收看广播电台或电视台提供的各类广播电视节目、警察为普通民众提供安全保护等。

3. 非连续性、会员关系的服务

这是指企业为消费者提供的服务是非连续性的,但是消费者以加入会员的方式才能享受到服务的内容。例如,企业为消费者提供产品的维修担保服务、移动运营服务商提供的对方付费电话业务等。

4. 非连续性、非正式关系的服务

这是指企业为消费者提供的服务是非连续性的,消费者也不需要与企业形成稳定的正式关系。例如,租车公司为顾客提供的汽车租赁服务、快递公司为顾客提供的物品运输服务等。

(四) 根据选择服务方式的自由程度的大小和服务对消费者需求的满足程度进行分类

服务按照选择服务方式的自由程度的大小和服务对消费者需求的满足程度进行分类如图 4-6 所示。

```
自由程度和满足程度
├── 企业提供的服务和消费者的选择余地小
├── 能够充分满足消费者的需求,但企业的服务方式选择余地小
├── 企业提供的服务选择余地较大,消费者选择余地小
└── 企业提供的服务选择余地较大,消费者选择余地大
```

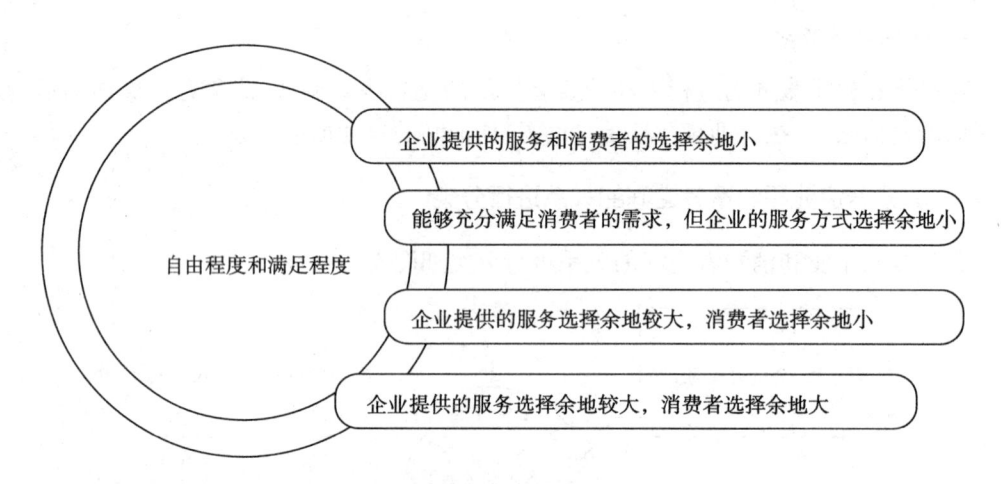

图 4-6　服务按照选择服务方式的自由程度的大小和服务对消费者需求的满足程度进行分类

1. 企业提供的服务和消费者的选择余地小

这是指企业提供的服务对于消费者来说选择的余地和范围较小。例如,公交公司提供的短途公共交通服务。

2. 能够充分满足消费者的需求,但企业的服务方式选择余地小

这是指企业提供的服务选择余地有限,但能够充分满足消费者的需求。例如,酒店提供的住宿和会议服务、游泳馆提供的游泳健身服务等。

3. 企业提供的服务选择余地较大,消费者选择余地小

这是指企业提供的服务多种多样,但是难以满足单个消费者的需求。例如,培训企业提供的大型培训课程服务等。

4. 企业提供的服务选择余地较大,消费者选择余地大

这是指企业提供的服务多种多样,同时也能够满足单个消费者的需求。例如,律师事务所提供的法律咨询服务、美容机构提供的美容服务等。

(五) 根据服务供应和消费者需求关系的波动变化进行分类

1. 消费者需求波动较大

这是指消费者产生消费需求不稳定,经常出现比较大的起伏波动。例如,房屋租赁服

务、信用卡消费服务等。

2. 消费者需求波动较大，企业能够基本保障供应

这是指消费者的需求波动较大，企业提供的服务能够基本满足消费者的需求。例如，电力公司提供的电力供应服务等。

3. 消费者需求波动较大，有时会超出企业的供应能力

这是指消费者的消费需求波动较大，有时候企业提供的服务不能满足消费者的需求。例如，铁路公司、航空公司提供的交通运输服务在节假日会出现票源紧张，无法充分满足消费者的出行需求。

服务按照服务供应和消费者需求关系的波动变化进行分类如图4-7所示。

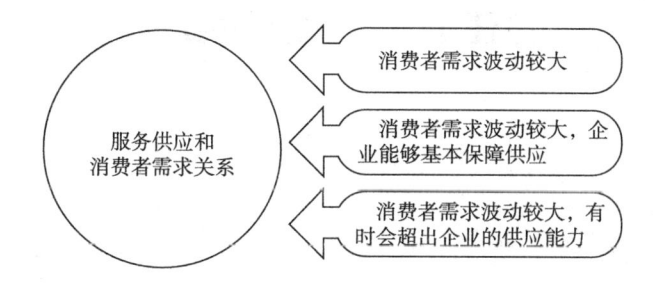

图4-7 服务按照服务供应和消费者需求关系的波动变化进行分类

（六）根据服务提供的方法和途径进行分类

服务按照服务提供的方法和途径进行分类如图4-8所示。

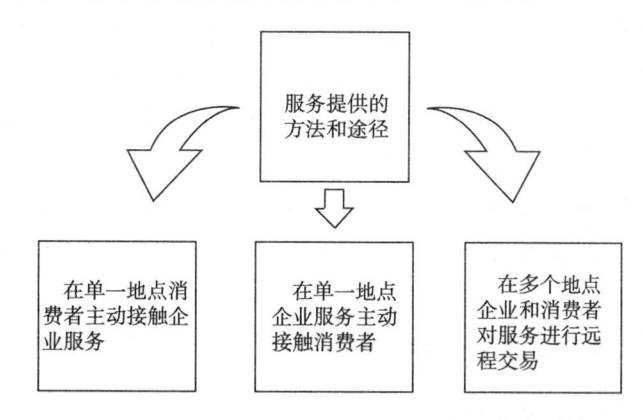

图4-8 服务按照服务提供的方法和途径进行分类

1. 在单一地点消费者主动接触企业服务

这是指消费者在固定的地点和场所主动购买所需要的服务。例如，消费者在超市购买生活用品等。

2. 在单一地点企业服务主动接触消费者

这是指企业在固定的地点主动接触消费者并且提供服务。例如，安利公司提供的产品

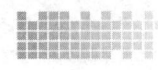

直销服务等。

3. 在多个地点企业和消费者对服务进行远程交易

这是指企业可以在多个地点提供服务,消费者也可以在多个地点进行购买,并且通过远程交易的方式进行消费。例如,各电子商务平台提供的商品销售,企业和消费者可以在多个地点进行远程交易。

任务二　服务创新

创新情境

通过对服务的相关知识的学习,许新、李想和张志认为他们对服务的具体内容已经有了详细的了解,很多服务相关的概念都已经很清晰了。这一天,他们又在一起商讨如何开展下一步工作。

许新:在开展服务创新工作之前了解和掌握服务的基础知识还是必要的,现在我们已经清晰地了解了服务的相关知识,这对我们接下来开展服务创新工作有很大帮助。

李想:没错。我也觉得非常有帮助,接下来我们要开展创新工作了。张志,你以前不是负责过创新相关的工作吗?对我们的服务创新工作,你有建议和想法没有?

张志:是的。我在以前的企业里参与过创新工作,但同咱们企业还是不太一样。要知道,我之前所在的企业是生产有形产品的,有形产品的设计和研发都是可以定时、定量的,而且技术指标非常明确。服务产品因为看不见,摸不着,我想应该与有形产品的创新还是有所区别的,所以接下来咱们应该怎么开展服务创新工作,我也拿不太准。

许新:没关系,我们在服务创新这方面也都没有太多的经验。这样吧,张志,既然你对有形产品的创新比较了解,那么开展服务创新的工作也会更容易上手。不如你这几天多了解一些关于服务创新的知识,结合以前做有形产品创新的经验,给我们做一个分享。你看可以吗?

张志:没问题,我这就去做准备。

在前面的任务中,我们已经了解了什么是服务、服务对于经济发展的作用、服务的特征和类型。然而,服务与有形产品最大的不同,就是服务是一个无形的,由企业的服务人员和消费者共同参与、体验及完成的过程。因此,相对于有形产品而言,服务创新自有其独特之处。那么,接下来,就让我们一起学习服务创新的概念、特点、类型

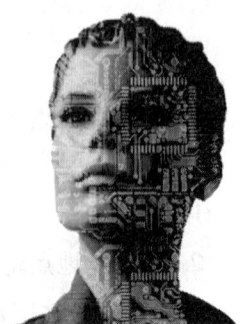

和实现的过程与途径。

一、服务创新的概念及其与制造业创新的区别

(一) 服务创新的概念

1. 服务创新的通常概念

服务创新是指通过新的创意、新的技术、新的解决方案等手段创造出新的，或者是经过改进的服务方式，让消费者感受到不同以往的新的服务内容。

2. 从多个角度去理解服务创新

服务创新的4个角度如图4-9所示。

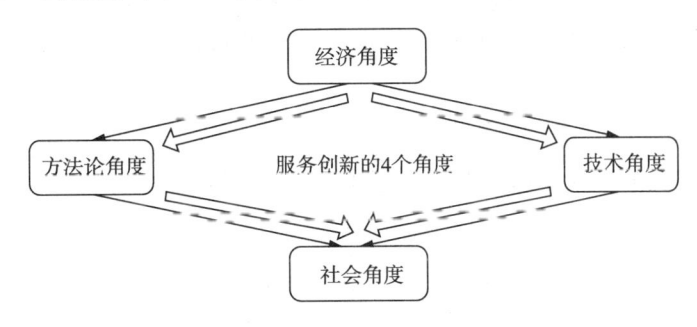

图4-9 服务创新的4个角度

(1) 基于经济角度的服务创新

从经济的角度来看，服务创新就是通过非实物产品生产的方式为消费者提供有形或无形的附加经济价值。随着生产技术的不断发展和进步，企业之间产品同质化程度越来越高，成本空间越来越难以压缩，生产效率很难实现较大的提升，越来越多的企业开始依靠服务，尤其是创新性的服务吸引消费者购买产品。

(2) 基于技术角度的服务创新

从技术的角度来看，服务创新就是通过在服务过程中所应用到的各种设计、计划、组织、协调、控制、监督等软技术实现的新的服务方式或服务内容。基于技术角度的服务创新能够有效地满足人们消费过程中的精神需求，赢得消费者的满意。

(3) 基于社会角度的服务创新

从社会的角度看，服务创新是不断挖掘人类自身能够创造的价值，不断提高人们的生活质量，不断改善社会生活环境的创造性活动。因此，基于社会角度的服务创新必须能够通过同时满足人们的物质需求和精神需求，使得消费者得到更好的心理满足，并且从中获得满足感、喜悦感、成就感和幸福感。对人的尊重和深入的分析与研究是促进硬技术"软化"、制造业"服务化"的动力，能够有效提升有形产品的附加价值，可以帮助企业在获得更好的经济效益的同时对社会的进步和发展起到良好的促进作用。

(4) 基于方法论角度的服务创新

服务创新是创造有利于增加有形产品的附加价值的新方法、新思路和新途径的活动。

这种创造性的活动可以围绕企业的物质产品展开,可以围绕企业的组织、管理和设计而展开,可以围绕消费者在购买服务过程中的体验和感受展开,可以围绕科学技术的进步及人们的思想观念的变化而展开。无论采用何种方法,都必须基于对消费者的购买体验和感受认真的分析与研究,因为消费者是最终的服务使用者,消费者是否满意将最终决定创新活动是否成功。

(二)服务创新与制造业创新的区别

一直以来,很多人在提起创新的时候,总是自然而然地把创新理解为围绕有形产品而展开的技术创新。人们认为在服务领域很难出现大规模的、突破性的创新,即便是有所创新,也应该围绕有形的产品而展开。这就把服务创新限定在了制造业创新的框架之内。如今,随着服务已经成为企业之间竞争的决定性因素,服务的创新被越来越多的企业所重视,成为与制造业创新相对独立的一个创新的领域,并且涌现出众多令人赞叹的创新成果。因为服务活动和生产制造活动存在很大的不同,所以服务的创新和生产制造的创新也呈现出明显的差异。

1. 形式上的差异

制造业创新和服务创新在形式上的差异如图 4-10 所示。

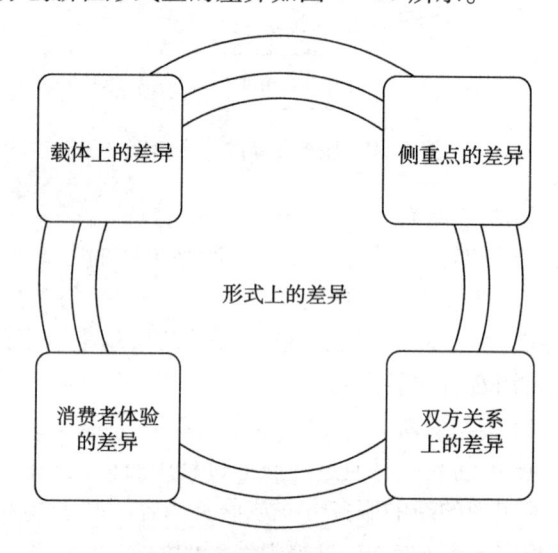

图 4-10 制造业创新和服务创新在形式上的差异

(1)载体上的差异

制造业创新的结果必须以明确的、有形的产品形式来体现。无论是创造出一个新的产品,还是创造出一种新的生产工艺,企业都可以通过有形的具体产品让消费者体验并且提供反馈意见。但服务的过程本身是展开一系列活动的过程,没有具体的、有形的载体。服务业的创新通常是提供了一种服务的新思路、新的标准,或者是新的过程。因此,服务业的创新通常是以文字、画面、视频、语音、流程图或是由服务人员直接介绍的形式向消费者进行介绍,并且在服务的过程中通过消费者的体验和感受得以实现。

(2) 消费者体验的差异

当企业推出一个创新的有形产品时,消费者可以直接购买并且使用,对于新产品的使用感受和评价也相对直接和具体。但当消费者购买一种创新的服务时,由于服务的过程是由服务人员和消费者共同参与及体验的过程,在此期间存在较多的变化因素,因此创新服务的实现过程更加个性化和具有多变性,消费者对无形的服务更难做精确的描述和评估,对于创新服务效果的评价和反馈也具备较大的不确定性。

(3) 双方关系上的差异

在制造业的创新活动中,企业和消费者之间的关系界限分明。制造业的创新是由企业主导的,企业负责对产品进行创新、改进、生产和制造。消费者购买和使用新产品,并对产品的使用效果和感受予以反馈。在服务的创新活动中,新服务和消费者的使用是同步进行的,消费者在这个过程中承担了部分的角色和功能,因此,消费者参与的创新已经成为服务创新的重要手段和途径,被越来越多的企业所重视。

(4) 侧重点的差异

在制造业的创新活动中,居于主导地位的通常是技术层面的创新。在制造型的企业中,其他层面的创新基本上是围绕技术创新而展开的。在服务创新的领域,内容和形式则是多种多样的——服务的创新可以围绕着理念、模式、流程、规范、组织架构等多个方面和层面展开;制造业的技术创新活动更侧重于自然科学领域,而服务创新则更倾向于社会科学领域。

2. 组织方式上的差异

制造业创新和服务创新在组织方式上的差异如图 4-11 所示。

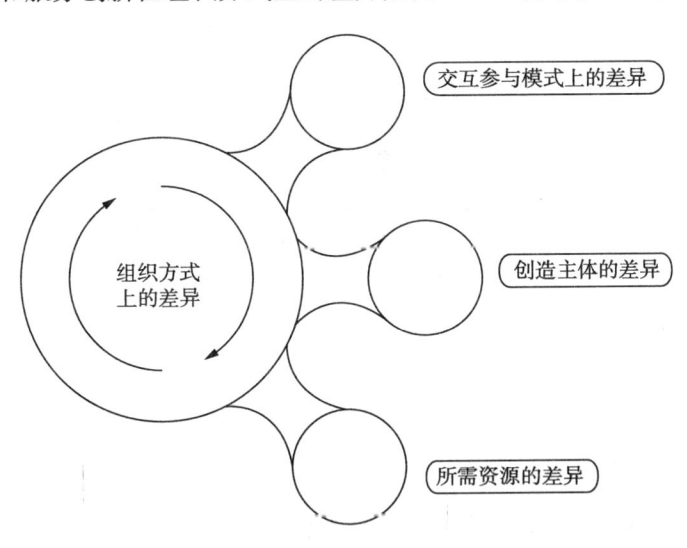

图 4-11 制造业创新和服务创新在组织方式上的差异

(1) 交互参与模式上的差异

制造业的创新活动通常在企业内部形成一条明确的线性逻辑:研发人员负责产品研发,营销部门负责宣传推广,销售部门负责产品销售,各业务单元之间没有太多的工作交叉,相互隔离度较高。而由于服务产品的消费者参与实现的特征,服务的创新活动需要消费者参与进来,并且与其他有关的各方,如上下游供应商、分销商等共同形成一个多方交互参与的模式,共同推动服务创新活动的开展,确保创新产品的可靠性和有效性。

(2)创造主体的差异

制造业的创新活动往往由人数不等的专业技术人员组成任务攻坚小组,通过相互之间的分工和写作实现技术上的进展与突破,以获得创新性的成果。而服务型的组织中的创新主体更加自由,富有创新精神和创新思维的个人都可以成为创新的重要贡献者。

(3)所需资源的差异

制造业的创新活动以有形产品的创新为主体,因此更需要产品相关的技术资源和硬件资源,更侧重于有形资产,多属于物的因素。而服务创新的关注点则更偏重于消费者的使用体验和感受,因此在服务创新活动中,更侧重于无形资产,多属于人的因素。企业的品牌影响力、客户关系、业界口碑等无形资产都将成为服务创新的重要资源。

二、服务创新的特点

服务创新的特点主要表现在服务创新的内涵、消费者参与程度、服务的过程、对人员素质的依赖性和研发周期等几个方面。

(一)服务创新的内涵更加丰富

服务创新的内涵如图4-12所示。

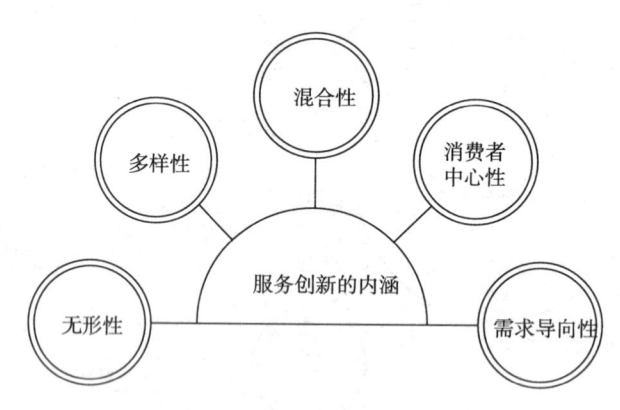

图4-12 服务创新的内涵

1. 无形性

与有形产品的创新不同,服务创新的过程和成果是没有具体现实的载体可以呈现的,只表现在一组特定的活动的发生过程中,通过人们的体验和感受来获得。

2. 多样性

因为没有物质基础或技术基础的束缚,所以服务创新的过程会拥有更大的灵活性和多样性。服务创新可以从企业的任何一个层面或服务过程中的任意一个环节开始,因此创新工作所涉及的层面往往是多角度、多层次的。

3. 混合性

在服务创新的过程中,往往会综合大量与服务产品本身直接或者相关的领域的知识、技术或理念。创新性的服务产品往往同时存在可复制的创新因素,同时也会拥有不可复制的创新因素,以形成进入门槛和竞争壁垒,避免被竞争对手快速模仿和抄袭。

4. 消费者中心性

服务创新活动往往是围绕消费者需求而展开的,消费者在整个服务创新的过程中始终处于核心地位,并且广泛地参与到创新活动的各个环节,对创新的产品进行体验、评价和反馈,用于不断改进和完善创新产品,最终使消费者满意。因此,消费者既是服务创新活动的出发点,也是服务创新活动的终点。

5. 需求导向性

相对于制造业的产品创新,企业的服务创新对变化的消费者需求更加敏感,也能够做出更加快速的反应和调整。因此,企业的服务创新时刻围绕着消费者需求展开,并且要以消费者需求的变化为导向,开展及时有效的创新活动。

(二)消费者参与程度高

有形的创新产品的生产过程完全由企业主导并实施,但创新的服务产品的实现过程是由企业的服务人员和消费者共同参与、共同完成的。消费者在服务过程中的反馈对创新服务产品的有效落地、检验服务质量、改进产品品质起着极其重要的作用。因此,在服务创新的过程中,消费者是以服务产品的合作生产者的身份出现的,高度参与到企业的创新活动中来。

(三)服务创新的过程是一个渐进的过程

服务产品的创新过程一般以渐进式创新为主,通常是在以往所提供的服务的基础上开展的创新活动。企业的服务创新往往是渐进式的,通过不断的局部创新而实现的过程。

(四)对人员素质的依赖性强

企业为消费者提供的服务通常是通过具体的服务人员来实现的,在向消费者提供服务的过程中,服务人员的专业知识、职业素养和工作态度都会影响服务的质量。在开展服务创新的过程中,服务人员对创新内容的理解和在工作中的实际运用存在着较大的个体差异。因为没有完全一模一样的两个人,即便是同样的服务创新产品,由不同的服务人员向消费者提供时都会有所差别,所以服务创新的落地对于人员素质的依赖性要更强。

(五)研发周期短、形式多种多样

由于服务创新的投入资源少,实现和传播的速度快,在实施的过程中存在较大的不确定性,并且多以调整局部或部分服务环节来实现,因此服务创新具有研发周期短,且形式变化灵活多样的特征。这就需要根据市场的变化进行快速研发、快速尝试、快速调整，以确保创新的服务能够有效实现其价值。

三、服务创新的类型

服务创新的类型包括一般类型和特殊类型。其中，服务创新的一般类型主要有产品创新、技术创新、过程创新、组织创新、传递创新、市场创新和重组创新；服务创新的特殊类型包括形式化创新、专门化创新、外部关系创新和专家领域创新。

（一）服务创新的一般类型

服务创新的一般类型如图4-13所示。

1. 产品创新

这里的产品并非有形的产品，而是把某一项或一类服务定义为一种产品。服务产品的创新是指一种新的服务理念、一套新的服务流程或一个全新的服务方法。例如，旅游公司设计了一条新的旅游线路，这条新的旅游线路就是旅游公司的新产品。

2. 技术创新

服务创新中的技术创新是指因引进了新的技术而产生的创新型服务。例如，人们乘坐地铁的时候，因为地铁自动闸机引入了新的二维码扫描技术，人们直接用手机扫码就可以购票进站。

图4-13 服务创新的一般类型

3. 过程创新

创新产品实现其价值的方式是一系列的服务活动，因此对于其中任何一个服务环节的改变或次序的调整，都可以视为过程创新。例如，人们去医院看病可以通过支付宝进行挂号和结算药费，免去了在窗口排队的过程，这就是诊疗服务的过程创新。

4. 组织创新

服务创新中的组织创新是指企业通过调整组织结构或改变管理方法而实现的创新。例如，过去人们在申办护照的时候必须返回原籍的出入境管理处办理，而现在，人们可以在居住地的出入境管理处直接办理护照。

5. 传递创新

服务创新中的传递创新是指企业向顾客传递服务的方式方法上的创新。服务传递的效率和安全性会对服务的品质产生直接的影响，因此在效率和安全性上的创新将对服务的品质起到极大的改善作用。例如,消费者在淘宝购物的时候可以选择购买退货运费险,当消费者因为对产品不满意而发生退货行为时,就可以得到一定的运费赔偿,从而使消费者更加放心地购物。

6. 市场创新

服务创新中的市场创新是指企业在开辟出的新市场或细分市场中提供服务的创新行为。例如,旅游公司面对老年人市场和家庭市场推出的夕阳红旅游产品及亲子游旅游产品。

7. 重组创新

服务创新中的重组创新是指企业在现有服务的基础上,把服务中包含的各项要素进行重新排列组合或整合之后产生的创新服务。例如,健康体检机构把不同的体检项目进行排列组合,针对消费者的典型需求推出不同的体检项目组合产品。

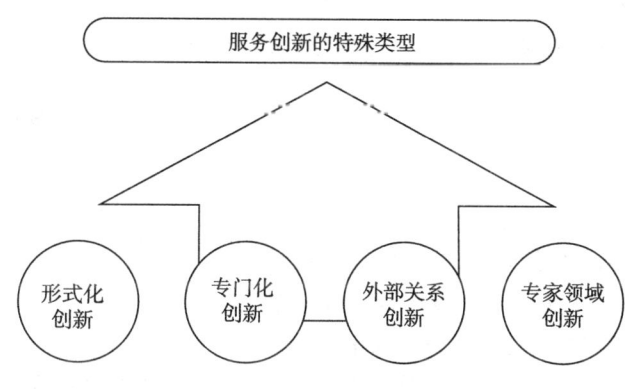

(二)服务创新的特殊类型

服务创新的特殊类型如图4-14所示。

图4-14 服务创新的特殊类型

1. 形式化创新

服务创新中的形式化创新是指企业提供的服务的形式发生了变化,消费者可以通过新的形式享受到企业提供的更加便捷高效的服务。例如,银行推出网上银行业务,消费者通过计算机就可以办理相关业务,不用再去柜台办理。

2. 专门化创新

服务创新中的专门化创新是指针对消费者的特定需求或在服务过程中的某一具体环节而展开的创新活动。通常,专门化创新要求消费者与企业双方的高度参与和协同工作,创新的成果不仅取决于企业的能力水平,也取决于消费者的能力水平。例如,企业为了提升自身管理团队的执行力,与培训公司一起设计根据本企业的业务特色来有效提升管理人员执行能力的培训课程。

3. 外部关系创新

服务创新中的外部关系创新是指企业通过改变自身和消费者、供应商、管理机构或竞争对手之间的相互关系而实现的创新。例如,DQ冰激凌在加油站或吉野家快餐店中增设产品

柜台,通过不同类型的合作伙伴的经营场所来销售自己的产品。

4. 专家领域创新

服务创新中的专家领域创新是指企业通过多年从事某项服务,在该项服务的相关领域积累了大量的丰富经验,从而能够以专家的身份和角色在该领域中做出深层次的或革命性的服务创新。例如,IBM 公司根据多年来帮助企业进行信息化建设的丰富经验,把计算机业务出售给联想,专注于为客户提供个性化的信息化定制解决方案业务。

四、服务创新的内容

服务创新的内容涵盖了企业经营和管理的各个层面的创新,其中包括创新战略、服务理念、组织管理、服务方式和技术支撑等方面的创新活动。

服务创新的内容如图 4-15 所示。

(一) 创新战略

企业的服务创新战略是企业开展服务创新活动的核心,企业的服务创新活动可以在企业的各个层面展开。这些创新活动不是松散的、随机的,而是由企业根据自己的业务优势和消费者的需求,基

图 4-15 服务创新的内容

于企业自身的发展目标而制定特定的创新战略。企业各个层面和业务单元的创新活动必须在创新战略的指导下展开,并且始终与战略目标保持一致。只有在企业创新战略的引领和指导下展开的创新活动,才有利于企业创新的整体发展;通过整合企业各方面的优势资源产生合力,促进企业的快速成长。

(二) 服务理念

面对日益激烈的市场竞争和不断变化的市场需求,企业必须通过不断调整服务理念以适应服务创新的需求。服务理念要自上而下地存在于从管理层到每一个基层员工的心中。企业所开展的各项经营管理和业务活动要始终以满足消费者需求为中心,紧随市场变化和竞争对手动态,随时调整自身的服务范围、服务方式和服务内容,建立自身服务优势,赢得市场和消费者的认可。

(三) 组织管理

服务创新要有科学严谨的组织管理,用健全的制度来确保企业创新活动的有效开展。企业应该在内部积极倡导创新的企业文化,努力提升全体员工的知识和技能,培养和建立全员创

新意识,使创新行为成为组织发展的重要基因,把企业打造成一个积极进取的创新型组织。

(四) 服务方式

服务方式的内容既包括企业向消费者提供的服务方式,也包括企业和消费者之间的互动关系。消费者如今已经越来越深入地介入到企业日常运营和创新工作当中。正是因为企业已经认识到了消费者对于企业发展的重要性,客户关系管理如今已经成为企业管理工作中的一个重要的业务内容。因为服务创新与消费者密切相关,只有在创新工作中尽可能获得消费者的参与和支持,才能帮助企业持续地开发出符合消费者利益的创新服务产品。

(五) 技术支撑

科学技术的不断进步使得企业可以创造出突破传统方式的全新的服务项目,采取更加便捷和高效的方式向消费者提供服务和传递服务信息,并且及时获取消费者对服务的反馈,帮助企业持续优化服务品质,弥补服务过程中存在的漏洞和不足。新技术的应用已经成为服务创新的重要支撑和保障力量。

五、服务创新的过程

服务创新通常都会包括了解需求、挖掘创意、明确产品、营销规划、试销售、市场投放和消费者评价这 7 个过程,如图 4-16 所示。

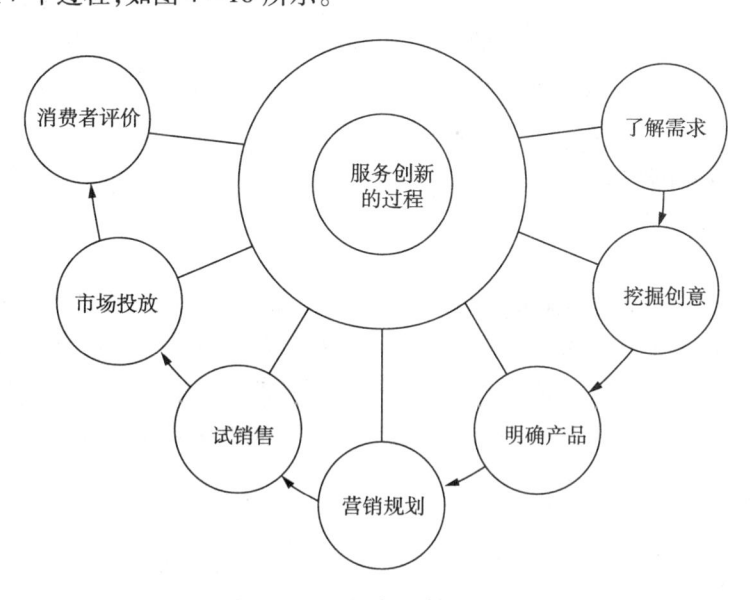

图 4-16 服务创新的过程

（一）了解需求

在企业越来越关注消费者需求的今天，企业的任何创新活动都必须以消费者的需求为出发点，并且以更好地满足消费者的需求为目标。任何没有基于消费者的需求而展开的创新都是存在风险的，如果创新的服务不能令消费者满意，所有的创新工作就都成了无用功，会给企业造成巨大的资源浪费。企业在开展服务创新活动之前，要对当前的消费者需求进行认真的分析和调研，找到消费者面临的痛点和难题，才能有针对性地创造出更符合消费者需求的服务，确保服务的创新能够实现其价值。

（二）挖掘创意

挖掘创意是任何创新活动的开始，好的创意是确保创新活动走向成功的关键。在挖掘创意时，企业应该发动一切可以借助的资源——提出创意的不仅局限于负责创新服务产品研发的团队，也可以扩展到创新服务的实施部门、职能部门、消费者、相关领域的专家甚至竞争对手。在征集创意的阶段，企业应当鼓励自由开放的思维方式和不受拘束的想象，对任何新的点子都给予鼓励，不能随意否定或进行批评。当创意积累到一定的数量时，企业应该对创意进行评估和遴选，把那些符合消费者需求、可实现性强、拥有较高市场潜力的创意挑选出来，为创意实现为服务产品做好充分的准备。

（三）明确产品

明确产品是把创新的服务产品从创意转变为可以实现的产品的关键步骤。在这个阶段，应该把想象中的创意转化为现实的服务产品。因此，应该对可能实现的服务产品做出尽可能详尽的描述，包括服务产品能够满足消费者的什么需求、服务产品的特征、产品的优势、实现的途径等。在这个阶段，消费者的介入是必要的，通过向消费者描述这个产品，可以得到消费者的评价和反馈，以考察产品是不是能够满足消费者的利益，并且消费者愿意为享受这个产品而支付费用。产品的可实现性也要在这个阶段要进行充分的论证，任何不能实现的创意都不具备真正的价值。

（四）营销规划

当确定了新服务产品的具体内容后，就要制定把新服务推向市场的营销策略和具体的营销手段。在这个阶段，要对新服务产品的利润目标、成本控制、价格制定、销售渠道和促销活动做出详尽的规划。同时，要对新服务产品推向市场的盈利能力做出充分的评估，只有新服务产品能够为企业带来符合企业目标的利润回报，才能把新服务推向市场。

（五）试销售

在新服务产品正式推向市场之前，应该在具有代表性的小范围市场内进行试销售。试销售是有效检验市场真实需求的必要手段，通过试销售，可以了解服务产品的真正实现过程，考察新服务是否真正满足了消费者的利益和需求，发现之前没有考虑到的缺陷和隐藏的风险，了解消费者对服务的真实评价和反馈，以及销售规模和销售额是否能够满足企业的利润目标。

(六) 市场投放

在通过试销售的检验之后,如果企业根据试销售的结果分析,确定新服务能够给企业带来足够的利润回报,就可以进行正式的市场投放了。在新服务投放市场前,企业应该对提供服务的全体人员进行全面、深入的培训,确保服务人员深刻理解和掌握新服务的企业目标、客户价值、操作规程和应该具备的相关知识与技能,以便在新服务正式上市后,服务人员能够为消费者提供符合标准和要求的服务项目。

(七) 消费者评价

消费者评价既是企业推出某项创新服务产品的结束,也是企业进行下一次创新活动的开始。通过消费者对服务产品的真实评价,有助于企业对新服务中存在的不足进行及时的改进和调整,为将来的服务创新工作积累宝贵的经验,确保将来服务创新工作的顺利开展。

六、服务创新的途径

实现服务创新的途径主要包括发现消费者的期待、从消费者抱怨中发现创新机会、主动服务、合理满足和倡导创新文化,如图4-17所示。

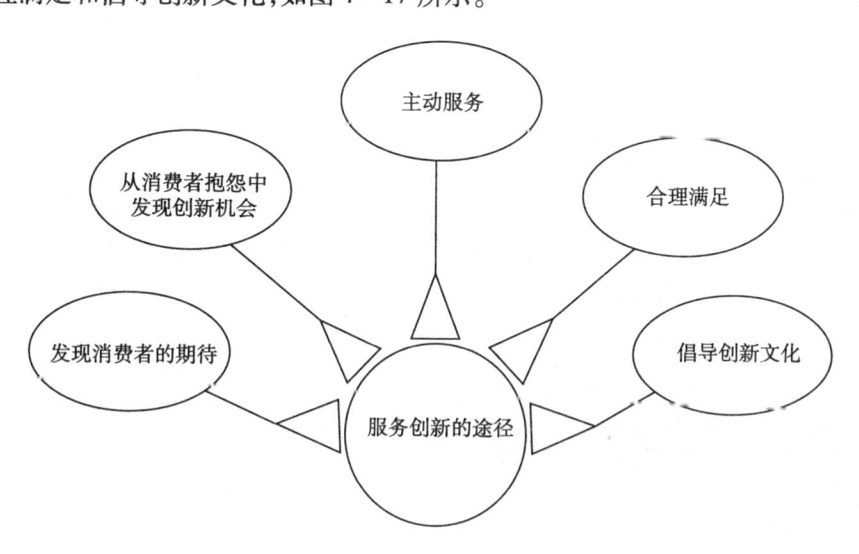

图4-17 服务创新的途径

(一)发现消费者的期待

消费者的期待就是企业发掘消费者的真实需求,以及评估自己是否有能力研发出符合消费者利益的创新服务的切入点。通常,消费者的期待并不十分明确,很多情况下只是一个愿望。例如,消费者期待能够快点拿到在网上订购的商品,而隐藏在其中的消费者需求则是更加快捷的配货和送货服务。因此,企业必须有能力发现消费者的期待,并且把那些隐藏在消费者期待之下的,能够通过服务满足的需求揭示出来,以针对性地设计和研发相应的服务产品,通过满足消费者的需求实现消费者的期待。

(二)从消费者抱怨中发现创新机会

消费者的抱怨是对现有服务中存在的缺陷和不足最直观与最具体的反馈。任何服务产品都不可避免地会被消费者所抱怨,因此企业应该重视消费者的抱怨和投诉,及时收集相关信息并且进行认真评估,通过数据分析发现可以进行改进和升级的服务环节,并且通过改进和升级设计与推出新的服务。对于企业来说,消费者的抱怨中就隐藏着创新的机会,而企业要做到的就是对消费者的抱怨做出快速反应,及时创新。

(三)主动服务

以往很多企业和企业的服务人员在向消费者提供服务的时候,会把"满足消费者的要求"作为评定服务质量的最高标准。但是,消费者的满意并不仅仅停留在"有问必答"的层面,能够准确地判断和分析出消费者真正需要解决的问题,并且积极主动地提出建设性的意见,才是建设性地、创新性地向消费者提供服务的准则。通过对消费者面临的问题的挖掘和分析,能够有效地帮助企业发现消费者自身都没有察觉的潜在需求,并从中找到服务创新的契机。

(四)合理满足

消费者的满意是没有止境的,很多消费者都会抱有超出企业能力的期待。而对于超出企业能力的消费者需求,也不是企业在短期内就能够满足的。企业只有把超出现有能力的消费者需求当成一个长期发展的目标,才能通过对服务不断的改进和升级,有计划、有步骤、循序渐进地实现消费者的期待。因此,管理好消费者的期待,对消费者的期待在有限的范围内给予满足,并且通过不断的服务创新提升自身的服务水平,才能最终赢得消费者的肯定和信赖。

(五)倡导创新文化

创新并不仅仅是研发部门的事情,而是一个企业所有成员共同为之奋斗并做出贡献的目标。一个创新能力强的企业,必然拥有一个始终以创新意识和创新精神为驱动力的团队,把创新文化贯彻到每一个部门、每一个岗位、每一个工作环节当中,这样才能够确保企业拥有充足的创新机能,确保持续不断地产生创新的成果,帮助企业在市场上获得成功。

创新案例 1

大连港创新服务抢占东北汽车中转市场

尽管港航经济近年来普遍低迷,但在大连港集团的汽车码头,发展数据却逆势上扬。作为大连港集团的新兴板块,汽车物流、金融等业务正进入发展黄金期。

近几年,国内汽车消费高速增长,带动港口汽车中转业务增加,但海运市场的竞争也十分激烈。"在价格上比拼,有规模却不一定有效益。"大连港集团相关负责人介绍,发展转型不能光看数量和规模,更要看质量和效率。近几年,汽车码头转换观念,以创新服务成功抢占市场。

PDI是汽车交付前检验的英文缩写。一辆新车从生产线到4S店,经历了长时间的停放、中转,交付前的检测十分重要。这样的"小业务",码头以前从不介入。但现在,大连港不仅提供冲洗、加油、保养等简单的PDI服务,还不断提高服务的项目和品质。未来大连港的PDI服务将增加到上百项,成为汽车码头一个新的收入增长点。

相关负责人表示,目前新的PDI服务中心正在建设,同时在建的还有一条汽车加装生产线。这两年,个性化汽车加装趋势越来越明显,作为一个新的临港产业,汽车码头提供的加装服务也有巨大前景。

服务产生价值。因为PDI服务,华晨将出口汽车物流基地设在大连港,三菱进口汽车业务也在大连口岸重新布局。从提供报关报检一直到汽车交付,借助专业化的"全程物流"体系,大连港汽车中转业务在过去5年增长了2.7倍,达到了48万辆,连续4年占据东北市场100%的份额。综合宏观形势和市场发展情况,今年,汽车码头将商品车吞吐量目标设定为60万辆。

"前几年还是打基础,未来5年才是发展黄金期。"汽车码头相关负责人表示,在服务做精、做细的同时,汽车码头的业务板块也多元化发展,收入结构不单一,抗压性自然增强。

最近几年,国内进口车消费增速较快,汽车码头抓住"平行进口"的政策机遇,开辟了全新的贸易板块。2012年,汽车贸易收入0.8亿元,2015年底已经增至17亿元。围绕汽车贸易,汽车物流金融、信用证、押汇等金融业务也逐渐发展起来,汽车"供应链"体系已具雏形。大连港集团相关负责人介绍,未来5年,汽车码头将从单一的码头,变成集装卸业务、国际中转、临港产业、物流金融等业务为一体、能够提供一体化全程物流解决方案的汽车物流平台。

资料来源:辽宁日报,2016-04-12.

案例分析

在港航经济普遍不景气的经济环境下,大连港依靠服务创新,成功地建立了自身优势,在逆势中获得了稳步的增长。国内汽车产品运输因为长期暴露在露天环境下,因此经过较长时间的转运后,难免会造成车辆本身发生尘土堆积、零部件生锈、磕碰和划痕等现象,这对汽车销售会产生直接的影响。为此,汽车生产企业和4S店每年都会因为转运期间发生的意外而蒙受一定的经济损失,却又无可奈何。大连港敏锐地捕捉到了客户的痛点,通过 PDI 服务帮助客户解决了这一看似无关痛痒的难题,极大地改善了客户体验,并获得客户的信赖和认可,使得 PDI 服务成为一个新的经济增长点。而汽车加装服务则通过主动服务充分满足了一个新的汽车直接用户群体的消费需求。因为近年来汽车用户的加装需求持续增长,汽车加装服务将使个性化汽车加装成为一个新的临港产业。大连港汽车码头通过服务创新举措,成功地帮助汽车码头从单一的码头转变成为一个功能日趋完善的、为客户提供一体化全程物流解决方案的汽车物流平台。

案例思考

如果你是一个港口企业的服务创新负责人,就某一特定类型的企业客户,还能发掘出什么样的潜在需求以建立自身的服务优势?

任务三　多方协同服务创新

创新情境

张志在进行了服务创新的相关知识的学习后,找了个时间专门与许新、李想进行了分享,帮助他们理清了服务创新的概念、类型、特征、过程和实现的途径。在充分掌握了服务和服务创新的相关知识之后,他们决定开始进行相关的工作。这一天,他们又在一起就如何开展服务创新工作进行探讨。

李想:昨天我碰到了以前部门的同事了,他们对我能够参与公司的创新工作非常羡慕,还问是不是他们也可以帮上什么忙。

许新:那真是太好了。李想,你告诉他们,我们欢迎任何人为我们的创新工作献计献策。创新不能只靠我们几个人干,要动员所有能动员的人加入进来,靠大家的集体智慧才能得到更多的创新成果。

李想:可是,也不是什么人都可以的吧?

张志:是的,不是什么人都可以参与创新的。我们应该鼓励大家参与创新,但也要建立相应的机制,确保大家能够有效地参与到创新工作中,而不是随机地、漫无目的地参与进来,那叫瞎掺和,还有可能帮上倒忙。

许新:张志的考虑是有道理的。另外,你们觉得,除了咱们自己公司内部的员工之外,我们是不是还可以充分借助一些外部资源?

李想:我觉得,有没有可能请一些我们的客户也参与进来,因为他们毕竟是我们服务的最终使用者,有了他们的意见,能帮我们少走很多弯路。

张志:说得对。而且,我觉得我们也可以邀请一些与我们关系比较好的供应商参与进来。因为我们的服务项目有一部分是外包的,所以我们的创新也会与他们产生密切的联系,我们做得再好,他们的步子跟不上,也会影响创新的效果。

许新:大家说的都对,我们回去以后都花时间好好想一想,看看怎么能够把咱们的员工、客户、供应商都动员起来,齐心协力,一起把创新工作做好。你们看怎么样?

李想:好极了,同意。那么咱们就这么干吧!

随着科学技术的进步、社会分工的不断细分和现代服务业的迅速发展,企业的服务创新呈现出越来越复杂化的趋势。服务已经逐渐取代产品技术优势,成为企业在市场竞争中获得成功的重要保障。以往企业通过自身建立独自的服务体系已经越来越不能满足消费者的需求,联合消费者、企业员工(一线服务人员)及供应商参与到企业的服务创新中已经成为必然的趋势。传统企业在自身服务体系内开展的线性服务创新必将被多方联合的、多层次、全方位的协同创新所取代。接下来,就让我们共同学习,应该怎样借助多方力量实现协同创新。

一、消费者参与的服务创新

(一)消费者参与服务创新的意义和价值

越来越多的企业已经认识到,在服务创新过程中,必须要争取更多的消费者参与。在企业服务创新的不同阶段,消费者都具有极其重要的价值,如图 4-18 所示。

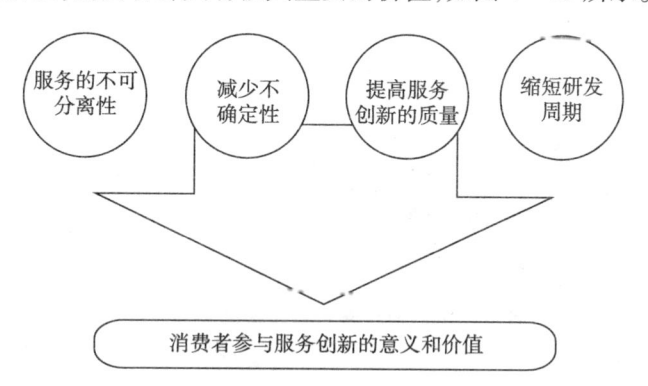

图 4-18 消费者参与服务创新的意义和价值

1. 服务的不可分离性

服务产品在实现的过程中离不开消费者的互动参与,服务实现的过程就是消费者体验的过程。因此,服务创新的过程也不能脱离消费者而单独进行。

2. 减少不确定性

服务产品的最终使用对象是消费者,消费者的满意直接决定了服务创新的意义和成败。在服务创新工作中,没有消费者的参与,企业就不能确定服务项目和内容是否能够真正满足消费者的需求。而消费者参与到创新研发工作中,就可以使企业随时能够了解到消费者的真实期待和感受,使得服务创新的成果更加符合消费者的需求,减少创新工作中的不确定因素,避免在产品设计中存在缺陷和不足。

3. 提高服务创新的质量

消费者对企业的服务总是会提出更高的,甚至超出企业能力的期待。虽然有的消费者的期待在短时间内难以满足,但把满足消费者的期待作为长远目标能够帮助企业不断提高服务的质量和水平。在创新产品的研发工作中虚心听取消费者的意见,努力提升企业自身的服务能力和水平,才能确保新服务能够满足消费者的需求甚至超出消费者的期待,从而在市场竞争中获得优势和先机。

4. 缩短研发周期

消费者参与到服务产品的研发中来,可以帮助企业及时发现服务产品设计中存在的缺陷、漏洞或不足,及时进行改进和调整,确保服务产品研发和设计的思路不偏离最初的目标,避免因为改正错误或偏离正确方向而花费的时间和人工成本,减少方向性和过程性的风险,从而能够有效地帮助企业提升创新工作效率,缩短研发周期。

(二)消费者参与服务创新的阶段

消费者参与服务创新的阶段如图 4-19 所示。

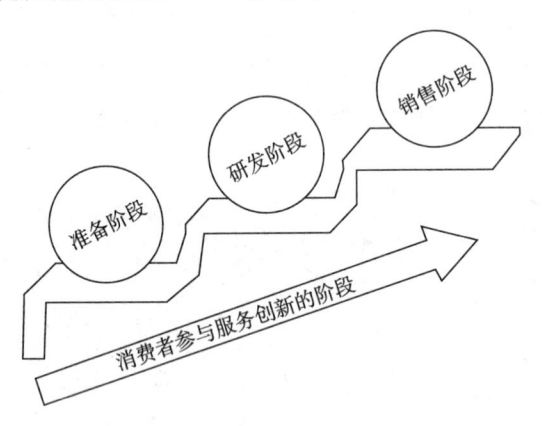

图 4-19 消费者参与服务创新的阶段

1. 准备阶段

在创新服务研发的准备阶段,消费者是所有服务产品的出发点和前提,没有特定消费者人群的存在,就没有需要解决的问题,相关的服务也就没有存在的意义。因此,企业在创造新的服务产品之前,必须确定所要服务的对象,研究和分析目标消费者的痛点。而对于消费者潜在需求的研究,并不能单纯地建立在企业自身对消费者的揣摩上,而是要找到具有典型性的消费者,建立样本群体,然后通过与消费者的实际接触,了解他们的内心的想法和面临的问题。从消费者那里得到的反馈是相对真实的市场反应,只有基于消费者真实需求开展的创新服务的研发,才能确保整个服务创新工作是有意义、有价值的。

2. 研发阶段

在创新服务产品的研发阶段,企业需要消费者更加深入地参与进来,从创新的战略层面到执行层面,虚心听取消费者的意见。服务产品的对象是消费者,在服务的过程中会与消费者产生紧密和高频的互动,受到的影响因素非常多,既包括服务产品本身,也包括前台服务人员、后台服务人员、企业内部的支持部门及企业管理机制的影响。因此,企业在确定创新服务研发目标、服务产品的创意、服务产品的设计、商业模式的制定、服务团队的组成、服务人员的培训等每一个环节,都需要消费者不同程度地参与。企业可以通过邀请消费者参加研讨会、座谈会、电话访谈等多种形式参与到产品的研发过程中,以确保服务创新的工作成效,避免错路和弯路,使服务产品最大限度地匹配消费者的真实需求。

3. 销售阶段

当企业把服务产品采用试销售或正式销售的方式推向市场之后,更需要广泛的消费者参与。任何新的服务产品都不可能是完美无缺的,消费者样本群体和真实的消费者群体之间存在着巨大的数量差异。因此,那些在产品研发过程中没有考虑的细节,或者没有发现的缺陷和不足会在大规模市场投放时才显现出来。在新服务推向市场后,企业应该与消费者建立更加紧密的联系,通过与消费者的互动,充分了解消费者对服务的体验和感受,了解消费者对服务不满意的地方,征求消费者对服务的改进意见,以确保新服务在实施过程中能够不断地进行完善和改进,得到消费者的广泛认可,在市场上获得成功。

（三）消费者参与服务创新的特征

消费者参与服务创新的特征如图 4-20 所示。

1. 消费者参与的博弈性

消费者在参与企业服务创新的时候,基于自身的利益考虑,会对企业的服务产品提出更高的期许,为自己争取更大的权益。当消费者的期待超出企业能力的时候,企业要合理管理消费者的预期,确保服务产品能够同时兼顾消费者和企业双方的利益,通过合作实现共赢。

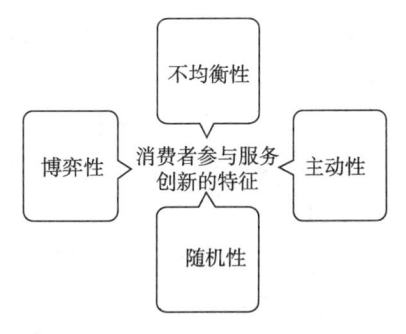

图 4-20　消费者参与服务创新的特征

2. 消费者参与的不均衡性

因为消费者个体之间存在的差异比较大,所以企业在消费者参与服务创新的过程中要充分兼顾消费者需求的共性,避免因为特定消费者或特定消费群体的个性化而导致服务产品失去了均衡性,造成服务和全市场目标消费群体需求的偏差。

3. 消费者参与的主动性

消费者在参与企业服务创新的时候,因为与企业的关系是随机的、临时的,而且不用承担任何责任,所以在整个创新过程中难免会缺乏积极性和主动性。企业应该对消费者进行适当的引导和激励,充分激发消费者对服务创新工作的参与热情,确保消费者在服务创新的过程中积极发挥应有的作用。

4. 消费者参与的随机性

当今的消费者对于品牌的忠诚度呈现出降低的趋势,很难对一个企业的服务产生长期的信赖和热情,消费者和企业之间的关系也是一种非正式的、松散的关系。因此,企业在邀请消费者参与服务创新的时候要努力与消费者建立稳固的、长期的合作关系,避免因为消费者的频繁变动和流失影响服务创新的品质与效率。

(四) 消费者参与服务创新的模式

消费者参与服务创新的模式如图4-21所示。

1. 企业主导模式

在企业主导模式中,企业是服务创新的主导者和实施者,消费者只是服务的体验者和评价者。企业在创新的过程中不断地从消费者那里得到对于新服务的真实反馈,并且根据这些反馈信息对新服务进行不断的调整和改进,力求创新服务能够满足消费者的实际需求。

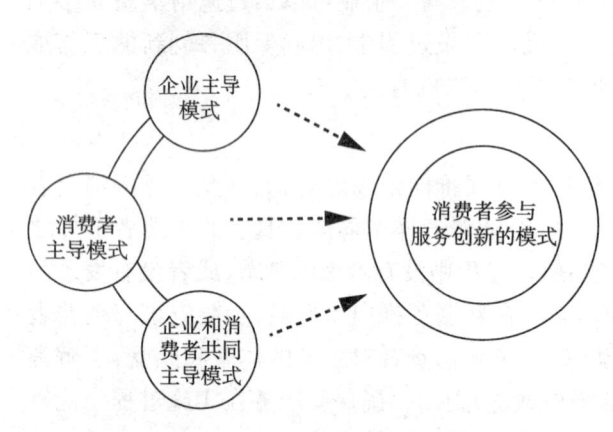

图4-21 消费者参与服务创新的模式

2. 消费者主导模式

在消费者主导模式中,消费者成为服务产品创新的主体,企业为消费者提供一系列的工具和方法,引导消费者主导服务的创意、设计和实现过程。在整个创新过程中,企业对消费者提供创新工作所需要的全部支持,并且负责帮助消费者掌握必要的知识和技能。消费者主导的服务创新工作充分地照顾到了消费者群体的实际感受和利益,创新成果能够因为更加贴近市场需求而增加获得成功的概率。

3. 企业和消费者共同主导模式

企业和消费者共同主导模式强调企业与消费者是一个相互支持及协作的共同体。在服务创新工作的过程中,企业和消费者紧密地结合在一起,明确各自的分工和责任,在创新实践的过程中实现共同学习和成长,并且共同享有创新服务产品带来的利益。

(五) 消费者参与服务创新的过程

1. 消费者被动参与服务创新的过程

企业在开展服务创新工作之前,可以基于企业的市场分析,确定目标消费者群体,并且在其中挑选一部分具有典型需求特征的消费者,邀请消费者参与到服务创新的工作中来。在这种模式下,企业并不执着于与消费者建立稳定的合作关系,消费者也不用深度介入企业的服务研发工作;整个服务创新工作完全由企业来主导,只是在产生阶段性的成果或在流程需要的情况下邀请消费者对具体的服务内容进行体验和评价,以帮助企业根据消费者的反馈对新服务进行不断优化和完善。

2. 消费者主动参与的服务创新

在消费者主动参与服务创新的模式下,企业在确定目标消费者群体后,会在其中挑选一部分具有典型需求特征的消费者,邀请消费者主动参与到服务创新的工作中来。在这种模式下,服务创新工作面向消费者完全开放,消费者可以参与到创新工作的每一个环节,就服务的设计和具体内容充分发表自己的意见与看法,并由企业根据消费者的反馈对服务的内容进行不断的优化,以逐步落实、丰富和完善新服务,力求获得最大消费者的满意。

（六）消费者参与服务创新的管理

1. 消费者参与资质的管理

参与到企业服务创新过程中的消费者在很大程度上会影响到企业服务创新的决策、研发进度和研发成果。因此,对消费者进行资质上的评定,并且以此来对消费者进行选择甚至考核,是非常必要的程序。在消费者被动参与的服务创新中,因为消费者和企业之间的关系是随机的、不稳定的,而且参与程度不高,因而对这些消费者的资质评定仅限于消费者自身的人口资料是否能够满足企业的目标消费群体的标准。但是,主动参与企业服务创新的消费者因为参与程度较高,对企业服务创新工作会产生较大的影响,所以就要对消费者的资质进行较为严格的评估和甄选。对于消费者资质的考评,除了人口资料之外,还要对消费者的知识水平、能力水平和综合素质提出较高的要求。在知识水平方面,要求消费者需要具备在企业提供的服务的专业领域拥有足够程度的知识,包括对服务所在行业的了解、服务本身涉及的基本知识、服务相关领域的知识等;能力水平则包括消费者自身的理解能力、学习能力、分析和判断能力、表达能力、协作能力等。此外,还要考察消费者的个性、责任心、积极性等有助于服务创新工作顺利开展的综合素质。

2. 消费者参与方式的管理

企业应该根据消费者参与服务创新的不同程度和不同阶段,设计适合消费者参与到创新工作中的方式,并且进行及时有效的管理,以确保消费者能够在创新过程中积极发挥他们的作用和价值。一般而言,消费者参与程度不高的方式包括电话沟通、在线沟通、邮件沟通、问卷调查和服务体验等。参与程度较高的方式包括服务的研发设计人员和消费者共同参与的专题研讨会、座谈会、小组讨论会、个人面对面访谈、深度服务体验等。企业必须在这个过程中对消费者进行积极的引导和充分的支持,并且保持紧密的接触和沟通,以确保每一种参与方式都能够达到理想的效果。

二、员工参与的服务创新

(一) 员工参与服务创新的价值

服务产品的一个重要的特征就是服务的实现过程是服务人员和消费者共同参与的过程。在企业向消费者提供服务的时候,服务人员和消费者是紧密结合的,服务的内容及价值通过服务人员和消费者之间的不断互动而实现。在服务型企业中,与消费者接触最为直接和频繁的是一线的服务人员,因此他们也最能够了解和把握消费者的特征与需求,服务的质量和效果也通过服务人员才能够得以体现。而向服务人员提供支持的相关部门的员工,他们的工作效率和协作配合程度也将直接影响一线服务人员的服务质量。企业的员工不但是实现服务创新的重要来源,也是服务创新的推动者和执行者,因此员工对于企业服务创新发挥着至关重要的影响力。企业在进行服务创新的时候必须整合员工的力量,以确保创新工作能够有效地开展并且顺利地实施。

(二) 员工参与服务创新的阶段

1. 准备阶段

服务创新的准备阶段是创新的服务概念和相关创意的产生阶段。在这个阶段中,企业的员工是创新想法的重要来源。对于服务型的企业来说,服务产生和传递的过程是密不可分的,所以服务人员既是服务的生产者,也是服务的传递者和营销者。因为服务人员在提供服务的过程中与消费者的大量的频繁的接触,所以使得服务人员能最直接地了解消费者的心理和行为特征,并且能够从中发现大量的创新机会和创新思路。企业的员工对创新的态度和参与程度将直接决定企业进行服务创新的能力水平,对创新持支持和欢迎态度的员工将成为企业创新最大的助力。相反的,那些不愿意创新,对创新心存疑虑的员工也将成为企业实现服务创新最大的阻碍。

2. 研发阶段

创新服务的最终呈现者和实施者是企业的服务人员,一线的服务人员因为与客户的长期频繁的接触,是企业中最了解客户的人,所以能够敏锐地把握服务中的关键因素,发现其中可能存在的缺陷和不足,并且将最终决定服务产品实施的效果。因此,服务人员有必要参与到新服务的研发和设计中来。在创新工作的开展过程中,他们要熟悉和了解服务创新的目的与过程、服务项目的优势及特征,以便在将来为消费者更好地提供和推介服务。同时,也要根据他们对消费者自身及消费者需求的了解,在服务创新的过程中针对服务的具体内容不断提出自己的意见、想法和建议,以便创新工作能够贴合消费者的实际需求,获得消费者的认可。

3. 实施阶段

在创新服务的实施阶段,企业的服务人员的业务相关知识、能力素质和主观意愿将对新服务的实施起到至关重要的影响作用。服务人员只有对业务知识有着深刻的理解和掌握,才能够把服务的内容和价值准确地传递给消费者,让消费者清楚地认识到新的服务能够给自己带来的利益。服务人员的综合能力素质直接决定其是否能够和消费者展开顺畅的沟通与交流,并且能够根据消费者的即时反馈快速做出适应和调整,以便让消费者获得对新服务的良好体验和感受。服务人员的主观意愿决定了其是否愿意积极主动地向消费者提供高品质的服务,确保新服务能够充分满足消费者的需求和利益,最终实现其价值。

(三)影响员工参与服务创新的内外部因素

并不是在企业中的所有服务人员都有意愿和能力参与到服务创新的工作中来,企业应该对员工参与服务创新的内部因素和外部因素进行充分的考察,从而甄选出那些具有创造力和高动机的员工参与到创新的过程中,以确保这些员工在创新工作中发挥重要的作用。

1. 内部因素

影响员工创新行为的内部因素包括员工的人格特征、工作动机和能力因素。员工的人格特征能够对创新行为和动机产生重要的影响。多年的研究发现,那些具有强烈的好奇心、较强的自信心、较高的专注力、敢于冒险、包容性强、责任心强等人格特征的人们,在创新活动中都表现出了更高的创造力。工作动机则是推动员工愿意创新、主动创新的驱动力,只有具备较强工作动机的员工,才会在工作中积极主动地进行观察和思考现有服务存在的问题,发现那些可以帮助改进工作绩效的方式方法,并从中发掘出创新的机会;在创新服务的研发和实施过程中,才能够不断产生富有创意的想法,并且在工作中积极地进行实践和探索,提升企业服务创新的效率,确保企业创新服务实施的质量和效果。而同创新工作相关的能力因素则保证了员工具备与创新工作相关的知识和技能,有能力在创新过程的各个阶段做出自己的贡献。

2. 外部因素

影响员工创新的外部因素包括企业对员工创新行为的授权和组织内部的创新文化氛围。只有企业对员工的创新行为进行充分的授权,让员工切实感受到企业赋予自己的权力和责任,感受到通过创新活动所能取得的成就感和满足感,才能真正激发员工参与创新工作的热情,在参与服务创新的过程中全身心投入,在实施创新服务的时候认真负责。对于企业来说,在组织内部积极倡导创新文化,营造浓厚的创新氛围是给员工的创新行为提供了一个良好的创新环境。只有形成了全员创新的氛围,才能够激发员工创新的内在动机,推动员工勇于创新、积极参与创新,形成企业上下一致的系统性创新机能。

(四)员工参与创新的管理

员工参与创新管理如图 4-22 所示。

1. 参与创新员工的选拔

因为员工对于企业的服务创新会产生重要的影响,所以对于创新员工的选拔工作也应该严谨审慎。企业应该通过科学的招募、面试、评定和选拔过程,对员工和创新相关的知

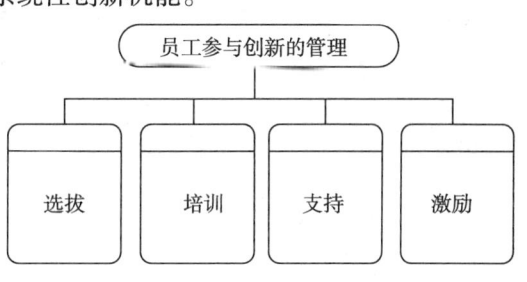

图 4-22 员工参与创新的管理
(选拔　培训　支持　激励)

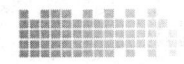

识、技能、态度和意愿进行认真的评估与筛选,并最终选择那些具备较强的创新能力和较高的创新动机的员工参与到企业的服务创新工作中来。

2. 参与创新员工的培训

任何创新工作都需要在人力资源上做好充分的准备,即便员工具有较强的创新能力和较高的创新动机,也需要在创新工作开始前帮助他们为将来的创新工作打下良好的基础。企业需要根据服务创新的需要,对参与服务创新的员工进行有计划、有步骤的培训,帮助员工树立明确的创新目标,掌握创新工作相关的知识、技能和方法,这样才能在将来的创新工作中快速进入角色,并且充分发挥自己的作用和价值。

3. 提供硬件和软件支持

企业应该为那些参与到创新工作中的员工提供必需的、足够的硬件和软件支持,包括服务创新工作中所涉及的工具设备、相关的信息和资料,足够的工作空间及时间、顺畅的沟通渠道等,以确保员工能够顺利开展创新工作,快速获得创新成果。

4. 参与创新员工的激励

对于参与创新的员工,企业应该采取多种方式给予激励,以激发员工的创新动机、创新欲望和工作热情。对于员工的激励可以通过精神激励和物质激励两个层面进行。企业可以通过在组织中明确创新工作及创新员工对于企业的重要性,通过对参与服务创新的员工进行阶段性的考评并在企业中及时给予表彰和通报、赋予参与服务创新的员工某些特殊的权力等多种方式,唤起参与创新员工的使命感、责任感和自豪感。同时,企业也可以通过现金、奖品或提高福利待遇等多种形式对参与创新的员工进行奖励,通过外在激励有效加强内部动机,有效推动员工更加积极地投入到创新工作当中。

三、供应商参与的服务创新

(一)供应商参与创新的价值

随着科学技术的快速进步、通信的发达、技术壁垒的降低、全球贸易合作的发展和竞争的加剧,任何一个企业的创新行为都难以在自有系统内独立进行。企业的创新越来越需要跨学科、跨技术领域的通力合作,才能够对市场需求的变化做出快速有效的反应。供应商参与创新的价值如图4-23所示。

1. 稳定关系

供应商参与到企业的服务创新工作中,有助于企业有效地协调和控制和上下游供应商的联系,对企业的创新服务做出即时的联动反应,促进创新服务的快速实施和灵活调整。

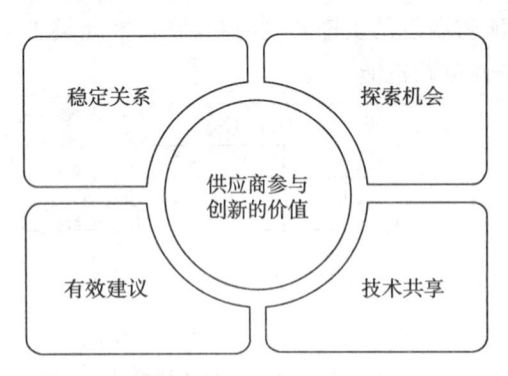

图4-23 供应商参与创新的价值

2. 有效建议

供应商参与到企业的服务创新工作中,使得供应商能够从自身设计的立场和角度出发,对企业的局部乃至创新举措提出更加贴近现实状况的中肯建议。

3. 技术共享

供应商参与到企业的服务创新工作中,可以实现供应商和企业之间的技术共享,相互进行借鉴和启发,形成有效联动,共同提高彼此的创新能力。

4. 探索机会

供应商参与到企业的服务创新工作中,可以拓宽彼此的视野,有助于企业能够从更广泛的领域中发现和寻找创新机会,获得新的创新成果。

(二)供应商参与服务创新的类型

供应商参与服务创新的类型如图 4-24 所示。

1. 项目分包

项目分包是最简单的供应商参与到服务创新中的模式。在这种模式中,企业基于服务创新的需求,把其中某一个或几个可以交由供应商独立完成的项目分包给供应商,供应商按照企业的规定和要求保质保量地完成任务即可,与企业的关系是短期的、临时性的合作关系。

图 4-24 供应商参与服务创新的类型

2. 项目参与

在这种供应商参与服务创新的模式中,供应商较为深入地介入到企业的服务创新工作当中。企业可以邀请供应商参与到一个具体的服务创新项目中,就项目中涉及供应商的具体环节和局部功能展开合作。供应商负责完成企业交与的项目任务,并且在创新过程中和企业进行紧密的联系沟通与业务协作,共同推进服务创新工作的开展。

3. 战略合作

供应商和企业的战略合作是一种供应商深度参与到企业服务创新工作中的一种长期的、稳定的合作方式。这种类型的供应商通常与企业的服务呈紧密相关关系,并且能够直接影响企业的服务质量和水平。在这种合作模式中,供应商作为企业的战略发展伙伴,参与服务创新的战略制定、设计研发、营销推广和实施落地的每一个环节,为了双方的共同发展发挥重要的作用和价值。

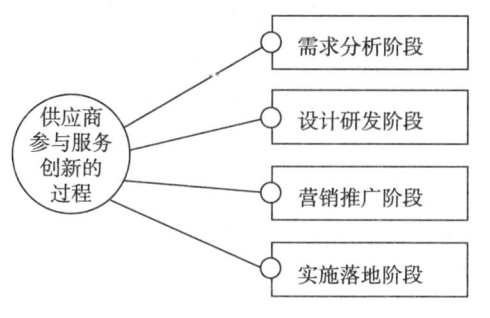

(三)供应商参与服务创新的过程

供应商参与服务创新的过程如图 4-25 所示。

图 4-25 供应商参与服务创新的过程

1. 需求分析阶段

供应商在需求分析阶段可以协助企业进行相关信息和资料的搜集，评估消费者在供应商参与领域的期待和潜在消费需求，完善企业消费者需求分析的局部内容，提升消费者需求分析的准确率和完整性。

2. 设计研发阶段

供应商在设计研发阶段，可以与企业共享服务相关领域的技术和资源，帮助企业完善服务过程中的局部功能，改进服务过程中使用的最新工具和设备，从供应商的视角增加新的创意和想法，对企业的创新服务提出相对中立的意见和建议，确保创新工作能够全方位、多角度地展开，获得更加富有成效的创新成果。

3. 营销推广阶段

在创新服务的营销推广阶段，供应商和企业可以借助双方的品牌影响力，共享业务平台和渠道网络，在线上和线下同时开展新服务的联合营销推广，并且通过双方合作的各种内容丰富、形式多样的促销活动，把创新的服务产品通过多个渠道和多种方式推介给消费者，充分实现双方的利益共享。

4. 实施落地阶段

在创新服务的实施和落地阶段，供应商可以帮助企业实现更高品质的服务实施。当服务全面推向市场后，协助企业收集消费者的评价和反馈，并根据消费者的意见就相关的服务内容进行快速调整和改进，从而实现更加高效的应变能力，进一步提升整体的服务质量水平。

（四）供应商参与服务创新的管理

供应商参与服务创新的管理如图4-26所示。

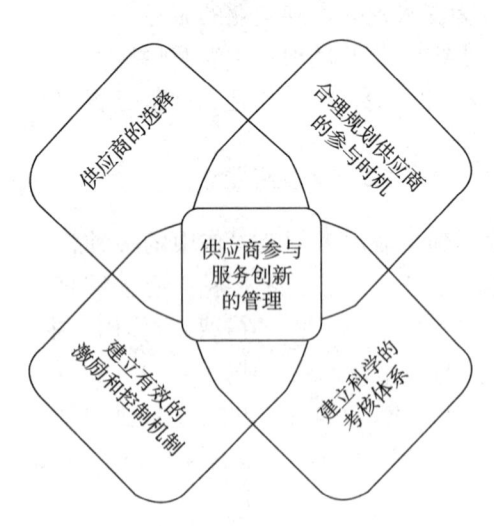

图4-26 供应商参与服务创新的管理

1. 供应商的选择

选择合适的供应商是企业展开供应商服务创新合作的前提。在进行供应商选择时，企业应该选择那些能够与企业的战略目标、企业文化和价值观高度吻合，且富有创新和进取精神的供应商，双方将在服务创新的合作中建立共同目标、共享利益和共担风险，以共同获利。只有双方能够共享利益和共担风险，才能够形成稳固的、相互信赖的合作关系，在面对市场需求的变化和日趋激烈的市场竞争中共同进退，充分激发自身潜力，实现共赢。

2. 合理规划供应商的参与时机

因为服务创新过程本身存在较大的不确定性，在与供应商共同开展服务创新的工作中，企业应该合理把握供应商参与到创新过程中的时机。供应商过早或过晚地参与到创新过程中都会对企业的整体创新工作带来不利的影响，往往会使企业陷入无法控制和管理供应商的被动局面。在企业的服务创新活动的早期阶段,企业应该充分利用供应商的技术和资源优势,把与其相关的基础工作交给供应商去完成。在这个阶段,供应商可以帮助企业完善创新设计,共同承担开发风险。在企业的创新活动的较晚阶段,企业可以敦促供应商就服务项目中的不足之处进行不断完善和调整,降低成本,提升效率。尤其是多方参与的服务创新活动,企业如果不对供应商的介入时机进行妥善的管理,就会造成沟通协调的混乱,影响创新活动的整体进程。

3. 建立科学的考核体系

企业对供应商参与创新工作的工作绩效应该给予科学严谨的考评,以确定供应商是否根据企业的总体创新规划按需按时、保质保量地完成其承担的工作任务。在创新工作展开之前,企业应该制定完善的创新工作绩效考核机制,并获得供应商的认可。对于任何工作项目的评估都应该提出明确的量化指标,确保能够根据具体的事实和数据对供应商的工作成果做出准确的评估,以衡量供应商在服务创新工作中是否发挥了企业预期的作用,做出其应有的贡献。对供应商的工作绩效进行考评,也有助于企业对供应商进行评价和筛选,同能够出色完成自身任务的供应商建立更加长期、稳固和深入的合作关系,并及时终止与不合格供应商的合作,避免给企业带来不必要的损失。

4. 建立有效的激励和控制机制

企业和供应商双方往往是合作关系而非共生关系,因此企业在服务创新活动中应该制定针对参与创新的供应商的有效的激励机制,以确保实现企业与供应商的利益捆绑,加强管理上的协调一致性,形成双方长期的、良好的伙伴关系,促进双方共同发展,共同获利。企业也应该建立对供应商的有效控制机制,避免因为供应商的不合作或泄露企业的商业机密而对企业造成重大的经济损失。

创新案例2

山东海运服务创新模式

山东海运股份有限公司成立于2010年,恰逢全球航运市场的持续低迷。山东海运意识到,在经济环境欠佳和竞争日益激烈的现状下,必须通过服务创新帮助公司在市场中闯出一条生路。山东海运通过在企业内部倡导服务创新文化,积极推动和开展服务创新工作,借助公司内部和外部的多方资源,为客户打造了一系列优质的创新服务。凭着服务创新的助力,山东海运在同行业普遍亏损的情况下,连续5年实现盈利,船队规模位居中国第五位,已成为国内增长最快、最具投资价值的航运企业之一。

打造定制服务新模式

山东海运始终秉承"做卓越的综合物流服务供应商"的愿景,面对开放的、充分竞争的航运市场环境,山东海运与客户联手开发"私人定制"化的专属服务项目。在经营好通用船型的基础上，山东海运为必和必拓量身定做了4艘25万吨级矿砂船，用于运输为期10年、总量1亿吨的铁矿石，该船型为澳洲港口能满载的最大型号散货船；为世界第一铁矿石生产和出口商巴西淡水河谷经营管理4艘世界最大的40万吨级矿砂船，成为国内首家经营管理该船型的航运公司；与壳牌能源、东华能源等签订长期包运合约，组建国内首支超大型液化石油气船运输船队，目前船队规模达12艘64万载重吨，位居国内首位，世界第四，打破了国外公司在液散运输领域的长期垄断。此外，山东海运还与其他知名企业展开合作，围绕客户全球化贸易需求，提供定制化物流解决方案。

打造创新服务新平台

为应对低迷市场，山东海运积极探索轻资产运营模式，发起设立的"山东海运联盟"，以较小的投入整合巨量资产，整合航运产业上下游资源，实现了船东、货主、金融机构等资源有机融合，并获得山东省国资委商业模式创新评选二等奖、波罗的海国际航运公会（BIMCO）年度航运公司大奖提名。作为现代航运商业模式创新的产物，"山东海运联盟"通过上下游供应商的相互联合，实现优势互补，打破原有的经营模式，减少各独立企业资产的闲置浪费，帮助企业集体度过了航运寒冬期，最终实现企业发展；为处于长期低增长市场环境下的航运企业，提供了规范的市场环境和全新的行业发展思路；通过资源整合，为客户、为社会提供优质服务。

资料来源：大众网，http://www.dzwww.com/xiaofei/sckx/201610/t20161026_15066623.htm。

案例分析

山东海运股份有限公司成立之际，虽然遭遇了全球航运市场的持续低迷和市场竞争激烈的状况，但是通过积极的服务创新渡过了难关，实现了持续的利润增长。山东海运积极邀请客户参与到自己的服务创新工作当中，与众多客户联手开发了定制化的产品，满足了客户的货物运输的个性化需求。同时，山东海运以开放和进取的姿态积极整合了上下游供应商的优势资源，成立了"山东海运联盟"，实现了产业链的优势互补，共同为客户提供优于行业平均水平的高质量服务。正是因为山东海运在服务创新工作中积极促进了客户和供应商的参与，围绕着客户的个性化需求，整合了海运行业产业链条上的优势资源，才能够在整体市场环境低落的环境中获得成功。

案例思考

围绕客户的个性化需求，你还能想到哪些港航企业能够提供给客户的创新型服务的思路？

项目四　港航服务创新

任务四　掌握港航服务创新的工具和方法

创新情境

经过充分的准备,ST航运公司服务创新项目小组的工作顺利展开了,在工作进行的过程中,大家觉得还是欠缺一些具体的工具和方法,以帮助大家更好地开展工作。这一天,他们聚在一起商讨怎么解决这个问题。

张志:以前我在做有形产品的创新的时候,是有一些具体的工具和方法的。但是我对服务创新的工具和方法还不太了解,你们有什么好用的工具和方法吗?

许新:创新的工具和方法很多,但是服务创新的工具方法倒是真没怎么接触过,我们可以请教一些服务创新领域的专家,看看他们有什么推荐没有。

李想:嗯,这个我有一些线索可以提供。之前我看过一个关于服务创新的访谈节目,在里面有一位专家提到了服务创新可以使用两个特别有帮助的工具:一个叫用户体验地图,一个叫服务蓝图。这两种工具能够把整个服务的过程具象地呈现出来,帮助我们清晰、直观地看到服务实施的每一个步骤和环节,以及客户在接受服务时的内心体验和感受。而且,这两个工具对我们向同事和领导呈现创新过程和成果也特别有帮助。

许新:那太好了。李想,麻烦你准备一下相关的资料,咱们专门花时间好好学习一下怎么样?

李想:当然!

在前面的任务中,我们已经学习了关于服务和服务创新的概念、特征、类型和具体的内容,以及由消费者、企业员工和供应商共同参与的协同服务创新。接下来,要学习和掌握的是可以用于服务创新的具体工具和方法,以帮助我们在服务创新工作中更好地了解服务的全貌和细节,以及消费者在接收服务时的具体体会和感受。

一、用户体验地图

(一)用户体验地图的概念

用户体验地图(user experience map)又被称作用户旅程地图(user journey mapping),常用于在服务创新中寻找和发现消费者的痛点及服务中的不足之处,帮助企业设计完全以用户体验为核心的新服务。用户体验地图通过图形化的方式客观真实地记录和描绘用户在接受企业提供的服务时,在每一个阶段和环节的行为、体验、感受或想法,帮助服务产品的设计者对消费者的体验产生最为直观的印象,以便更好地开展创新工作。

(二)用户体验地图的优势

1. 深入了解消费者感受

企业在服务产品的创新研发中,服务产品的设计者往往会以企业的角度去思考问题,与消费者没有任何的关联,也无从了解消费者的内心感受。通过用户体验地图,服务产品的设计者就可以借助同理心的效果,完全从消费者的立场出发去感受和体验服务的过程,了解消费者内心对服务的期待,以及在接受服务时的实际体验和企业预期之间的差异,从而对新的服务产品进行持续的优化、丰富和完善。

2. 具体直观

用户体验地图借助清晰简洁的图表,让服务创新者可以具体直观地看到消费者在接受服务的过程中,在每一个阶段和环节中的行为与感受,完整地展现服务实施的全部过程。通过用户体验地图,服务的设计者可以完成一次消费者接受服务的模拟情境,较为直观地考察和评估新服务的产出成果。

(三)用户体验地图的价值

① 帮助创新服务产品的设计者拥有更加全面的视角。
② 认真观察和评估服务流程中各个用户接触点的消费者体验与感受。
③ 通过消费者在接受服务时产生的不满发现服务产品的不足之处。
④ 明确如何通过新的服务或某个服务环节的改善满足消费者的期待。
⑤ 帮助企业设计一个以消费者体验为核心的新服务产品。

(四)用户体验地图的核心要素

用户体验地图的核心要素如图 4-27 所示。

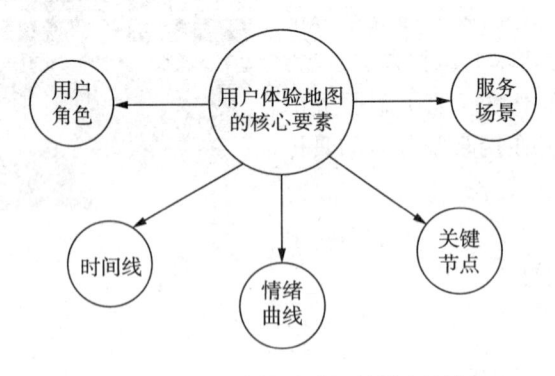

图 4-27 用户体验地图的核心要素

1. 用户角色

用户角色是指设定一个新服务所面向的目标消费者角色。这个角色应该像一个故事中的主人公一样,拥有完善的背景资料,如年龄、性别、职业、收入水平、家庭状况等,在整个用户体验地图的各个环节描述他的期望、需求、感受及可能出现的满意或不满意情况。

2. 服务场景

服务场景是指消费者在接受服务的过程中涉及的所有时间、地点和情境。

3. 时间线

根据服务的特点设定消费者接受服务的过程的时间线。时间线可以以天、周、月、季度等时间单位进行划分,也可以根据消费者的行为来进行划分。例如,产生需求、搜集信息、比较产品、决定购买、接受服务、服务反馈、再次购买等。

4. 关键节点

消费者在正给体验过程中的关键性动作,通常发生在服务各环节和各环节之间的衔接点。

5. 情绪曲线

在用户体验地图中详细描述消费者在接受服务时的体验及可能出现的体验、感受、评价,详细记录消费者的情感变化过程,以情绪指数的方式绘制情绪曲线,展现服务过程中消费者情绪的波动状况。

(五)绘制用户体验地图的步骤

绘制用户体验地图的步骤如图4-28所示。

绘制用户体验地图的步骤			
确定消费者角色	绘制时间线	描绘服务的关键节点	描绘消费者的情绪感受

图4-28 绘制用户体验地图的步骤

1. 确定消费者角色

确定消费者角色是指准备好某一个接受服务的消费者的角色,包括消费者的个人基本信息、他遇到的问题、他的期待和需求等。

2. 绘制时间线

在白纸上先画一条时间线,时间线的形状没有固定的要求,可以是水平、圆形或螺旋状的。然后在时间线上划分出不同的时间单位,或者消费者在接受服务的过程中依次发生的关键行为。时间线是用户体验地图的主题图形,没有规定必须要画成什么样,只要清晰地展现出服务进行的逻辑顺序即可——可以充分发挥想象力,不要受到任何拘束。

3. 描绘服务的关键节点

把关键节点依次描绘在地图上,对关键节点的具体内容给予明确的介绍,并且注明此关键节点消费者的使用情境。

4. 描绘消费者的情绪感受

消费者的情绪感受可以用文字的方式进行记录,并且可以把情绪从良好的正面感受到不好的负面情绪划分成几个不同的层级,然后用曲线图或折线图的方式呈现出来,展现出消费者的情绪变化。

练一练

请设想一个创新的服务项目,并绘制用户体验地图。

我设想的创新的服务项目是:_____

_____

我设想的消费者角色是:_____

_____

提供服务的场景是:_____

_____

提供服务的时间线的划分依据是:_____

_____

服务的关键节点是:_____

_____

消费者可能的情绪变化是:_____

_____

我绘制的用户体验地图如下:

二、服务蓝图

(一) 服务蓝图的概念

无论是企业还是消费者都非常希望能够全面了解消费者接受服务的全部过程,直观地感受到在服务过程中企业和消费者之间发生的联系。但是,因为服务本身是一个持续的、多变的过程,且具有无形性的特点,所以无论是企业还是消费者都不能对服务的过程做出一个清晰的描述和评估。为了帮助企业和消费者对服务的过程能够有一个清晰的了解,有必要把整个服务流程按照服务的具体步骤绘制成详细的流程图,这就是服务蓝图。在服务创新工作中,服务蓝图能够帮助企业展现新服务的设计和实施的全貌,向目标消费者或合作方清晰地介绍创新服务的内容。而且,可以通过绘制服务蓝图检查服务实施的过程是否能够达到预期的标准,并及时发现服务流程中的缺陷和不足,快速进行调整和改进。

服务蓝图详尽地描述了服务过程中的每一个环节和涉及的人员,且服务过程分成若干个独立的单元,对每一个单元进行详细的描述,清晰明了、简明扼要,每一个在服务过程中涉及的人员都可以轻松地理解和使用。

（二）服务蓝图的价值

作为一个图形化的工具,服务蓝图具有直观性强、易于理解、便于沟通的优势,能够为企业的服务创新工作提供很大的助力。

服务蓝图的价值如图4-29所示。

1. 全面细致

全面细致是指帮助企业全面、深入、细致、准确地了解服务产品的全貌和细节,可以对服务过程中的任一环节进行改进和调整,以更好地满足消费者的需求。

2. 促进协同

促进协同是指可以帮助企业理清各相关部门和员工之间的相互关系,在改进服务或创造新服务的过程中实现高效协同。

3. 明确职责

明确职责是指有助于企业在服务的各个环节明确岗位职责,并且有针对性地对相关部门的员工进行业务培训。

4. 消费者参与

消费者参与是指有利于企业把消费者纳入到服务创新的过程中,通过消费者的反馈和评价明确服务中的关键流程和关键环节,为消费者提供更加满意的服务。

图4-29 服务蓝图的价值

5. 查找漏洞

查找漏洞是指能够帮助企业及时发现服务过程中存在的不足和缺陷,及时进行改进和调整,完善服务机制,提高服务质量。

（三）服务蓝图的构成

服务蓝图的构成如图4-30所示。

1. 有形化展示

有形化展示是指服务蓝图把原本无法观

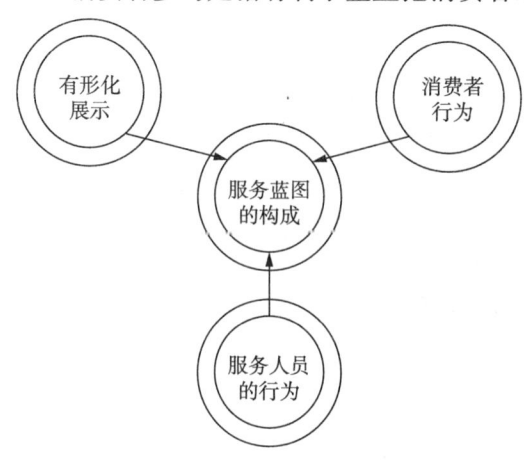

图4-30 服务蓝图的构成

察到的无形的服务过程变得有形化。通过服务蓝图,企业和消费者都可以通过有形的线索和展示对服务的内容进行更加客观及具体的评价。

2. 消费者行为

消费者行为是指消费者在接受服务的过程中的关键行为,如选择、决策、购买、接受服务,以及在接受服务的过程中的行为表现。

3. 服务人员的行为

服务人员的行为是指服务的前台员工和幕后员工在向消费者提供服务时表现出来的行为。

(四)服务蓝图的关键要素

服务蓝图的关键要素主要包括结构要素和管理要素两部分内容。

1. 服务的结构要素

服务的结构要素包括服务向消费者传递的整体规划和流程,包括对各项服务内容、服务设施、服务人员的规划。

2. 服务的管理要素

服务的管理要素包括服务人员向消费者提供服务的标准和要求、服务人员的素质和能力要求、合理的服务水平、绩效评估的关键指标等。在整个服务传递的系统中,应该把消费者满意作为服务的目标,以消费者需求作为服务的出发点和核心,并且对需求要快速做出响应。

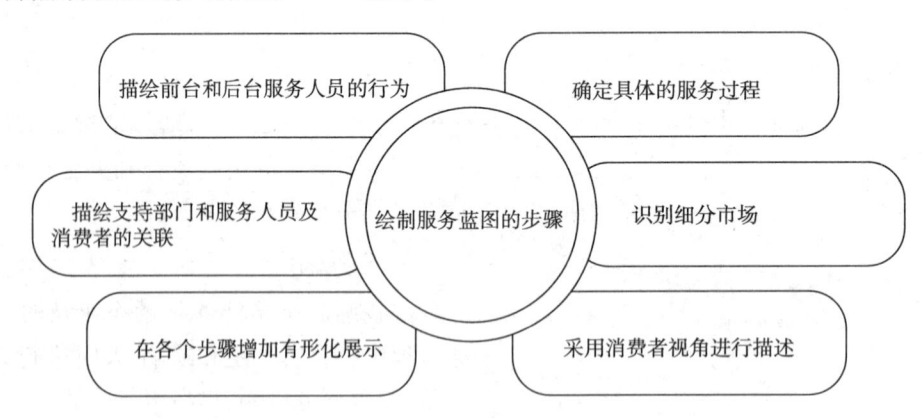

(五)绘制服务蓝图的步骤

绘制服务蓝图的步骤如图4-31所示。

图4-31 绘制服务蓝图的步骤

1. 确定具体的服务过程

在绘制服务蓝图之前,一定要确定企业绘制蓝图的目的和目标,以确保服务蓝图能够体现出企业想要观察和进行分析、评估的关键因素。服务业中的企业所提供的服务千差万别,因此服务蓝图的绘制必须建立在特定企业的具体服务过程的基础上。在服务蓝图中要把服务的各个环节尽可能地细分,并且可以根据客观情况绘制服务蓝图的子蓝图。在绘制子蓝图时,可以采用截取一段时间,也可以采取就某一个或某几个服务环节更深一步的方式来进行。

2. 识别细分市场

因为企业提供服务的消费者有可能来自不同的细分市场,所以在绘制服务地图前,需要判断这些细分市场中的消费者是否具备足够的共性,以便在一张服务蓝图中综合展现出来。如果企业提供的服务根据细分市场消费者的不同也表现出较大的变化,那么就应该根据各个细分市场的消费者的特点制定单独的服务蓝图。

3. 采用消费者视角进行描述

在绘制服务蓝图时,应该从消费者的视角出发,详细描绘消费者在购买并接受服务的过程中所经历的一系列心理和行为活动,避免基于企业的立场出发而过多地关注服务人员的具体操作规程。企业必须确定消费者的典型特征,塑造典型样本,并且对消费者对于服务过程的感受进行深入的分析。消费者视角能够帮助企业发现那些原本以为与自己无关,但却对消费者的感受起到了至关重要的影响的因素,真实地了解到消费者看到了什么、听到了什么、感受到了什么,进而帮助企业设计出真正解决消费者问题、令消费者满意的服务产品。

4. 描绘前台和后台服务人员的行为

在绘制服务蓝图时,要分别从消费者和服务人员的视角出发绘制服务过程,并且区分出直接接触消费者的前台服务人员和间接为消费者提供服务的后台服务人员的行为。通过消费者视角分析哪些行为是消费者可以观察和接触到的,哪些行为是消费者所不能观察和接触到的,以避免因为忽略了后台服务人员的行为而影响消费者在接受服务过程中的感受。

5. 描绘支持部门和服务人员及消费者的关联

在绘制服务蓝图时,应该描绘出企业的各个支持职能部门的工作与服务人员的联系,以便能够识别出支持部门的工作对服务人员的行为所产生的影响,以及间接对消费者所产生的影响。企业的内部支持部门在服务过程中对服务品质和消费者满意的相关性是隐形的、不易察觉的,只有在服务蓝图中才能直观地体现出来。

6. 在各个步骤增加有形化展示

服务蓝图并非简单的线条或路径的勾画,而是要尽可能地利用图表、图片等直观的有形化资料把具体的过程展现出来。例如,服务现场的照片、体现服务过程的照片、与服务相关的硬件设备等。这些有形化的展示资料能够丰富服务蓝图的内容,使得服务蓝图内容的表达更直观、更准确、更易于理解;有助于把无形的服务有形化,帮助企业更加快捷高效地对服务的全过程进行分析、研究和评估。

练一练

请设想一个创新的服务项目,并且绘制服务蓝图。

我设想的创新的服务项目是：_____
_____

我设想的消费者角色是：_____
_____

提供服务的过程是：_____
_____

消费者的行为是：_____
_____

前台服务人员的行为是：_____
_____

后台服务人员的行为是：_____
_____

支持部门的行为是：_____
_____

我绘制的服务蓝图如下：

创新总结

在积极开展 ST 公司的服务创新工作的实践和探索中，许新、李想和张志对服务、服务创新和多方协同服务创新，以及服务创新的工具和方法进行了循序渐进的学习，对他们的创新工作起到了很大的帮助作用。

1. 服务的定义、作用、特征和分类

社会学意义上的服务是指为社会公众的利益或某个事业的发展而工作；经济学意义上的服务是指以无偿或等价交换的形式，为满足企业、社会团体或其他社会公众的需要而提供的劳务活动，通常是与具体的产品联系在一起的。服务自身在实现的过程中不会产生有形的具体产品，而是通过本身的效用来满足对方。美国营销协会、斯坦通、莱特南、格鲁诺斯、菲利普·科特勒等机构和专家也对服务做出过不同的定义。服务对经济发展的促进作用包括：第一，服务已经成为经济活动的中心；第二，服务正在取代企业和家庭的众多职能；第三，公共服务确保了社会的稳定和繁荣；第四，企业的利润重心向服务倾斜。服务的特征包括无形性、无物权性、异质性、同步性和易逝性。服务的分类依据不同的分类方法可以分为众多的类别,包括:第一,根据服务的本质进行分类,可以分为作用于人的有形服务、作用于物的有形服务、作用于人的无形服务、作用于物的无形服务;第二,根据消费者的参与程度进行分类,可以分为高接触性服务、中接触性服务和低接触性服务;第三,根据企业和消费者之间的关系进行分类,可以分为连续性、会员关系的服务,连续性、非正式关系的服务,非连续性、会员关系的服务,非连续性、非正式关系的服务;第四,根据选择服务方式的自由程度的大小和服务对消费者需求的满足程度进行分类,可以分为企业提供的服务和消费者的选择余地小的服务,能够充分满足消费者的需求但企业的服务方式选择余地小的服务,企业提供的服务选择余地较大、消费者选择余地小的服务,企业提供的服务选择余地较大、消费者选择余地大的服务;第五,根据服务供应和消费者需求关系的波动变化进行分类,可以分为消费者需求波动较大的服务,消费者需求波动较大、企业能够基本保障供应的服务,消费者需求波动较大、有时会超出企业的供应能力的服务;第六,根据服务提供的方法和途径进行分类,可以分为在单一地点消费者主动接触企业的服务、在单一地点企业服务主动接触消费者的服务、在多个地点企业和消费者对服务进行远程交易的服务。

2. 服务创新的概念、特点、类型、过程和实现的途径

服务创新是指通过新的创意、新的技术、新的解决方案等手段创造出新的或经过改进的服务方式,让消费者感受到不同以往的新的服务内容。服务创新的特点包括服务创新的内涵更加丰富,消费者参与程度高,服务创新的过程是一个渐进的过程,对人员素质的依赖性强,研发周期短、形式多种多样。服务创新的类型包括一般类型和特殊类型。其中,服务创新的一般类型主要有产品创新、技术创新、过程创新、组织创新、传递创新、市场创新和重组创新;服务创新的特殊类型包括形式化创新、专门化创新、外部关系创新和专家领域创新。服务创新通常都会包括了解需求、挖掘创意、明确产品、营销规划、试销售、市场投放和消费者评价这7个过程。实现服务创新的途径主要包括:发现消费者的期待、从消费者抱怨中发现创新机会、主动服务、合理满足、倡导创新文化。

3. 多方协同服务创新

多方协同服务创新包括:消费者参与的服务创新、员工参与的服务创新和供应商参与的服务创新。消费者参与服务创新的意义和价值包括:服务的不可分离性、减少不确定性、提高服务创新的质量、缩短研发周期。消费者参与服务创新的阶段包括准备阶段、研发阶段和销售阶段。消费者参与服务创新的特征包括:消费者参与的博弈性、消费者参与的不均衡性、消费者参与的主动性、消费者参与的随机性。消费者参与服务创新的模式包括:企业主导模式、消费者主导模式、企业和消费者共同主导模式。消费者参与服务创新的过程包括:消费者被动参与服务创新的过程、消费者主动参与的服务创新。消费者参与服务创新的管理包括:消费者参与资质的管理、消费者参与方式的管理。

员工参与服务创新的价值是:在服务型企业中,与消费者接触最为直接和频繁的是一线的服务人员,因此他们也最能够了解和把握消费者的特征和需求,服务的质量和效果也通过服务人员才能够得以体现。企业的员工不但是实现服务创新的重要来源,也是服务创新的推动者和执行者,因此员工对于企业服务创新发挥着至关重要的影响力。企业在进行服

创新的时候必须整合员工的力量,以确保创新工作能够有效地开展并且顺利地实施。员工参与服务创新的阶段包括:准备阶段、研发阶段和实施阶段。影响员工参与服务创新的因素包括:内部因素和外部因素。员工参与创新的管理包括:参与创新员工的选拔、参与创新员工的培训、提供硬件和软件支持、参与创新员工的激励。

供应商参与服务创新的价值包括:稳定双方关系、提出有效建议、实现技术共享、寻找探索机会。供应商参与服务创新的类型包括:项目分包、项目参与和战略合作。供应商参与服务创新的过程包括4个阶段:需求分析阶段、设计研发阶段、营销推广阶段和实施落地阶段。供应商参与服务创新的管理包括:供应商的选择、合理规划供应商的参与时机、建立科学的考核体系、建立有效的激励和控制机制。

4. 港航服务创新的工具和方法

港航服务创新的工具包括用户体验地图和服务蓝图。用户体验地图(user experience map)又被称作用户旅程地图(user journey mapping),常用于在服务创新中寻找和发现消费者的痛点及服务中的不足之处,帮助企业设计完全以用户体验为核心的新服务。用户体验地图通过图形化的方式客观真实地记录和描绘用户在接受企业提供的服务时,在每一个阶段和环节的行为、体验、感受或想法,帮助服务产品的设计者对消费者的体验产生最为直观的印象,以便更好地开展创新工作。服务蓝图能够帮助企业展现创新服务的设计和实施的全貌,向目标消费者或合作方清晰地介绍创新服务的内容,以及通过绘制服务蓝图检查服务实施的过程是否能够达到预期的标准,并及时发现服务流程中的缺陷和不足,快速进行调整和改进。服务蓝图详尽地描述了服务过程中的每一个环节和涉及的人员,而且把服务过程分成若干个独立的单元,就每一个单元进行详细的描述,清晰明了、简明扼要,每一个在服务过程中涉及的人员都可以轻松地理解和使用。

创新实践

在接下来的工作中,许新、李想和张志通过与公司领导的沟通,确定了明确的创新战略目标,认真详细地分析和研究了公司客户的现有及潜在需求,结合服务创新的特点和关键要素,制订了详细的服务创新计划,并且积极发动公司的客户、员工和供应商在不同阶段、不同程度地参与到公司的服务创新工作当中,充分发挥了多方协同创新的价值。为了给客户提供更好、更满意的新服务,ST航运公司采纳了创新项目小组的服务创新方案,搭建了公司的跨境电商平台,实现了航运业务的在线直采、直运、直送,为客户提供了更加便捷的服务,大大提高了效率,赢得了客户的一致好评。

创新思考和练习

1. 菲利普·科特勒对服务的定义是什么?
2. 简述服务创新与制造业创新的区别。
3. 服务创新包括哪些具体的类型?
4. 简述消费者参与服务创新的价值。
5. 阅读以下案例并分析。

项目四　港航服务创新

青岛海关创新服务助推港口发展

青岛港被纳入"一带一路"规划并成为重要开放门户。青岛海关在做好严密监管的同时,不断优化通关环境,提升服务水平,全力助推港口持续发展。

"一体化"叠加多式联运

今年5月1日正式启动的丝绸之路经济带海关区域通关一体化改革实现了"丝路"沿线九省十海关"多关如一关",也给丝绸之路经济带重要出海口青岛港带来了前所未有的发展新机遇。为配合区域通关一体化改革,丝绸之路经济带沿线海关不断创新海关监管模式,一体化改革实现了与通关无纸化、电子放行、跨境电商等多项改革的叠加,体现了"一体化+"的改革整体效能,而使改革更具生命力的还包括多式联运。

青岛海关大力支持山东青岛市胶州铁路中心站申请成为"多式联运海关监管中心",成为全国第一个沿海地区的多式联运海关监管中心。胶州铁路中心站因此成为港口的内陆港区,使进出口区域通关货物、转关货物、过境货物与码头实行直通。胶州及周边地区的进出口货物可实现当地报送、当地放行,直通码头,不但节约了物流费用,更提高了货物通关效率。

"青岛—郑州—中亚"直通班列开通后,开创了国内海铁联运的先河,吸引了更多内陆货源通过铁路运输经青岛港中转世界各地,也吸引了青岛港接驳境内外货源补充中欧、中亚国际班列运输,畅通了中欧、中亚贸易走廊,为内地企业架起了与世界各地无缝衔接、高效运转的"黄金通道"。

新技术提升通关效率

"互联网+"技术的迅猛发展给海关监管提出了更高要求。青岛海关积极转变传统通关放行模式,推动通关作业无纸化改革和电子放行模式,便利了企业,提高了口岸通关效率。

新上线的海关新舱单系统在实现对货物动态监控的同时,兼顾了对船舶的动态监控,提高物流信息化和智能化监管水平。

在深入青岛港调研期间,青岛海关关员发现原先港口的进口空箱是人工开箱门出闸模式,车辆闸口通过时间平均120秒左右。在引入先进电子化监管设备的同时,青岛海关改变了原有人工开箱的空箱监管模式,于去年正式开始运行进口空箱电子化监管模式,使得闸口通过速度提高,车辆闸口通过时间平均50秒左右,发箱效率明显提高。

零距离听取企业心声

近年来,青岛海关经常深入企业现场办公,在与企业"零距离"的交流中,听取企业意见,帮助企业解决实际问题,为企业发展保驾护航。

青岛前湾保税港口岸新建码头泊位通过山东省口岸开放联合验收组验收,获准启用。青岛海关通过整合监管力量、提升监管效率等方式支持港口创新操作模式,港区可采取"支线船双挂",支线船舶可以根据中转箱对接干线班轮船期的时间要求选择靠泊码头及顺序,不仅从根本上消除了驳运费,而且减少了过驳箱在桥吊、拖车、轮胎吊间的运输环节,提高了泊位、堆场、机械的利用率,仅装卸成本每年即可为港口节省约540万元。

资料来源：李冠群. 海关总署网站,http://www.customs.gov.cn/publish/portal0/tab65602/info774628.htm,2015-10-10.

分析

（1）青岛海关的哪些服务措施体现了海关对客户需求的关注？

（2）青岛海关的服务创新借助了哪些外部资源？

（3）海关的服务创新对整个港航行业的发展起到了哪些积极的作用？

项目五

港航流程创新

知识目标
1. 了解流程的定义、作用、特点、类型、发展和改进方法。
2. 了解流程创新的概念、如何建立企业的流程系统、如何打造新流程系统、流程创新的模式。

技能目标
1. 掌握5W2H分析法。
2. 掌握思维导图的使用方法。
3. 掌握甘特图的使用方法。
4. 掌握鱼骨图的使用方法。

情感目标
1. 激发学生对流程相关知识的学习兴趣。
2. 培养学生的流程创新意识。
3. 帮助学生建立在工作中积极实践流程创新知识和方法的意愿。

创新导学

DS港口采取传统作业方式已经很多年了,随着互联网经济的发展和世界范围内的经济活动的日益频繁,现有的工作流程显得已经跟不上时代的步伐。为了能够借助科学和技术发展的力量改进作业流程,提高工作效率,为客户提供更加及时周到的服务,公司决定全面创新作业流程。为此,港口决定成立专门的创新部门,全面负责港口的流程创新工作。这天,创新部门召开了第一次工作会议,部门经理于洋和员工范静、苏阳、郑斌在一起讨论新部门的工作如何展开。

于洋:今天是我们部门的第一次工作会议。作为创新的部门,我希望大家不要有什么顾虑,也不要被以往的工作习惯和思路影响,能够打破条条框框去考虑问题,才有可能开创一个新的局面。大家可以畅所欲言,有什么问题和困难,可以提出来;有什么好的想法和建议,也可以拿出来大家一起探讨。

范静:我觉得对于咱们港口来说,搞流程创新真的不容易,因为咱们的流程大多都是既定的程序,这么多年来大家也都习惯了。要改,真的很难。

苏阳:可不改也没办法了,现在很多客户都在抱怨咱们港口工作效率太低,流程太复杂,处理的时间又太长。对客户来说,时间就是金钱,光是这一点来说,流程改进和创新是非常必要的。现在我们的客户流失率很高,其中绝大部分都是因为这个原因走掉的,所以流程创新对咱们港口来说,解决的不是发展问题,而是生存问题。

于洋:苏阳说得对。咱们这么多年以来,很多工作流程基本上都是一成不变的,但现在的市场已经发生了太多的变化。随便举个例子,咱们现在连买个零食都习惯在网上下单子了,凭什么就让客户一趟一趟往港口跑?如果我们再不尽快做出调整和改变,恐怕客户就真的要跑光了。

郑斌:我刚毕业没多长时间,对咱们港口的业务还不太熟悉。说到流程,也只有一个笼统的概念,只知道流程就是办事的顺序和章程。但我也知道,流程并不是这么简单的事情,对咱们港口未来的发展也会产生很大的影响。你们都是前辈,对港口的工作流程都很熟悉,能不能先给我普及一下,流程到底是怎么回事,对咱们的业务都会产生什么样的影响?

于洋:郑斌的问题非常好,要做好流程创新的工作,我们得回到问题的根本上来,先把流程的概念、作用和价值这些相关的知识及理念做一个梳理。这也给了我们部门一次统一认识、统一思想、打好工作基础的机会。其实对于流程,我以前也进行过一些系统的学习和研究,正好借这个机会,就这个话题跟大家做一个详细的分享和交流吧。

任务一　了解流程

无论是在工作还是生活当中,当面临一个具体任务需要完成的时候,都会有一个先做什么,再做什么的先后顺序——如果没有符合逻辑的、正确的顺序,事情就会变得难以处理。在顺序的每一个步骤中,都包括了具体的内容,只有完成每一个环节的具体内容,顺序才能进行下去。顺序和相应的内容,共同构成了流程。同时,在我们完成任务的过程中,对于资源的管理和使用也需要进行有序的管理和调度。因此,流程既包括顺序和内容,也包括对资源的有序使用。在企业中,一个顺畅和高效的流程能够让员工有序、高效地完成学习、开展工作,帮助企业快速地完成产品的生产,并向用户提供优质的服务。流程的不断创新,能够帮助企业更好地改进工作方法,提升工作效率,获得更好的工作绩效,并最终帮助企业提升自身的竞争优势。那么,流程的定义是什么?流程是如何制定的?流程的创新工作应该如何展开?让我们首先从了解流程的定义开始关于流程创新的学习。

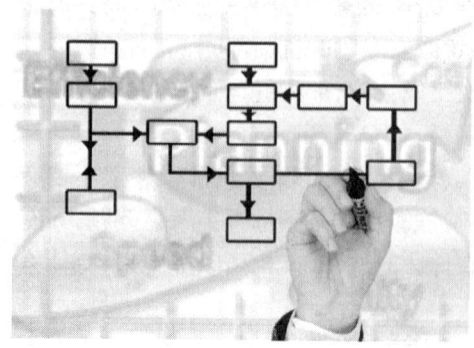

项目五　港航流程创新

一、流程的定义

（一）管理领域中对流程的定义

1. 管理学对流程的定义

流程通常是与企业业务相关的具体工作程序,也称业务流程。它是指在工业产品的生产中,从采购原材料到加工制作成成品的整个过程中,各项工序安排的固定程序,或者在服务提供的过程中,各项服务内容发生的先后次序。在本书中,我们采用的是管理学对流程的定义。

2.《牛津词典》中的定义

流程是指一个或一系列连续有规律的行动,这些行动以确定的方式发生或执行,促使特定结果的实现。

3. 国际标准化组织的定义

国际标准化组织在ISO9001—2000《质量管理体系标准》中给出的定义是:"流程是一组将输入转化为输出的相互关联或相互作用的活动。"

（二）西方不同专家和学者对于流程的定义

在西方,有许多专家和学者对"流程"给出了明确的定义,其中具有代表性的观点包括以下几个。

1. 迈克尔·哈默与詹姆斯·钱皮的定义

流程再造理论的创建者迈克尔·哈默(Michael Hammer)与詹姆斯·钱皮(James A. Champy)定义某一组活动为一个流程,这组活动有一个或多个输入,输出一个或多个结果,这些结果对客户来说是一种增值。简而言之,流程是企业中一系列创造价值的活动的组合。

2. 托马斯.H.达文波特的定义

托马斯·H.达文波特(Thomas. H. Davenport)是流程再造理论的创建者之一。他对流程的定义是:"业务流程是一系列结构化的可测量的活动集合,并为特定的市场或特定的顾客产生特定的输出。"

3. A.L.斯切尔的定义

A. L. 斯切尔对流程的定义是:"流程是在特定时间产生特定输出的一系列客户、供应商关系。"

4. H.J.约翰逊的定义

H.J.约翰逊认为,流程是把输入转化为输出的一系列相关活动的结合,它增加输入的价值并创造出对接受者更为有效的输出。

二、流程的作用

流程的作用如图5-1所示。

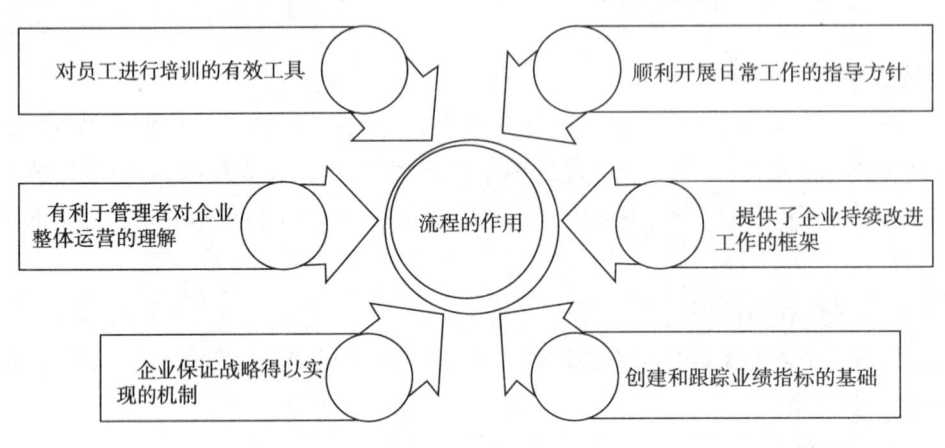

图5-1 流程的作用

（一）流程是企业顺利开展日常工作的指导方针

无论是生产制造型的企业还是服务型的企业，企业的员工在日常工作中主要从事产品的生产、加工和组装，或者为用户提供一系列的服务。如果没有一个清晰的流程，员工就无法顺利开展自己的工作，也就无从进行工作上的管理。因此，流程是企业中员工顺利开展工作的指导方针和行事原则——没有流程，企业的经营和生产就不能得以实现。

（二）流程提供了企业持续改进工作的框架

在企业中的各项生产活动都是相互依存、相互关联的。流程有助于企业的管理者能够对生产活动的各个环节有一个清晰的、直观的认识，并且通过对局部流程的不断改进提升整个流程的效率。

（三）流程是企业创建和跟踪业绩指标的基础

流程使得企业中每一个岗位的具体工作可以细化、具体化、衡量，就每个岗位建立独立的质量标准和绩效指标。流程标准的建立可以帮助企业的管理者及时了解员工完成工作任务的质量，并且对员工的工作绩效做出有效的衡量和评估。

（四）流程是企业对员工进行培训的有效工具

通过流程，可以快速帮助企业的新进员工了解工作的具体步骤和前后工序的承接关系，在短时间内掌握工作的具体内容，明晰自己所要担负的工作任务和责任。通过流程，也可以在培训中帮助员工对自己的工作内容进行深入的分析和评估，提出改进的方法和建议，提升员工的职业素质和能力。

（五）流程有利于管理者对企业整体运营的理解

流程清晰地呈现了企业整体运营的状况，描述了企业各个部门、不同业务单元之间的关系，有利于管理者从全局观和整体性的层面把握企业的运营状况。

（六）流程是企业保证战略得以实现的机制

企业之间的竞争是战略层面的竞争，也是战术层面的竞争。为了保持市场竞争优势，企业的战略需要快速有效地在组织内执行和实施，而流程为企业战略在组织内的有效落地提供了强有力的保障机制。

三、流程的特点

在企业中，流程具有目标性、内在性、整体性、动态性、层次性、结构性等特点，如图5-2所示。

（一）目标性

任何流程都必须有明确的目标，创造出有形或无形的输出物。这个目标可以是制造出一定数量的具体的、直观的产品，也可以是提供一系列高质量的服务内容。

图5-2 流程的特点

（二）内在性

流程对于企业创造出一定的工作成果的作用是隐性的，流程本身并不具备直观性和有形性，但却决定了产品的生产或服务的提供能否达到企业的标准和预期。

（三）整体性

流程是由一系列的生产活动共同组成的，在多个生产活动之间建立一个相互关联的链条，把整个企业的生产经营活动联结成一个有机的整体，从而确保企业整体经营活动的正常进行。

（四）动态性

处在一个整体流程中的各个工作环节是相互作用、相互影响的，流程中每一个环节的工作任务的完成情况，都会影响到其他工作环节完成的时效。因此，工作流程不是静态的，而是在企业的生产经营活动中呈动态性的展开。

（五）层次性

一个完整的流程并不是单一的递进关系，在企业的经营活动中，流程是分层次、立体性展开的。在流程中的某一个环节中，也可能包括这个环节的子流程，把这个环节中的工作任务又进一步分解成若干个子任务。

(六) 结构性

根据企业自身特点和工作任务的性质不同,流程可以有不同的组成结构和形式,如串联流程、并联流程等。即便是相同的工作任务,采用不同的流程结构也会对最终的工作成果和工作效率带来很大的影响。

四、流程的类型

企业的生产经营活动可以划分为生产性活动和支持性活动两个类型。生产性活动的每一个工作内容都与企业生产出具体的产品或提供服务的目标直接相关,每一个活动环节都会完成产品或服务的一部分,并且最终输出整体的、完善的产品或服务。而支持性的活动则为生产性的活动提供了管理、资金、人力资源、生产设备及信息数据等方面的支持,以确保生产性活动能够有序、有效地展开。根据企业生产经营活动的这两种类型,我们可以把流程相应地划分为核心流程和辅助流程,如图5-3所示。

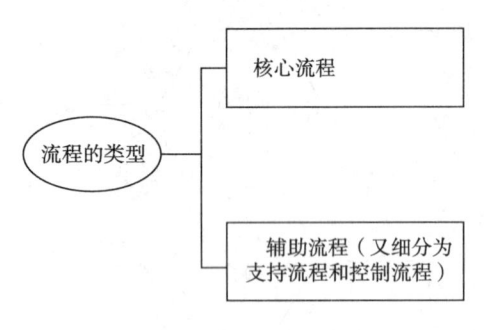

图5-3 流程的类型

(一) 核心流程

在企业中,核心流程是企业从事生产性活动的流程,一般从原材料接收开始,直到向消费者交付产品或服务结束。核心流程为企业从原材料的分类、加工、组装直到最终完成产品生产和交付提供了指导原则、操作程序和质量标准。核心流程的科学性、严谨性、合理性和时效性决定了企业是否能够按照企业的预期目标快速高效地生产出或者提供令消费者满意的产品或服务。核心流程会直接影响企业的生产效率和在市场上的竞争力,因此企业对于核心流程的不断完善和改进是持续的、快速的和高频率的,并且在优先级上要高于辅助流程。

(二) 辅助流程

辅助流程并不涉及企业生产产品或服务的具体过程,但是企业生产产品或制定服务却离不开辅助流程的支持——没有辅助流程,企业就无法正常开展生产运营活动。同时,辅助流程还包括监控和管理在内的控制功能,因此辅助流程又包括支持流程和控制流程。

1. 支持流程

企业的支持流程涉及保障企业生产性活动的所有工作内容。支持流程的存在使得核心流程具有可重复性、持续性和发展性。支持流程的具体内容包括了解和分析客户需求、财务资源、原材料采购、办公设备采购、信息化建设、人员招聘和员工培训等,涉及企业开展生产经营活动的所有必需品。通常,企业的支持流程在组织结构上表现为人力资源、财务、行政、市场、销售、信息技术等职能部门的日常运营。

2. 控制流程

企业中的控制流程涉及对生产经营活动的管理、监督和控制。通常,控制流程包括企业经营策略的制定、员工管理、生产工序和标准制定、质量检查、审计、项目管理和风险管理。控制流程能够确保企业按照经营战略和发展计划有目标、有秩序、有纪律地展开,确保企业运营活动和各项运行机制的稳定运行。

五、流程的发展

(一)非正式流程的形成

在企业从事生产经营活动之初,所有的产品生产制作的工艺和工序都始于生产工人及管理人员的实践与摸索,并且通过言传身教的方式流传下来,被大家所认可和接收,就此形成了流程的雏形。然而,这些工艺和工序都是基于生产者在完成自己的工作任务时,为了更好地完成自己的工作而自发制定的,既没有标准,也没有规划,与企业的整体运营体系也毫无关联。因此,这些原始的流程并不一定就是科学、合理和严谨的,或者符合企业的管理和发展原则的。我们把这些原始的、自发形成的流程称之为非正式流程。虽然非正式流程可能会存在这样那样的缺陷,但是正是由于非正式流程的创造和积累,为将来企业科学严谨地制定正式的流程积累了丰富的经验,提供了可靠的依据,打下了良好的基础。

(二)流程的正式化

非正式流程的制定者是某个具体生产环节的工人或某个具体工种的管理者,制定非正式流程的目的是为了更好地完成自己手头的工作。因此,在非正式的流程制定过程中,并没有考虑到与当前工作相关的其他工作环节的联系。同时,因为对其他工作环节的不了解,这些非正式流程也很难与其他的工作环节进行有效的对接和配合,这就必然会导致不同的生产环节之间缺乏有效的配合甚至发生矛盾,最终造成整个生产活动的混乱和低效。随着社会的进步和生产规模的迅速增长,非正式流程的弊端经过长时间的积累并爆发性地显现出来,最终引起了企业管理者的重视和关注。于是,企业组织管理者、业务骨干和相关领域的专家共同参与到流程的制定中来,从企业的战略和整体运营层面出发,结合各个工作环节的实际情况对原有的非正式流程进行认真的研究、规划和设计,解决、弥补原有流程中的矛盾和缺陷,并且建立了流程的监督和完善机制,确保了流程的科学化、规范化和合理化。无论对流程进行怎样的调整和改善,必须明确的一个事实是:任何流程制定的最终目的,是确保企业能够更加高效地完成产品的生产,同时需要具备持续改进和灵活调整的能力,以帮助企业在市场上形成强大的竞争力,获得丰厚的利润回报。

(三)流程制定的影响因素

流程制定的影响因素包括市场层面的需要和企业生产经营管理的需要。在制定流程时,首先要考虑流程如何能够尽可能满足消费者的需求,其次要能够满足企业的管理和绩效指标,以提升企业的经济回报能力。影响流程制定的主要因素如图 5-4 所示。

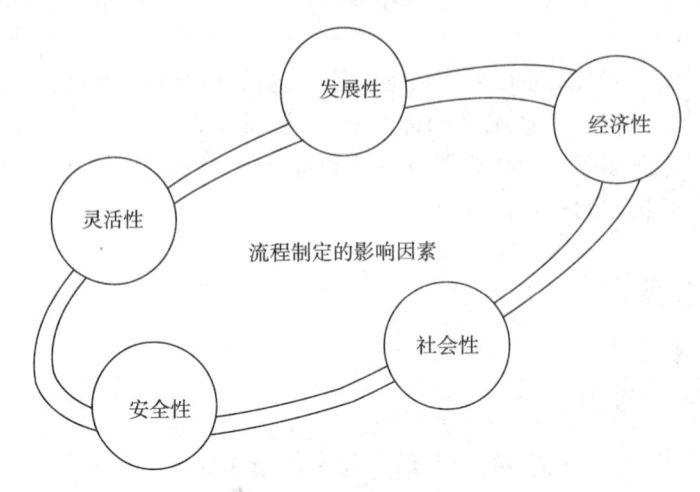

图 5-4 流程制定的影响因素

① 灵活性。这是指流程能够根据市场需求的变化随时加以调整,以满足消费者不断变化的需求。

② 发展性。这是指流程需要具备足够的发展潜力,以满足消费者对产品的需求增长。

③ 经济性。这是指流程的制定要充分考虑到企业的投入产出比,有效地控制和降低成本,拓展企业的利润空间。

④ 社会性。这是指流程的制定要充分考虑企业员工的利益、与企业经营活动相关的政策法规,以及公众对企业的责任期待。

⑤ 安全性。这是指制定流程要充分考虑到可能存在的风险,以避免给企业造成不必要的损失。

(四)流程的改进

随着企业管理理论的不断进步和发展,流程的改进已经成为管理学领域重点关注的话题。近年来,经过管理领域的专家学者及企业管理者的共同努力,众多流程改进的方法和工具不断涌现出来,并且在企业中开展了积极的实践和应用。其中,最主要的流程改进的理论和方法包括全面质量管理、流程再造、六西格玛、精益管理等,如图 5-5 所示。

图 5-5 流程改进的方法

1. 全面质量管理

20 世纪 50 年代末,美国通用电气公司的费根堡姆和质量管理专家朱兰提出了全面质量管理(Total Quality Management,TQM)的概念,认为"全面质量管理是为了能够在最经济的水平上,并考虑到充分满足客户要求的条件下进行生产和提供服务,把企业各部门在研制质量、维持质量和提高质量的活动中构成为一体的一种有效体系"。受其影响,美国的一些企业开始在质量管理中实施无缺陷运动(Zero Defects);在日本企业中实施的质量管理小组(Quality Control Circle,Q. C. Circle)是全面质量管理理念在亚洲地区的积极实践和探索。

全面质量管理的核心理念是企业在经营管理过程中应该以产品质量为中心,建立一套科学、完善、缜密、高效的质量体系,提供令消费者满意的产品或服务的生产实践活动。在企业中实施全面质量管理,需要企业动员组织内的所有部门和员工积极参与,通过科学的管理方法控制能够影响到产品质量的完整过程和全部相关因素,以最经济的方式高质量的生产产品和提供服务。通过实施全面质量管理,可以帮助企业不断提升产品和服务的质量标准,在获得消费者满意的同时使企业员工和社会均从中受益,从而实现企业获得持续发展和成功。

2. 流程再造

流程再造是美国的迈克尔·哈默(Michael Hammer)与詹姆斯·钱皮(James A. Champy)提出的管理理论。流程再造的目标是赢得顾客满意,其理念是要突破企业按照各个工作环节的不同职能来进行部门的设置和划分的传统方式,而以业务流程为核心,对企业的整体经营管理和生产过程进行重新规划与设计,力求达到流程的全面优化——不仅仅是对其中某个局部流程的优化和改进。流程再造能够帮助企业对传统的流程进行全面、整体地优化、精简和梳理,尤其当消费者需求和市场环境发生重大变化时,企业就必须通过流程再造来增强企业对环境的变化和适应能力。

3. 六西格玛

六西格玛(Six Sigma,6 Sigma)是原摩托罗拉公司的工程师比尔·史密斯(Bill Smith)于1986年提出的帮助企业改善质量流程管理的技术。六西格玛的目标是有效提升产品和服务质量,大幅降低生产成本,并最终实现财务成效的提升和企业竞争力的突破,帮助企业实现零缺陷运营。

六西格玛包括两个过程——六西格玛 DMAIC 和六西格玛 DMADV,是整个过程中两个主要的步骤。六西格玛 DMAIC 是对当前低于六西格玛规格的项目进行定义、度量、分析、改善及控制的过程;六西格玛 DMADV 是对试图达到六西格玛(6 Sigma)质量的新产品或项目进行定义、度量、分析、设计和验证的过程。企业运用六西格玛技术,需要制定明确的目标,通过详细的数据收集和深入的分析与研究发现产品及服务存在的缺陷,并且制定出系统性地消除这些缺陷的最佳方法。通常,一个企业如果能够达到六西格玛所要求的标准,在生产和经营过程中的出错率就不会超过百万分之三点四。六西格玛可以帮助企业更好地理解消费者需求、提升消费者满意度、提高产品或服务的质量水平、有效降低营运成本、缩短周转时间、减少原材料的浪费,但实施周期较长,一般需要几年的时间才能够实现。

4. 精益管理

精益管理是日本丰田汽车公司率先采用的,由美国麻省理工学院教授詹姆斯·P·沃麦克等专家通过国际汽车计划(IMVP)对全世界17个国家90多个汽车制造厂的调查和对比分析后,认为最适用于现代制造企业的生产组织管理方式。

精益管理要求企业在开展生产和管理活动时,必须要按照精益思维(Lean Thinking)的原则行事。精益思维的核心理念是企业要在原材料、人力资源、生产设备、运营资金、工作时间等各方面以最少的投入创造出尽可能多的价值,向消费者提供满意的产品和服务。按照精益管理的理念,在企业的生产经营活动中存在着很多浪费现象,精益管理的目的就是要消除这些浪费现象。

① 错误。这是指存在缺陷的产品或让消费者感到不满意的服务。

② 积压。这是指因为滞销而造成的产品积压和库存。

③ 过度加工。这是指消费者实际上并不需要的加工和程序。

④ 多余搬运。这是指错误的,或者并不必要的物品转移。

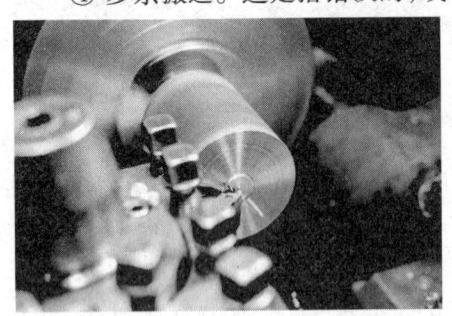

⑤ 等候。因生产活动的上一个环节不能交付而产生的等待时间。

如今,精益管理的思想已经从最初的生产系统的管理,逐步延展到企业的各类经营活动当中,并且从业务层面上升到了战略层面,有效地帮助企业提高顾客满意度、降低成本、提高质量、加快流程速度和改善资本投入,给股东带来了最大的效益回报。

任务二　流程创新

在于洋专门安排了一个上午的时间,对流程相关的知识和理念和部门的员工进行了系统的分享之后,这天下午,于洋、范静、苏阳和郑斌在一起开会,讨论关于如何开展流程创新工作的具体思路和想法。

郑斌:经过对流程相关知识的学习,我觉得我对流程的概念、类型、特点、意义都有了一个全面和清晰的认识,也理解了流程创新对咱们港口生存和发展的重要性。接下来,咱们得好好探讨一下,具体的创新工作开怎么开展了。

范静:是的,我想我们大家现在都对流程这个概念有了更加深入的了解。接下来,该是咱们讨论具体工作的阶段了。流程创新到底应该怎么做,按照什么步骤,怎么才能获得理想的成果？我觉得我们应该得到进一步的详细指导。于经理,您在这方面了解的比我们要多,要不公司也不会让您来负责我们部门的工作了,请您给我们再就流程创新的话题做一些指导吧。

于洋:好的,那么今天我们下午就集中在流程创新这个话题,一起来看一看流程创新到底该怎么干。

在前面的任务中,我们已经了解了流程的定义、作用、特点、类型、发展和改进方法。在企业的流程创新过程中,可以采用局部改进的方法,在现有的生产流程和服务运作中引入新的流程与要素。但这种做法通常只能提高企业生产的效率,并不能给企业带来根本性

的变化和革命性的成果。因此,在企业的正常发展周期内,很少会进行大规模的流程创新。但是,当市场需求、消费行为、科学技术、政策环境发生较大的变化时,企业就必须进行重大的流程创新和变革,此时的流程创新通常能够彻底改变企业现有的经营模式和未来的发展方向,成为决定企业命运的关键动作。那么,在企业中,创新流程工作应该怎么具体展开呢? 接下来,就让我们一起学习流程创新的概念、如何建立企业的流程系统、如何打造新流程系统及流程创新的模式。

一、流程创新的概念

流程创新是企业管理创新活动的重要组成部分。广义的流程创新包括企业各种经营和生产活动的流程创新;狭义的流程创新更具体,包含更多的技术成分,主要涉及企业的技术活动、在生产活动中的具体加工步骤和操作程序、生产加工工艺、工作的方式方法等规则体系的创新。

根据企业性质的不同,流程创新的侧重点也都不同。在服务型的企业中,服务的实现过程就是企业的产品,因此流程创新就居于最重要的地位。而对生产制造型企业而言,流程创新相对于产品创新、技术创新来说就显得不是非常重要了。在进行流程创新时,要根据企业性质的不同确定创新工作的目标、内容和时效性,以确保创新工作能够顺利地展开。

二、建立企业的流程系统

(一) 企业流程系统

在分工协作越来越细致的今天,企业的任何工作都已经无法摆脱流程而单独进行。企业在进行流程创新时,参与者应该对企业的所有现有流程建立直观、明确的共同认识,这是有效开展流程创新工作的基础和前提。企业流程系统是企业中全部流程的集合,既包括企业的核心流程,也包括所有的辅助流程;既包括主要流程,也包括次要流程。我们把企业主要的生产和职能部门之间的关系用结构图的方式展现出来,就形成了企业流程蓝图。如果把企业流程系统再做更详细的分解,还可以依次分解为核心流程、主要流程、次要流程、子流程、活动和任务。

1. 企业流程蓝图

企业流程蓝图是企业流程系统的顶层,在蓝图中呈现出了企业运营的全貌。客户位于蓝图的顶端位置,体现了企业流程系统是以客户为核心和出发点的理念。在客户下面的位置勾勒出了企业各超大流程之间的关系,能够帮助人们准确了解个超大流程之间的相互配合和衔接,并由此得出产品或服务的全部过程。如图 5-6 所示,体现了一个最基本的制造型企业流程蓝图,现实中的企业流程蓝图则根据自身企业特点各有不同,也可能更为具体和复杂。

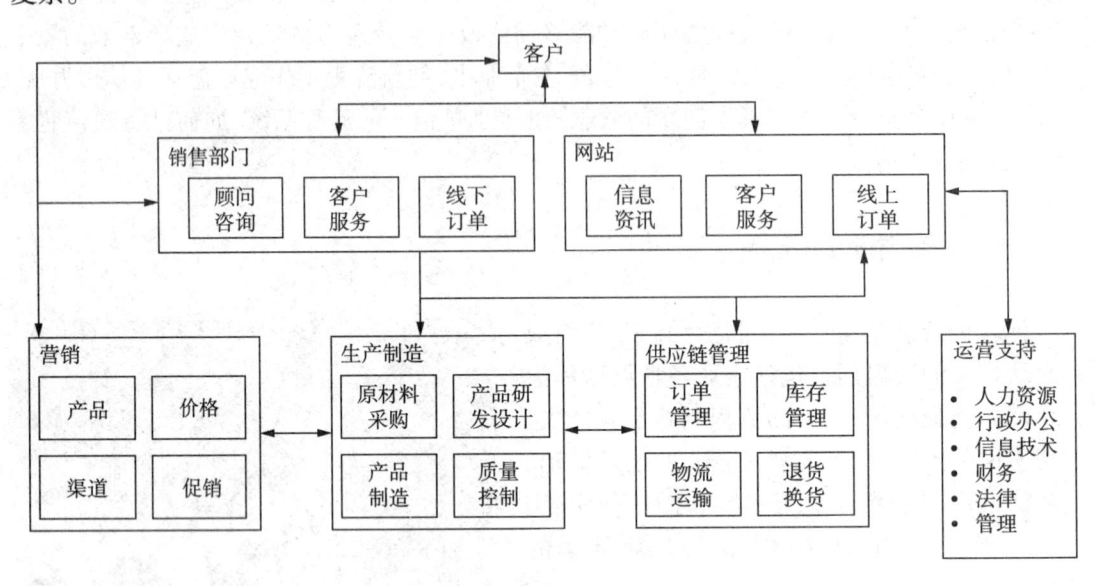

图 5-6 制造型企业流程蓝图

2. 核心流程

核心流程是企业中的各个独立业务单元和运营支持部门的集合。图 5-6 中的销售部门、网站、营销、生产制造、供应链管理和运营支持都属于核心流程。核心流程之间并不是独立运行,而是相互之间产生紧密的联系和相互影响。根据企业类型和关键业务内容的不同,核心流程的数量和内容也不相同。确定核心流程的意义并不在于确定每个核心流程的具体工作内容和绩效指标,而是要把企业的流程脉络清晰地展现出来,在流程的改进和创新工作中确立共同认识和逻辑框架。

3. 主要流程、次要流程和子流程

核心流程进一步细分,可以分为主要流程、次要流程和子流程。主要流程包括了在核心流程中的各项主要工作内容,通常也是一个岗位的主要工作职责;次要流程规定了完成主要工作所需要遵循的程序和规则;子流程则对每一个工作步骤的标准动作进行了明确的界定,通常都是具体的、详细的操作规程,有利于指导员工开展具体工作和进行绩效评估。次要流程和子流程通常并不体现在企业流程蓝图中,而是以操作手册或规范等各种文件形式进行传达。

4. 活动任务

活动任务是流程中的最底层和最小的单元,对于每一个流程,都会用具体的活动任务来确定该流程所要完成的具体工作和考核的标准。同时,活动任务的完成情况也反过来体现出流程的设计是否合理和有利于工作绩效的提升。活动任务无法顺利完成时,就要对流程进行重新审计和评估,以便对流程进行及时改进和调整,确保流程的正确性和合理性。

(二) 创建企业流程蓝图

创建企业流程蓝图是一个复杂和烦琐的工作,需要对企业运营的逻辑框架进行详细的梳理和清晰的界定,并且获得各业务单元的一致认同。在企业流程蓝图的描绘过程中,要对其中的核心流程和主要流程进行反复的讨论,并使之更加符合企业运营的现实状况。企业流程蓝图并不是固定不变的,随着市场的变化和企业的发展,企业流程蓝图也要进行不断的调整和更新。创建企业流程蓝图的具体步骤包括调查研究、草图拟定、收集反馈、修订确认和全员公示。

1. 调查访谈

在绘制企业流程蓝图之前,需要对企业的中高层管理者进行详细的调查访谈,以确保蓝图中的每一个流程符合企业的现实状况,并有利于企业开展流程的规划和创新活动。调查研究要从企业的高层管理者开始,因为企业的高管更能够从全局和整体的层面提供一个较为明确与清晰的框架,有助于完成企业流程蓝图的顶层设计。同时,他们也可以对下一步调查研究的对象和内容给出具体的建议,确保企业流程蓝图的设计不会偏离企业运营的整体布局。调查访谈的下一个层级的对象是企业个业务部门和职能部门的管理者,他们对企业的具体业务和工作内容更加了解,因此他们的意见和观点是对企业流程蓝图的有益丰富与补充,有助于在核心流程和主要流程之间建立正确的关联。在对部门管理者进行调查的时候,要考虑到他们的意见和观点可能会更加基于本部门的立场及视角,具有一定的主观色彩,所以在访谈之前,要确保每个人都能够对其他部门的工作内容和流程有所了解,并对他们提出的意见和观点进行全面、客观的分析与评价。

2. 草图拟定

在完成对企业中高层管理者的调查访谈之后,需要汇总调查对象的访谈结果,进行认真的分析和研究,并且根据分析研究的结果绘制企业流程蓝图的草图。在绘制草图的过程中,并不需要力求准确和完善,而是要把访谈的结果客观、真实地表达出来,使之富有逻辑性和条理性。一个完整的草图应该以客户为出发点,按照与客户发生关系的先后次序逆向推导出同客户发生直接或间接关联的业务模块,用方块的形式把关键词逐一罗列出来,并且按照部门或业务单位进行分组,同时用箭头标注出工作流程的传递方向。要与调查访谈的结果进行反复比对,确定没有遗漏重要信息,并且就绘制草图的过程中产生的疑问进行确认和澄清,确保信息的准确性。

企业流程蓝图如图 5-7 所示。

3. 收集反馈

在企业流程蓝图的草图绘制完毕之后,应该把草图分发给企业的中高层管理者,请他们对草图进行审查,并且就草图中存在的问题提出具体的意见。草图有助于帮助企业的中高层管理者们了解到各层级管理者之间的不同意见和观点,发现在企业运营的

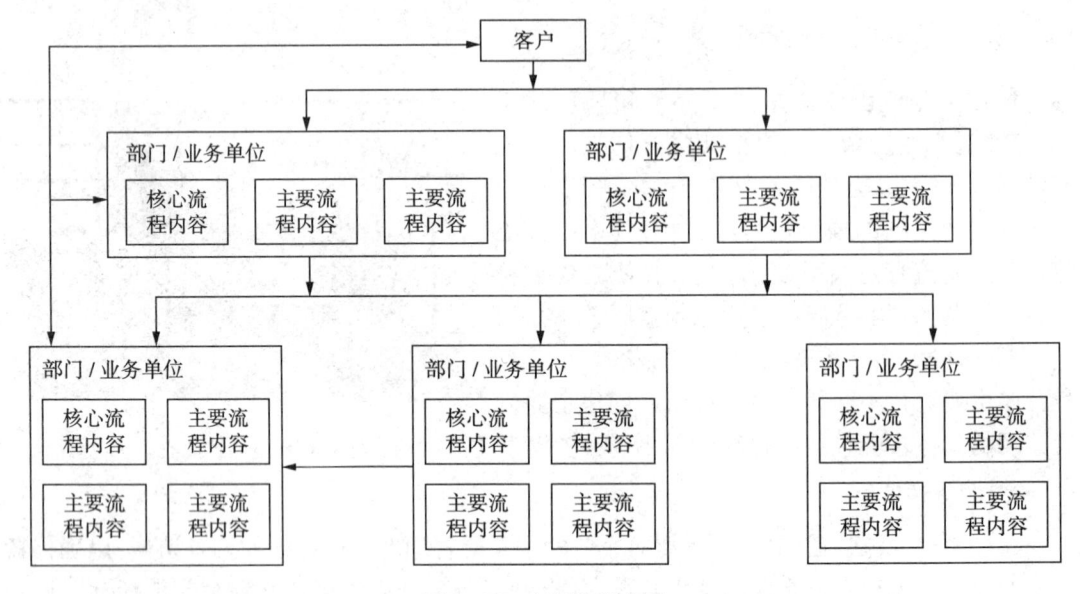

图 5-7　企业流程蓝图

过程中可能存在的现实问题,通过召开专题会议,就草图中的具体问题展开充分的讨论并最终达成共识。

4. 修订确认

在绘制草图并且展开充分的讨论,在企业的中高层管理者之间达成共识之后,就应该着手绘制正式的企业流程蓝图。绘制蓝图的过程是在草图的基础上,根据收集反馈期间得到的意见和结论对草图进行修订及完善的过程。在蓝图绘制完毕之后,应该通过会议等方式邀请企业的中高层管理者认真审视并确认蓝图中的内容,并且进行最终的确认。如果在确认的过程中仍然存在不同意见,应该针对具体的意见进行进一步的调查和访谈,逐个修订,直至企业流程蓝图获得中高层管理者一致的认可。

5. 全员公示

企业流程蓝图绘制完成并且得到最终确认之后,应该对企业中的全员予以公示。在全员公示之后,必然会在企业中成为讨论的话题,并且产生为数众多的意见。在这个过程中,需要进行大量的工作,引导意识,解决分歧,消除阻力。同时,企业流程蓝图并不是定论,而是要随着时间的推移,根据市场的变化和企业对具体业务的调整进行不断的更新与完善,确保企业流程蓝图能够紧跟企业的发展,并且为各级流程的改进和创新工作提供正确的指导。

三、打造创新流程

(一) 制订计划

因为企业流程的重要性和复杂性,在开始流程创新工作之前,制订详细的流程创新计划是非常必要的。通常,流程创新计划的制订可以按照以下步骤来进行。

1. 确定流程的优先级

优先级排序是制订流程创新计划首先要考虑的因素。在企业中,对流程的改进和创新最能够产生价值的是那些能够给企业带来经济效益、投资回报和资金支持的关键业务流程。因此,在流程创新工作开展之前,需要先进行优先级排序,优先考虑能够对客户产生直接影响的、涉及产品的生产和服务的提供,以及更为高效地开展销售工作的业务流程。有一个情况除外,就是当企业中某一个具体的流程因为市场变化、业务调整、技术改进等原因已经影响到企业的正常运营时,就应该专门针对该流程立刻制订改进和创新计划。

2. 获得现有流程的详细资料

对流程的改进和创新通常是建立在现有流程的基础上的。在企业中,对于已有的相对成熟的流程,可能会拥有比较详尽的流程资料。有时候,即便在这些已有的流程中,也可能存在从未被执行过的流程。也有一部分工作内容可能尚未形成完善的流程,只是靠以往的经验或约定俗成的标准,也就是非正式的流程在开展工作。在这种情况下,就需要通过详细的调查和分析把这些非正式的流程落实到文字上,清晰地展现出来。

3. 确定新的流程标准

流程标准是对在流程作业中应该实现的目标和绩效的约定。如果没有流程标准,那么流程的创新设计只是完成了一个具体的过程,而对流程中每个环节的完成情况缺乏监管和评估的方式与依据。任何不能进行量化评估的流程都是不完善的,无法充分发挥其效用的。流程中的每一个工作环节的标准综合起来共同实现了企业整体工作流程的经济效益。新的流程标准要清晰易懂,确保每个处在流程中的管理者和员工都能够快速理解与掌握流程标准的内容及要求,以便更好地落实到具体工作中,确保流程的顺利和稳定运行。

4. 获得制度保障和资源支持

在企业中的任何创新活动都需要得到制度的保障和资源的支持,以确保创新工作能够有序有效地展开。流程创新的制度支持决定了流程制定之后以何种方式贯彻到具体的工作当中,是流程能够尽快在工作中落实并发挥效用的可靠保障;流程创新的资源支持包括人力资源的支持、资金的支持、技术上的支持及时间和空间的支持等。在必要的情况下,企业还可以采用聘用外部专家的方式,借助企业外的智慧和资源帮助企业更好地开展流程创新工作。

(二) 流程改进和创新

流程的改进和创新过程中,离不开4个重要相关因素,即客户导向、战略指导、运营优化和措施管理。客户导向有助于企业在开展流程创新工作时深入了解消费者的需求、兴趣、购买行为、购买动机,对与客户相关的流程进行有效的改进以向客户及时提供满意的产品或服务;战略指导帮助流程创新工作能够在充分考虑市场竞争的状况及企业自身的能力后在企业战略的指导下有效进行,以确保能够给企业带来经济收益;运营优化能够通过流程创新不断帮助企业降低成本、提升产能、加强产品质量、降低生产风险;措施管理能够帮助企业有效地将创新流程落实到日常的运营管理当中,确保实现创新行为的价值。

1. 客户导向

企业的流程创新活动必须围绕以客户需求为中心的原则,如果不能对客户需求做出准确的分析和判断,企业所进行的各种流程创新活动就失去了意义。在企业日常经营管理活动中的各种流程中,客户流程往往成为一个被忽视却又非常重要的流程体系。客户流程包括了客户和企业之间发生接触与互动的所有内容,包括客户的心理和行为、现有或潜在的需求、购买动机、购买和使用产品或服务的过程、维修和重复购买及产品使用的反馈与投诉等。许多企业在进行流程创新时都会更多地考虑与自身生产经营活动相关的内部流程,而忽视了客户流程的重要作用和价值。根据客户的消费习惯和步骤,客户流程可以简单地划分为购买流程和使用流程。

(1) 购买流程

购买流程包括了客户在产生需求到购买产品之间所有的步骤。典型的购买流程包括以下几项。

① 明确自己的需求。
② 确定自己所要购买的产品或服务。
③ 收集相关产品或服务的相关信息和资料。
④ 比较不同产品或服务的内容、功能和价格。
⑤ 了解产品或服务的保障体系。
⑥ 选择产品或服务的购买渠道。
⑦ 购买产品或服务。
⑧ 收到产品或开始使用服务。

(2) 使用流程

① 组装产品。
② 使用产品。
③ 维护和保养。
④ 耗材补充。
⑤ 故障维修。
⑥ 再次购买。
⑦ 产品回收。

通过对客户流程的分析,能够帮助企业获得大量有关客户的详细资料,并且对企业的产品研发和生产具有重要的指导意义。在其他企业的各类业务或职能部门流程的改进和创新中,通过与客户流程的相互对照和关联,使得流程的改进和创新更符合客户需求,给企业带来切实的经济效益,并最终获得市场上的成功。

2. 战略制定

传统企业的战略制定通常是以年度为单位的,在过去能经常听到企业制定三年战略、五年战略甚至十年战略。在今天这个日益复杂多变的市场环境中,制定长期战略规划已经行不通了。以年度制定战略意味着在这一年当中,企业不会更多地去关注市场和消费者产生的变化,而把机会拱手让给了对市场环境变化更加敏锐、更善于灵活调整战略的竞争对手。

虽然很多企业在制定战略的时候充分考虑到了客户需求,但它们却把客户需求当成了一个出发点,而不是与企业的生产和经营活动紧密相关的动态发展过程。因此,企业需要充分考虑到客户需求和市场环境的变化,并且做出及时调整和改进。对于重视流程的企业来说,战略制定本身就需要一个高效的、灵活的流程机制。而战略的调整又决定了企业其他各层面业务和职能部门流程改进及创新的步伐。企业的流程创新活动需要与企业的战略调整保持高度的同步,确保流程改进和创新活动能够符合企业的战略方向。

3. 优化运营

流程创新应该持续对企业的运营进行不断的优化和改进,并确保创新的流程能够得到有效执行,帮助企业不断降低成本,提高生产效率,实现财务目标,获得经济回报。通过流程创新不断优化企业的运营,能够直接对一线的员工产生重要的影响,确保生产活动更加有效、更加顺畅地开展。通常来说,一家运营流程良好的企业能够以更低的管理和生产成本提供更加优质的产品或服务,从而比竞争对手更快更好地满足消费者的需求。在市场环境相对稳定的情况下,不断改进和优化运营流程的企业更容易战胜竞争对手,成为市场上的领导者。

4. 措施管理

在流程创新中,措施是用于应对和解决新的流程在落实到生产经营中时有可能产生的各种问题或突发情况的具体办法。对于措施的管理,不仅提供了一个有效解决问题的机制,同时其本身也是一个流程。拥有完善的措施管理流程能够确保创新流程的执行过程获得有效地调整和评估,以确保新的流程在面临各种问题时能够及时有效地加以解决,确保企业的生产经营活动在既定的轨道上平稳快速地进行。

四、流程创新的模式

流程创新的模式如图 5-8 所示。

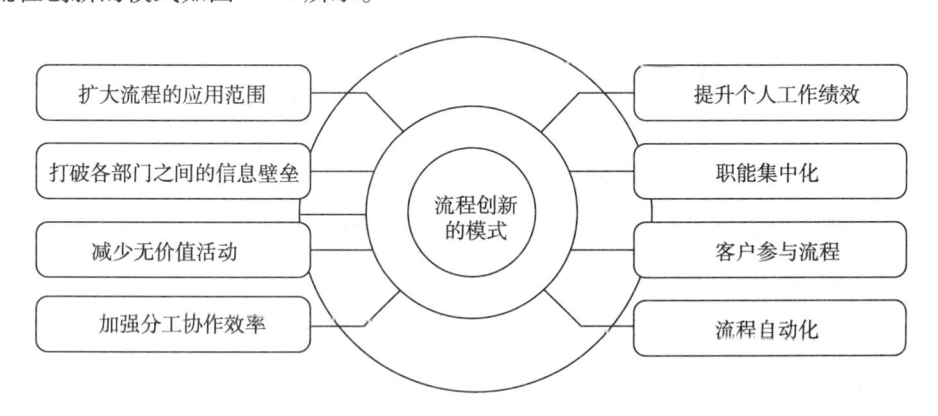

图 5-8 流程创新的模式

(一)扩大流程的应用范围

在企业日常运营的各项工作中,流程无处不在。虽然流程作为既定的工作顺序和操作规程更多地运用在具体的业务活动当中,为各项具体工作的有序展开提供了重要的指导和参照标准,但流程作为一种结构化的管理工具却可以在企业的日常工作中发挥更加重要的作用和价值。通过流程创新可以把企业流程蓝图当作组织结构图来使用,不但使组织结构一目了然,同时也明确了各部门的具体工作内容和相互的依存关系。流程创新可以帮助管理者更加有序和高效地开展日常管理工作,并对本部门的内容进行不断优化和改进,提升部门的工作绩效。流程创新可以与企业战略发展方向始终保持高度同调,把企业内的各业务单元整合成一股强大的合力,使得企业整体运营沿着既定的目标持续稳定的发展。

(二)打破各部门之间的信息壁垒

流程创新可以帮助企业打破各个业务部门和职能部门之间的信息壁垒,使得各部门之间不仅可以通过流程创新优化工作流程,提高工作绩效,也有助于部门和部门之间相互了解与之相关的工作内容,加强沟通和交流,实现更加紧密的衔接,从而提升整个企业的工作绩效。

(三)减少无价值活动

通过流程创新,可以帮助企业不断优化现有的工作步骤,消除那些不能产生价值的工作内容,减少不必要的工作环节,缩短工时,提升效率,避免没有实际价值和意义的多余工作活动给企业造成的资源浪费。

(四)加强分工协作效率

企业提升员工绩效的有效途径之一是实现合理分工,高效协作。流程创新能够帮助企业充分发挥不同岗位工作人员的最大价值,实现员工能力与具体工作内容的最佳匹配,从而使得每一个工作岗位都能发挥最佳效能,同时通过相互之间的高效配合和工作衔接提升整体工作效率。

(五)提升个人工作绩效

通过流程创新,可以帮助单人负责的工作岗位优化工作流程,减少沟通障碍,提高反应能力,加强适应能力,使其在工作中不但可以高效地完成本岗位工作,也能够根据其他部门或工作人员的具体需求做出灵活的反应,增强员工的个体工作效能。

(六)职能集中化

企业可以把流程的创新、控制和管理集中到一个职能部门,或者成立专门的职能小组,以提高流程创新工作的整体效率。通过发挥群体的优势,企业可以把流程的改进和创新形成规模化效应,加速转化流程创新的成果,使得企业整体工作流程能够获得不断的持续改进和优化,并保持高效的运行。

(七)客户参与流程

在与客户发生直接关系的流程创新工作中,可以邀请客户作为流程的建议者或制定者参与到创新工作中来,以便新的流程能够更加符合客户的需求和预期,为客户提供更加满意的产品和服务。同时,流程的一部分步骤可以交由客户直接完成,以提高产品或服务对客户需求的响应速度,有效加强企业产品或服务的市场竞争力。

(八)流程自动化

借助现代信息和科学技术,企业可以把一些原本由人工负责的工作流程交由机器或程序来完成,实现流程的自动化。流程自动化可以帮助企业扩大服务能力,保证服务品质的标准化和同质性。同时,通过流程自动化,企业还可以大规模采集客户数据,对客户的消费需求和消费习惯进行智能化分析,进而提供令客户更加满意的定制化信息推送、服务或产品。

创新案例

日照港火车作业流程创新纪实

一列承待装货的火车两侧是有人员看守的卡口、一字排开的隔离桩,构成了火车作业的封闭区,在这里看到只有单独的人员或机械作业,现场人员、机械各司其职,秩序井然。这是日照港股份三公司火车作业线的场景。2012年,日照港实现了日均装火车240车,火车皮倒装率为2‰,整理率为7‰,夹空率为1‰,均大大低于集团考核指标。尤其是在1至10月份,火车在港停时达到4小时,主要货种铝土停时2.4小时、镍矿2.6小时、煤炭2.7小时,这几乎达到了自动装车线的水平。之所以能够实现这样的工作效率,是日照港多年来坚持贯彻流程创新所取得的成果。

打造专业队伍,实现机械化装平车,全面提升火车作业专业化程度

生产作业人员是关键。日照港通过定期开展火车作业专业培训、现场作业指培训等方式,进一步加强对装卸人员、机械司机、倒运人员、货调员操作技能及专业化水平的提升。这种专业化队伍的打造,在装卸人员的专业化培养上表现尤为突出。"以前,我们是一人负责一摊,堵漏的光堵漏、验车的光验车。现在,我们已经成了多面手,清扫、验车、加固,样样都会。"车皮作业十三班工班长陈常林说。同时,生产部还专门成立了负责火车作业的货调组,每班次由专人进行火车作业的调度与指挥,并要求各单位安排专门的机械司机进行作业。作业人员的专业化,大大缩短了作业时间,提高了火车的作业效率。

在火车装车质量稳步提升的基础上,公司取消了散货作业的人力平车和装车指挥工,彻底实现装平车的完全机械化,大大降低了人员的劳动强化,避免了人机的接触,保障了作业安全,同时有效地提升了作业效率。"有散货车皮作业,我们都抢着干,因为干这活轻快,大活机械就干了,而且计件还不低。"车皮作业十班班长王甲禾道。

专业队伍的打造,机械化装平车的实现,带来的是火车作业专业化程度的全面提升。在这里已经实现了火车机械作业的无人化,"人干机停、机干人停"已深入每一名作业人员的心中并落实到行动中。

量化考核、分环节考评,增强火车作业人员的工作积极性和主动性

地无压力不出油,人无压力轻飘飘。公司将绩效考核作为火车作业管理的抓手,制定各个环节的考核标准,并依照实施。公司一方面对负责火车作业的调度员实施"火车作业量化考核",将火车作业节数折算成调度当班次的绩效考核分数;另一方面,将作业质量好坏与车停时完成情况纳入对调度员的火车作业组织考核,这两部分考核都与当月绩效工资挂钩,进一步调动了各调度班火车作业的积极性。

分环节考评,对参与火车作业各单位实施分环节考评,对集货、堵漏、加固、装车、平车、验车分别制定时间定额或效率定额,超额奖,反之罚。例如,铝矾土装车作业,倒运方要在接到指令后的2个小时内完成一列车皮的货物倒运,超时则进行考核处罚,充分调动了各单位的生产积极性,避免车停超时的时候互相推诿扯皮的现象。

"一列车皮63节,每节车厢装60吨,一共3 780吨,2个小时内从货垛倒运到火车作业线"铝矾土装车倒运作业的考核标准不仅制定了,而且还能够持续的执行,充分说明了创新火车工艺流程运用绩效考核这个抓手的作用。"这个标准是科学测算后制定的,我们还创造了90分钟完成一列车皮作业的纪录。"火车计划张文峰说。

创新作业流程,分工序装车,提高火车作业的装车安全、质量和效率

越先进的港口在作业中人员越少。反之,港口作业参与人员越多,就必然存在着人机、人货、机机交叉,必定具有一定的危险性。

生产部对火车作业流程进行了全面分析、研究,创新了作业流程,实行分工序装车法,促进了火车作业装车安全、质量和效率的进一步提高。"我们将火车作业分为集货、堵漏、加固、装车、平车、验车6个环节。装车前,清扫、堵漏加固人员撤离封闭区,由班长清点人员,无误后报车皮调度,车皮调度乘改进的验车平台对车皮进行再次确认,然后下令装车;装车时,封闭区域内只有装载机在作业,不符合标准的车由警示牌提醒不要装车;装车完毕,装载机撤离,平车机进入,平车完毕,车皮调度对装车情况进行验收,作业完毕。"说到分工序装车,负责车皮作业的调度甲班货调组组长金鑫如数家珍。

这种分工序作业的方式,在公司的火车作业中被不断延伸,所产生的作用也越来越大。装载机司机、平车机司机、装卸工班等都参照着对自己干的活进行了工序的划分。"现在,干火车的装卸工班在新车皮装车前进行清扫、堵漏、加固工作,也分工序作业,把人员分好组,清扫、堵漏、加固同时进行。"火车计划张文峰说。

资料来源:刘军,崔连涛. 大众网,http://rizhao.dzwww.com/mqfc/2013/0326/154710.html,2013-03-26.

案例分析

日照港的流程创新工作之所以取得骄人的成绩,是因为火车作业流程的创新工作准确把握住了流程创新的关键因素。首先是人的因素,在流程创新中,生产作业的人员是关键,所有的创新流程都需要通过一线员工在工作中积极、自觉、自愿地执行才能够落到实处。因此,日照港通过严格的培训打造出一个专业的员工队伍,增强了员工对于流程的执行能力和快速响应能力。通过作业人员的专业化,大大缩短了作业时间,提高了火车的作业效率。第二个因素是对于流程各环节的数据量化和绩效考评。任何一个流程的执行标准如果不能被数据量化和评估,都等于形同虚设。通过

量化和考评,才能够有效监督员工对于流程的执行和完成情况,增强员工的工作积极性和主动性。第三个因素是工序的科学性和合理性。日照港实行分工序装车的作业流程,消除了人机、人货、机机交叉的流程缺陷,在确保作业质量和效率的同时避免了日常作业中潜在的风险,充分实现了流程创新的价值,并且引发了其他相关工作流程的创新,产生了在组织内的创新联动效应,形成了勇于创新、善于创新的工作氛围。日照港对于流程创新关键因素的准确把握和卓越执行,最终使得日照港的流程创新工作获得了丰硕的成果。

案例思考

结合案例针对现有港口某一项作业的工作流程进行分析和研究,探索如何能够通过流程创新提升作业的工作效率。

任务三　掌握港航流程创新的工具和方法

创新情境

经过流程和流程创新的知识的学习与分享,于洋他们部门的流程创新的工作进入了实质性的阶段。但是在工作中,于洋发现流程创新的工作效率并不是很高,经过认真的分析和思考,于洋觉得大家的工作意愿和工作能力是没有问题的,可能是缺少一些得力的工具和方法。于是,于洋认真挑选了一些对本部门开展流程创新工作能够起到很大帮助,又简单易用的流程创新工具,并且准备出了详细的资料提供给了大家。

在前面的任务中,我们已经学习了关于流程的定义、作用、特点、类型、发展和改进方法,以及流程创新的概念、如何建立企业的流程系统、如何打造新流程系统、流程创新的模式。接下来,要学习和掌握的是可以用于流程创新的具体工具和方法,以帮助我们在流程创新工作中更加高效地对流程进行改进、优化和创造,提升工作绩效。

一、5W2H 分析法

(一) 5W2H 分析法的概念

5W2H 分析法又叫七何分析法,首创于第二次世界大战期间的美国陆军兵器修理部。因为这个方法使用起来简单、方便,易于理解,所以广泛用于企业管理和技术活动,对于流程创新工作非常有帮助,也有助于弥补考虑问题疏忽之处。5W2H,即做什么(What)、为什么(Why)、何人做(Who)、何时(When)、何地(Where)、如何(How)、多少(How much)。

(二) 5W2H 分析法的价值

在企业流程创新工作中,如果一个流程能够对这 7 个问题都给予满意的回答,那么这个流程就是可取的。但如果 7 个问题中有一个答复不能令人满意,则表示这个流程还有待改进和完善。5W2H 分析法对于流程创新工作的价值有以下几点。

① 可以准确界定、清晰表述流程,提高流程创新的工作效率。
② 有效掌控流程的本质,发现核心问题。
③ 有助于全面思考流程相关的问题,避免在流程设计中遗漏项目。

(三) 5W2H 分析法的具体内容

① WHAT——是什么？目的是什么？做什么工作？
② WHY——为什么要做？可不可以不做？有没有替代方案？
③ WHO——谁？由谁来做？
④ WHEN——何时？什么时间做？什么时机最适宜？
⑤ WHERE——何处？在哪里做？
⑥ HOW——怎么做？如何提高效率？如何实施？方法是什么？
⑦ HOW MUCH——多少？做到什么程度？数量如何？质量水平如何？费用产出如何？

练一练

请设想一个具体工作的简单流程,并且按照 5W2H 分析法中的 7 个问题对流程提问并且做出回答。

我设想的具体工作和简单流程是：＿＿＿＿＿＿＿＿＿＿＿＿＿＿＿＿

＿＿＿＿＿＿＿＿＿＿＿＿＿＿＿＿＿＿＿＿＿＿＿＿＿＿＿＿＿＿＿＿＿＿

1. WHAT——这个流程的目的是什么？

＿＿＿＿＿＿＿＿＿＿＿＿＿＿＿＿＿＿＿＿＿＿＿＿＿＿＿＿＿＿＿＿＿＿

2. WHY——为什么要做？可不可以不做？有没有替代方案？

＿＿＿＿＿＿＿＿＿＿＿＿＿＿＿＿＿＿＿＿＿＿＿＿＿＿＿＿＿＿＿＿＿＿

3. WHO——谁？由谁来做？

＿＿＿＿＿＿＿＿＿＿＿＿＿＿＿＿＿＿＿＿＿＿＿＿＿＿＿＿＿＿＿＿＿＿

4. WHEN——何时？什么时间做？什么时机最适宜？

＿＿＿＿＿＿＿＿＿＿＿＿＿＿＿＿＿＿＿＿＿＿＿＿＿＿＿＿＿＿＿＿＿＿

5. WHERE——何处？在哪里做？

＿＿＿＿＿＿＿＿＿＿＿＿＿＿＿＿＿＿＿＿＿＿＿＿＿＿＿＿＿＿＿＿＿＿

6. HOW——怎么做？如何提高效率？如何实施？方法是什么？

＿＿＿＿＿＿＿＿＿＿＿＿＿＿＿＿＿＿＿＿＿＿＿＿＿＿＿＿＿＿＿＿＿＿

7. HOW MUCH——多少？做到什么程度？数量如何？质量水平如何？费用产出如何？

二、思维导图

（一）思维导图的概念

思维导图是由英国著名心理学家、教育学家东尼·博赞（Tony Buzan）于20世纪70年代创建的，是一种表达发散性思维的简单的、有效的、革命性的图形思维工具。思维导图采用图文结合的方式，可以把完成一个任务相关的各相关流程及各级流程之间的关系用层级图表现出来。

思维导图采用的是一种可以把抽象的思维具体化、形象化、简约化、概括化的方法。这种方法符合人类大脑的自然思考方式，每一个在大脑中显示出的主题或概念都可以成为一个思考中心，并以此中心向外发散出成千上万的关节点，每一个关节点代表与思考中心发生关系的一个联结，而每一个联结又可以进一步成为一个独立的思考中心，继续向外发散和延展，从而形成一个立体性的放射结构。这些关节点的相互联结就像人类大脑在进行思考时产生的神经元联结一样，会形成一个类似人类大脑结构的数据库，因此也被称之为脑图、心智地图、脑力激荡图等。

思维导图作为一种有效的思维和管理工具，被广泛地应用于全范围内的企业管理和创新实践活动当中，众多500强企业在工作中都会使用思维导图作为一个有效的工具。在中国，企业应用思维导图也已经有了20多年的时间。

（二）绘制思维导图的规则

材料准备 一张A4纸，以及若干支不同颜色的彩笔。

具体规则

1. 绘制思考主题

这是指根据所要思考的主题，在A4纸的正中央区域画一个彩色的、象征性的符号或图案，能够帮助人直观地理解这个符号或图案所代表的意义。

把主题确定在正中央的位置符合人类大脑的思维习惯，人们在思考一个问题的时候，总是以问题为中心，向四周延展开以获取更多的逻辑和信息。而使用符号、图案及彩色的笔有助于提升人们的想象力和创造力，用创造性的活动不断启发人们求新求异的创新思维。

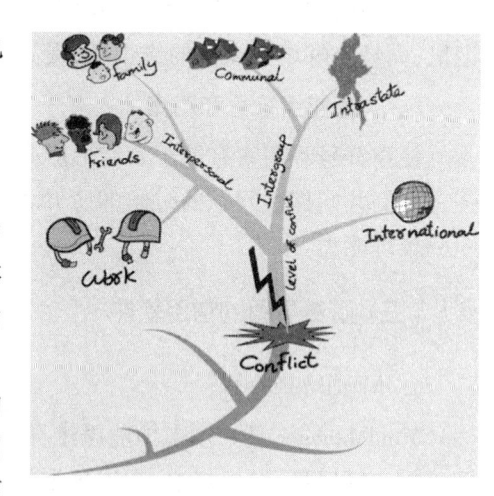

2. 确定新的关节点

这是指确定围绕思考主题延展之后的下一级关节点,同样用图案或符号来表示,并且在旁边用尽量简短的文字加以说明。

这种逐级展开的关节点代表了大脑发散思维的特性,每一个关节点都是源于思考中心主题的一个想法,而不同的想法又会继续产生与之相关的新的、进一步细化和更加具体的想法。而所有的新的想法和思考中心主题存在逻辑上的联系。

3. 用线条相连

这是指用线条之间的相连标示出关节点之间的关系。这种连接反映出了大脑联想的特性,相互能够用线条连接的关节点反映人们大脑思考问题的逻辑性和延展性。如果不能用线条相连,那么这个思考就是散漫的、随机的,与思考中心的主题是没有相关关系,也就是无效的思考。

4. 新的关节点和分支

这是指在其中一个关节点诞生新的、不同的想法时,可以在旁边的空白区域绘制一个新的关节点,形成新的分支。这代表着人们的思维分为线性思维和非线性思维的两种特征。

5. 用文字说明逻辑

这是指在连接关节点的线条上用文字标注出思路或想法。这些线条上的文字标注说明了人们在进行思考的时候的逻辑递进关系,关节点反映的是结果,而线条上的文字反映的是过程。请注意,每条连线上只能有一个关键词,以助于以此关键词为中心进行自由的发散联想。文字过多会形成对思考范围的限制,不利于思考的发散性和延展性。

6. 色彩的使用

在绘制思维导图的过程中要尽量使用丰富的色彩。丰富的色彩不但能够帮助人们加强记忆,而且能够增强人们的愉悦感,提高人们的工作兴趣,有效激发人们的想象力和创造力。

7. 尽量使用符号和图案

使用符号和图案有助于人们形成高效的记忆,并且提高人们进行创造性思考的效率,加强在人们共同探讨问题的时候的感知、沟通和交流的能力,提高人们的分析、构造、说明、组织和推理能力。

(三)思维导图的常用软件

1. MindManager

MindManager 是一款多功能思维导图绘制软件,如同一个虚拟的白板,仅仅通过单一视图组织头脑风暴、捕捉想法、交流规划信息,有其他软件无法媲美的项目管理和商业规划高级功能。创建进度表、验证需求、设定优先级,从头脑风暴到预算预测,MindManager 提供协调项目与避免障碍所需的功能,无论是简单的小项目还是复杂的创作,都可以通 MindManager 创建通往成功的蓝图。MindManager 使用思维导图技术捕捉、组织及交流信息,以更为直观的可视化图记录想法与灵感,更迅速有效地促进思想和方案的实现。

2. iMindMap

iMindMap 是思维导图创始人托尼·巴赞（Tony Buzan）开发的思维导图软件，其线条自由，具有手绘功能。它结合独特的自由形态头脑风暴视图模式和系统的思维导图视图模式，特别适用于头脑风暴、策划和管理项目、创建演示文稿等。

3. XMind

XMind 是一款非常实用的商业思维导图软件，应用全球最先进的 EClipse RCP 软件架构，全力打造易用、高效的可视化思维软件，强调软件的可扩展、跨平台、稳定性和性能，致力于使用先进的软件技术帮助用户从真正意义上提高生产率。

4. 亿图

亿图思维导图软件能帮助用户有序地组织思维，使得资源合理配置、项目良好运行，能有效地提高团队的协作性和项目管理的水平。丰富的模板和例子，让新手无须特意学习便可上手；单击浮动按钮自动绘图、智能的排版布局、一键更换主题，省时且高效；一键导出可以导出为各种格式，如 HTML、PDF、SVG、Microsoft Word、PowerPoint、Excel 及 Visio；亿图思维导图软件持续地更新升级，不断增加的模板和符号，可帮助绘制专业的高质量的思维导图。

5. MindMapper

MindMapper 是一款专业的可视化思维导图软件，通过智能绘图方法，在管理信息和处理工作流程中，可以帮助提高组织、审查、合作、分享和交流能力。在企业管理活动中，MindMapper 思维导图软件可以提高生产力和沟通效果，以及进行项目和任务的管理。

练一练

请确定一个你现在需要解决的问题，然后根据这个问题展开层层联想和推导，手绘一张思维导图。

我需解决的问题是：_____

_____

我绘制的思维导图如下：

三、鱼骨图

(一) 鱼骨图的概念

鱼骨图日本管理大师石川馨发明的一个管理工具,故又名石川图。鱼骨图是用于发现和解决问题的根本原因的方法,所以也称为因果图。鱼骨图简捷实用,深入直观,因为其结构看起来像鱼的骨头,因此被普遍称为鱼骨图。在绘制鱼骨图时,通常要把需要解决的问题、缺陷或希望达到的结果标注在"鱼头"的位置。然后,沿着鱼头画出鱼的骨骼脉络,包括鱼的脊骨和鱼刺,再在这些脊骨和鱼刺延展出来的分支上列出产生问题的原因,并且说明这些原因之间的相互关系和彼此造成的影响。鱼骨图是一种可以透过表面现象直达本质的分析方法。鱼骨图运用在企业的生产活动中,常用来形象地表示生产活动的流程。

(二) 鱼骨图的 3 种类型

1. 整理问题型鱼骨图

把企业所面临的各种问题罗列出来,各问题之间并不存在因果关系,而是共同构成企业现有生产活动的关系,然后对这些问题进行结构化调整。

2. 原因型鱼骨图

原因型鱼骨图通常把鱼头放在右边,鱼尾向左,然后以不断提出问题即"为什么"的逻辑来进行填写。

3. 对策型鱼骨图

对策型鱼骨图通常把鱼头放在左边,鱼尾向右,然后以"如何提高/改善"的逻辑来进行填写。

在实际使用的过程中,对于鱼头的朝向和鱼骨的构架并没有绝对的规定,使用者可以在使用过程中根据应用习惯和实际情况进行相应的调整。

(三) 鱼骨图的制作步骤

制作鱼骨图大体上可以分两成个步骤:分析导致问题产生的原因/结构、绘制鱼骨图。

1. 分析问题原因/结构

① 针对问题,选择分层的方法或逻辑(如人员、机器、原料、方法、环境等)。
② 借助头脑风暴法分别就各层级、各类别的问题找出所有可能的原因或相关因素。
③ 把找到的所有原因和相关因素进行归类、整理,明确相互之间的从属关系。
④ 评估、分析和筛选出相对重要的因素。
⑤ 检查各要素的描述方法,确保语法简明、意思明确。

2. 分析原则

① 确定大要因(鱼的脊骨)时,现场作业一般从"人、机、料、法、环"着手,管理类问题一般从"人、事、时、地、物"(人员、事件、时间、地点、资源)展开层别。

② 大要因必须用中性词描述,不去对性质的好坏做出判定,中、小要因必须使用价值判断(如……不良)。

③ 在进行头脑风暴时,应该尽可能多地找到导致问题发生的所有原因,而不仅限于自己所了解的内容。

④ 对于人员造成的原因,要分析人的行为而不是思想态度。

⑤ 中要因与特性值、小要因与中要因间有直接的"原因－问题"关系,小要因应分析至可以直接做出对策。

⑥ 如果某种原因可同时归属于两种或两种以上因素,以关联性最强者的因素为准。

⑦ 在必要时进行实地考察,到现场当场观察现实事物。

⑧ 在选取重要原因时,在数量上尽量不要超过 7 项。

(四) 鱼骨图的绘图过程

① 填写鱼头(按为什么不好的方式描述),画出主骨。

② 画出大骨,填写大要因。

③ 画出中骨、小骨,填写中小要因。

④ 用特殊符号标识重要因素。

⑤ 绘图时,应保证大骨与主骨成 60°夹角,中骨与主骨平行。

(五) 鱼骨图的使用步骤

① 确定要解决的问题。

② 把需要解决的问题写在鱼头的位置。

③ 分析讨论问题出现的可能原因,尽可能多地发现更多的问题。

④ 把相同的问题归类,并且在鱼骨图上标出。

⑤ 根据问题进行讨论,找出导致问题的真正原因。

⑥ 针对问题的答案继续展开追问,连续再问 5 个问题(5WHY 法)。

⑦ 当问题本身已经无法再继续深入展开的时候,列出这些问题的原因并提出解决问题的方法,解决问题的方法不少于 20 个。

练一练

请确定一个你面临的问题,并且通过鱼骨图找到问题产生的原因以及解决问题的方法。

我面临的问题是:_____

_____

我绘制的鱼骨图如下:

我解决问题的方法是：_____
_____
_____
_____

四、甘特图

（一）甘特图的概念

甘特图（Gantt chart）又称为横道图、条状图（bar chart），名称是根据其发明者亨利·劳伦斯·甘特（Henry Laurence Gantt，1861—1919）而定的。亨利·劳伦斯·甘特是泰勒创立和推广科学管理制度的亲密的合作者，也是科学管理运动的先驱者之一。甘特非常重视工业中人的因素，他对科学管理理论的重要贡献包括以下几点。

① 提出了任务和奖金制度。
② 强调对工人进行教育的重要性，重视人的因素在科学管理中的作用。
③ 制定了甘特图——生产计划进度图，是当时管理思想的一次重大革命。

亨利·劳伦斯·甘特在20世纪早期引用了这种工作方法。甘特图用图示的方法，通过活动列表和时间刻度呈现出了特定项目的顺序与持续时间。一条线条图，横轴表示时间，纵轴表示项目，线条表示期间计划和实际完成情况，直观表明了计划何时进行及进展与要求的对比，便于管理者弄清项目的剩余人物，评估工作进度。借助甘特图，企业生产活动的每一个步骤都在被执行的时间段中用线条标出。完成以后，甘特图能以时间顺序显示所要进行的活动，以及那些可以同时进行的活动，使用者可以直观地知道有哪些任务在什么时间段要做，还可以在时间表中直接更新任务进程。

（二）甘特图的价值

① 体现出了企业生产中的计划产量和计划时间的对应关系。
② 体现出了每日的实际产量与预定计划产量的对比关系。
③ 体现出了一定时间内实际累计产量与同时期计划累计产量的对比关系。

(三）制定甘特图的原则

① 以图形或表格的形式呈现的企业生产活动。
② 利用表格显示工作的流程和进度。
③ 时间进度呈现出具体日期和持续的时间，周末和节假日不计算在内。
④ 表格清晰、简单、醒目、易于理解。
⑤ 甘特图按内容不同，可以细分为计划图表、负荷图表、机器闲置图表、人员闲置图表和进度表 5 种形式。

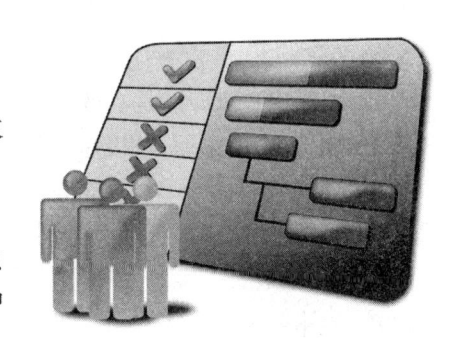

（四）甘特图的绘制步骤

① 明确工作任务涉及的各项活动、项目，包括项目名称（包括顺序）、开始时间、工期、任务类型（依赖/决定性）和依赖于哪一项任务。
② 创建草图。把工作任务涉及的所有的项目按照开始时间、工期逐一标注到甘特图上。
③ 确定生产活动之间的相互依赖关系及时序进度。使用草图，按照工作任务的类型将生产活动联系起来，并安排生产活动的进度。
④ 计算单项生产活动的工时量。
⑤ 确定生产活动的执行人员，根据实际情况的需要及时调整工时。
⑥ 计算完成整个工作任务需要的时间。

（五）甘特图的使用范围

甘特图在企业的项目管理和流程管理中被广泛应用，既可以帮助企业管理人员预测完成工作任务所需要的时间、成本、数量及质量上的结果，也能帮助管理人员充分考虑到完成工作任务所需要的人力、资源、日期等关键要素，直观地了解工作任务的流程和进展情况。如今，甘特图不仅在生产管理的领域被广泛使用，在服务型企业的流程管理当中，甘特图也发挥了积极、重要的作用。

（六）制作甘特图的常用软件

1. Microsoft Project

Microsoft Project 是由微软开发销售的项目管理软件程序，凝集了许多成熟的项目管理现代理论和方法。软件设计的目的在于协助项目经理制订计划、管理工作流程、为任务分配资源、跟踪进度、管理预算和分析工作量。

2. GanttProject

GanttProject 是用 JAVA 编写的开源软件，可以帮助用户轻松绘出甘特图，输出 PNG/JPG 图片格式、HTML 网页，或者 PDF 文件格式。用产可以在软件中输入项目的可用资源、里程碑、任务/子任务,以及任务的起始日期、持续时间、相依性、进度、备注等,并且在甘特图上显示出来。

3. VARCHART XGantt

VARCHART XGantt 是功能强大的甘特图控件,能够以甘特图、柱状图的形式来编辑、打印及图形化地表示数据,在极短时间内实现甘特图效果,其功能可与 Microsoft 的 Project 系列产品相媲美。VARCHART XGantt 的独特设计、灵活操作性,可在不同环境下生成各种应用程序,如项目规划、流程管理、资源管理、过程控制、个人计划等。该控件完全支持中文显示,支持多种开发语言,功能体系庞大,适应性强,是同类系列产品中不可多得的精品。

4. Microsoft Excel

Microsoft Excel 是微软办公套装软件 Office 的一个重要的组成部分,可以进行各种数据的处理、统计分析和辅助决策操作,广泛应用于流程管理、统计财经、金融等众多领域。

练一练

请设想一个具体的工作任务,然后绘制一张甘特图,体现完成这项工作任务所需要的时间和流程。

我设想的工作任务是:_____

_____

我绘制的甘特图如下:

创新总结

在积极开展 DS 港口的流程创新工作的过程中,于洋把以往对于流程和流程创新相关的

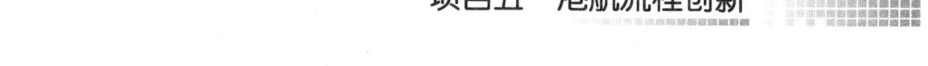

知识与经验,以及一些相关工具和方法给范静、苏阳和郑斌做了认真详细的分享,对于提高全部门的工作积极性和流程创新工作的绩效提供了很大的助力。

1. 流程的定义、作用、特点、类型、发展和改进

在管理学的领域,流程通常是与企业业务相关的具体工作程序(也称业务流程),是指在工业产品的生产中,从采购原材料到加工制作成成品的整个过程中,各项工序安排的固定程序,或者在服务提供的过程中,各项服务内容发生的先后次序。流程的作用包括企业顺利开展日常工作的指导方针、提供了企业持续改进工作的框架、企业创建和跟踪业绩指标的基础、企业对员工进行培训的有效工具、有利于管理者对企业整体运营的理解、企业保证战略得以实现的机制。流程的特征有:目标性、内在性、整体性、动态性、层次性和结构性;流程的类型包括核心流程和辅助流程;流程的发展包括非正式流程的形成、流程的正式化、流程制定的影响因素和流程的改进。

2. 流程创新的概念、建立企业的流程系统、打造新流程、流程创新的模式

流程创新是企业管理创新活动的重要组成部分。广义的流程创新包括企业各种经营和生产活动的流程创新;狭义的流程创新则更具体,包含更多的技术成分,主要涉及企业的技术活动、在生产活动中的具体加工步骤和操作程序、生产加工工艺、工作的方式方法等规则体系的创新。建立企业的流程系统包括企业流程系统的确定和企业流程蓝图的创建。企业的流程系统包括核心流程、主要流程、次要流程、子流程和具体的活动任务;创建企业流程蓝图的步骤包括调查访谈、草图拟定、收集反馈、修订确认和全员公示。打造创新流程的过程包括制订计划、流程改进和创新。制订计划的具体步骤为:第一,确定流程的优先级;第二,获得现有流程的详细资料;第三,确定新的流程标准;第四,获得制度保障和资源支持。流程的改进和创新过程中,离不开4个重要相关因素:客户导向、战略制定、优化运营和措施管理。客户导向有助于企业在开展流程创新工作时深入了解消费者的需求、兴趣、购买行为、购买动机,对与客户相关的流程进行有效的改进以向客户及时提供满意的产品或服务;战略制定帮助流程创新工作能够在充分考虑市场竞争的状况及企业自身能力的情况下,在企业战略的指导下有效进行以确保能够给企业带来经济收益;运营优化能够通过流程创新不断帮助企业降低成本,提升产能,加强产品质量,降低生产风险;措施管理能够帮助企业有效地将创新流程落实到日常的运营管理当中,确保实现创新行为的价值。流程创新的模式包括:扩大流程的应用范围、打破各部门之间的信息壁垒、减少无价值活动、加强分工协作效率、提升个人工作绩效、职能集中化、客户参与流程、流程自动化。

3. 掌握流程创新的工具和方法

流程创新的工具和方法包括:5W2H分析法、思维导图、鱼骨图和甘特图。

创新实践

经过认真的准备、充分的学习和积极的交流与探讨,DS港口的流程创新工作取得了突破性的进展。于洋他们部门对于港口的业务流程和支持流程做了认真的研究与梳理,对现有流程存在的问题进行了战略化的思考,最终创造性地提出了全面革新工作流程,打造"智

慧型"港口的流程创新思路,并得到了公司管理层的认可和支持。借助先进的"互联网+"技术,DS 港口将物联网运用于整个作业流程,实现了港口作业的全部智能操作和系统自动调度,极大地提升了港口运营和服务效率,把 DS 港建设成了一个先进的全自动化码头。通过流程创新,DS 港不但留住了众多老客户,许多新的客户也被 DS 港的高效运作和服务吸引而来。自此,DS 港口的经济效益不断提高,进入了一个蓬勃发展时期。

创新思考和练习

1. 管理学对流程的定义是什么?
2. 简述流程的特点。
3. 简述制订流程创新计划的具体步骤。
4. 流程创新的模式包括哪些?
5. 阅读以下案例并分析。

科学优化作业流程提高安全生产效率

南沙海港公司 PEX(Process Excellence)流程优化项目运行已有两年多的时间,在各方面均取得一定的效果,客户服务及满意度也得到认可和提升。为进一步优化船舶在洪水期的漂移、断缆等问题,2013 年 3 月初公司成立了流程优化项目小组,科学稳妥地收集了相关资料、历史记录,运用了先进的 PEX 持续优化改进流程,2013 年度洪水期的漂船、断缆发生率比 2012 年度降低了 41.57%,实现了质的飞跃!

据数据显示,南沙海港地处特殊的地理位置,港区旋转流现象明显,表层流与水下层流紊乱,天文大潮日潮差大、流速快,洪水期退潮时段更是加大了船舶缆绳受力,是造成漂船、断缆的原因。

南沙海港公司项目小组做了认真细致的总结分析,力求科学、安全、实事求是、稳妥地达到降低漂船、断缆发生概率的目的。项目小组通过采集南沙港区水文、风况资料,港区附近水域的工程资料,结合船舶安全靠离泊模拟试验,并根据港区船舶漂移断缆事件出现时录得的实际数据、现象,深入分析、研究,征求专家、资深船长、引航员的意见,利用科学先进的改进流程,对"减少船舶漂移断缆的发生概率"项目进行问题原因定义、测量、分析、改进、控制,做好任务时间表,让小组成员根据各项资料及流程情况按部就班地做好任务实施。

① 定义工作。初步理清船舶漂移和断缆问题发生的原因,收集相关数据和措施等材料,科学利用精益和六西格玛的管理分析工具对相关问题做好定义。

② 测量造成问题发生的相关数据。在有记录潮高的漂船、断缆事件中,有 56% 为潮高达到或超过 2 米;在有记录船舶吃水深度的断缆事件中,有 90% 的船舶吃水深度达到或超过 10 米。这些数据均成为该小组成员思考解决的一个个节点。

③ 分析在操作过程中主客观原因对漂移、断缆造成的影响。如上文所述的水文地理问题、人员问题,利用鱼骨图、矩阵图等做进一步分析。

④ 改进流程,降低漂船断缆的发生概率。一是向船方派发《船舶靠泊系缆提醒》,使各船公司船舶对公司码头水文地理相关情况有所了解、熟悉,明确缆绳系挂配置及系挂方式,加强船舶在港靠泊期间的值守工作,及时调整缆绳系挂的松紧度,从而有效地避免断缆现象的发生;二是落实在船舶靠离泊前 1 小时,与引水员做好沟通,要求船舶慢速通过、靠泊,预

防"驶过"对其他船舶的影响,并明确指泊人员提前与上下游船舶指导员做好沟通、提醒;三是在靠泊过程中,以《船舶靠泊系泊提醒》的模式进行带缆作业,协调船方根据要求进行系泊作业,特别是天文大潮日、不规则潮时段、靠泊5号泊位时,向船方提出加缆操作要求;四是加强现场作业时的监控工作,包括保持船舶装卸平衡、指导员随时观察缆绳情况,及时提醒船方做好缆绳调整;五是《潮汐表》中标注的"天文大潮日"前后共5至6天,或者当落潮差大于30厘米/小时时,尤其要提前做好预防漂移、断缆的告知及预防措施;六是制定在泊船舶断缆事件应急预案,给司机、指导员、调度员等相关人员在发生船舶漂移、断缆事件时一个应急指引;七是经过在实际操作过程中积累大量的实际经验、应对措施,深入分析,不断完善、改进,形成了《预防船舶在泊漂移断缆专项操作》指导书。

⑤ 改进程序后的控制与调整。一是减少漂移、断缆造成的经济浪费,提高经济收入。假设每次漂船、断缆都停工15分钟,平均每艘大船派出3台桥吊,每月140条大船,通过项目则每月可减少停工时间8.7小时。理论上计算,每月可为公司增加作业收入5.42万元,合计每年收益32.52万元。二是降低安全隐患,提高安全生产。防止船舶漂移、断缆事件对码头岸桩的碰撞、在泊船舶间相撞的潜在危险,尽最大可能消除前沿装卸作业的安全威胁,确保集装箱装卸作业的顺畅度,确保班轮靠离计划按时兑现。

资料来源:广州南沙海港集装箱码头有限公司网站,http://www.goct.com.cn/sitecn/gsxw/1594_1509.html,2014-10-01.

分析

(1) 南沙海港公司在流程优化工作中都运用了哪些流程创新的工具和方法?

(2) 南沙海港公司的流程优化工作获得成功的关键因素是什么?

(3) 改进程序后的控制与调整对流程创新能起到什么作用?

项目六

港航技术创新

知识目标

1. 了解技术创新的概念和主要理论。
2. 了解 TRIZ 的定义和发展历史。
3. 了解 TRIZ 的主要内容和核心思想。
4. 了解 TRIZ 对发明级别的界定和适用范围。

技能目标

1. 掌握技术矛盾及解决方法。
2. 掌握物理矛盾及解决方法。
3. 掌握物质－场分析方法。
4. 掌握系统思维的多屏幕法。
5. 掌握尺寸－时间－成本分析法。
6. 掌握小人法。
7. 掌握金鱼法。

情感目标

1. 激发学生对技术创新和 TRIZ 相关知识的学习兴趣。
2. 培养学生的技术创新意识。
3. 帮助学生建立在工作中积极实践 TRIZ 相关知识和方法的意愿。

创新导学

远洋运输因为时间周期长，客户对货物在运输过程中的安全和运输效率非常关注。近年来，越来越多的客户希望能够在货物运输的过程中随时追踪到货物的安全状况和运输中的位置。TZ 航运公司是一家具有高度市场敏锐性的企业，公司的管理层关注到了用户的这种新的需求，并且给予了高度的重视。经过研究和讨论，管理层认为通过技术创新实现货物的即时追踪与监控，充分满足这些客户的需求是可以做到的。因此，公司专门成立了技术攻坚小组，希望他们尽快拿出可以实现的解决方案。技术攻坚小组成立以后，立刻紧锣密鼓地开始了各项准备工作。这天，技术攻坚小组的成员赵明、张坤、李新在工作中遇到了一些麻烦，于是他们在一起商讨怎样才能够解决。

赵明：干了这一段时间，我反而觉得越来越没头绪了，总觉得这儿需要改进，那儿需要调整，有很多具体的技术问题都没法解决，真让人头疼。

张坤:我这边的情况也差不多。看样子,光闷着头干活儿恐怕是不行了,照这个进度,咱们可没法按时完成领导交给咱们的任务,怎么办是好呢?

李新:我觉得张坤说得对,光闷着头干活恐怕是行不通了。我想,咱们得先停一停,理一理思路。

赵明:说的是啊。我觉得咱们对技术本身的相关知识是没有问题的,可能欠缺的是一些关于技术创新项目的工具和方法。

李新:我觉得也是。如果能够有一些好的工具和方法,咱们做起工作来恐怕能好干很多。

张坤:对了,咱们现在不是在做技术创新的项目吗?我听说过一种在技术创新方面很有影响力的理论,叫TRIZ,不知道你们有没有了解?

赵明:TRIZ啊,我也听说过,但具体是怎么回事,还真不清楚。

李新:要不,咱们一起研究研究?

张坤:我觉得行。这样,我们先把工作放一放,好好学习一下关于技术创新和TRIZ的知识吧。

任务一　了解技术创新

当今的时代,科学技术的进步呈现出不断加速发展的趋势,同时消费者的需求在不断发生变化,市场竞争越来越激烈。因此,对于企业而言,为了能够适应社会进步和时代的发展变化,应对日趋激烈的市场竞争,技术创新成为企业获得生存和发展的先决条件。无论是制造型企业还是服务型企业,通过技术的不断创新促进产品的迅速迭代以适应不断变化的市场需求,已经成为企业的一项核心竞争能力,也是企业在竞争中保持优势的可靠保障。企业之间的竞争,已经不仅仅是规模、资金、营销、服务、流程上的竞争,更重要的是企业间的技术创新能力的较量。那么,技术创新都包括哪些具体的内容?企业可以采用哪些工具和方法帮助提升自身解决技术问题的能力,提高技术创新的水平和效率呢?接下来,让我们一起开始关于技术创新的相关知识的学习。

一、技术创新的概念和主要理论

(一)技术创新的概念

1. 技术创新的概念

技术创新通常是指在企业的生产经营活动中,用于生产的技术的创新。开发新的技术,或者把现有的技术应用到新的领域,发挥新的作用和价值,都可以称之为技术创新。从以往的企业生产实践的经验来看,技术创新是建立在科学原理发展和技术进步的基础上的,并且通过技术创新能够有效推动整个产业的创新和发展。

2. 技术创新和产品创新的区别与联系

技术创新和产品创新的关系是既紧密联系,又有所区别的关系。生产同样的产品可以采用不同的技术,技术创新并发展了,产品本身仍可以没有任何变化,只是降低了生产成本,提高了加工和生产产品的效率。产品的创新可能会使用新的技术,也可能使用原有的技术。

产品创新更多地取决于商业模式或设计因素,体现的是创新的成果,是直观的、可见的,或者是消费者可以体验的,与消费者直接发生关系。技术创新一般应用于生产的过程,相对比较隐性,并且通常不与消费者发生直接的关系。新技术之所以产生,通常基于新的市场需求或新的产品设计,因此往往能够带来新的产品。新的产品设计和构想,又往往需要借助新的技术才能得以实现。

(二) 技术创新的主要理论

20世纪50年代以后,世界各国的经济都进入了长达20多年的高速增长期。随着科学技术的不断进步和企业生产规模的不断扩大,众多专家和学者开始对技术的创新同经济增长之间的联系展开了深入的研究与探索,从而使技术创新理论得到了快速发展。主要的技术创新理论包括4个流派,分别是新古典学派、新熊彼得学派、制度创新学派和国家创新系统学派,如图6-1所示。

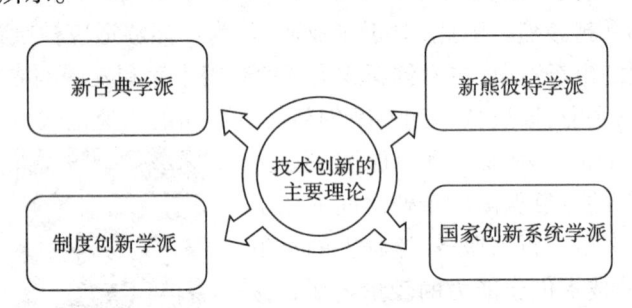

图6-1 技术创新的主要理论

1. 新古典学派

新古典学派的代表是索洛(R. Solow)。该学派认为经济的增长取决于资本和劳动的增长率、资本和劳动的产出弹性及技术创新。1957年,索洛在《技术进步与总生产函数》一文中宣称1909—1949年间美国制造业总产出中约有88%应归功于技术进步。此外,新古典学派还研究了政府干预对技术创新产生的影响,认为当市场不能有效驱动技术创新,或者技术创新所需要的资源不足时,政府应该采取金融、税收、法律及政府采购等方式对技术创新活动进行干预,以提高技术进步对经济发展的促进和推动作用。

2. 新熊彼得学派

新熊彼得学派的代表人物包括爱德温·曼斯菲尔德、莫尔顿·卡曼、南希·施瓦茨等,他们采用熊彼得的经济分析理念,把技术创新看成是一个相互作用的负责过程,认为技术创新和进步对于经济增长起到了关键的推动作用。他们先后提出了很多关于技术创新的理论模型,研究的主要方向包括新技术的推广、技术创新和市场结构之间的关系、企业的规模和技术创新之间的关系等。其中,莫尔顿·卡曼、南希·施瓦茨等人基于技术创新和市场结构之间的关系,提出了最有利于技术创新的市场结构模型。他们认为竞争、企业规模和垄断程度对于技术创新起到了关键性的促进作用,最有利于创新的市场结构是介于垄断和完全竞争之间的中等程度竞争的市场结构。

3. 制度创新学派

制度创新学派的代表人物是美国经济学家兰斯·戴维斯和道格拉斯·诺斯等人。戴维斯和诺斯在1971年出版的《制度变革与美国经济增长》一书中提出了制度创新理论对技术创新的影响。他们认为促进技术创新活动的关键,是提供一个能够针对个人的有效机制,确保技术创新活动不但能给企业和社会带来收益,同样也能给发明者带来均等的个人收益,并且保护发明者的专有权。

4. 国家创新系统学派

国家创新系统学派的代表人物是英国学者克里斯托夫·弗里曼和美国学者理查德·纳尔逊等人。该学派注重国家创新体系对技术创新所起到的重要作用,认为技术创新的功劳并不应该归于企业家,它不仅仅是企业行为,应该由国家通过创新系统进行推动。国家创新系统包括企业、科研机构、大学和个人等创新主体,国家应该通过计划和政策激励这些创新主体之间的相互作用和影响,通过国家创新系统,能够合理、有效地配置资源,加快技术创新的发起、推广和应用,从而在国家层面上推动技术创新的快速发展。

二、TRIZ 的概念

目前,在技术创新领域,受到全世界最为广泛认可和应用的是 TRIZ(发明问题解决理论)。TRIZ 起源于苏联,由苏联发明家、教育家根里奇·阿奇舒勒(G. S. Altshuller)和他的研究团队通过分析大量专利和创新案例总结得出。这个理论成功地揭示了创新发明过程中的基本规律和原理。

根里奇·阿奇舒勒认为,在创新发明过程中遇到的技术问题通常都是关于矛盾的问题,如果要解决这些矛盾,就要准确地找到这些矛盾,并且加以解决。在 TRIZ 中,没有任何折中或妥协,而是要始终坚持向最佳的解决方案迈进,直至完美解决问题。运用 TRIZ,可以有效地促进人们的技术创新效率,并且得到高质量的创新产品,因而在全世界范围内的技术创新领域得以广泛的应用。

三、TRIZ 在国内外的发展

(一) TRIZ 在国外的发展

TRIZ 因为其实用性和有效性,在苏联时期就已经获得了高度重视。在苏联的大学中,

TRIZ方法一直都是专业技术必修科目,并且已经被广泛应用到了苏联的各类工程领域中。苏联解体后,大量精通TRIZ方法的专家和学者移居到了西方国家,TRIZ也随之在全世界范围内传播开来,并且得到了极大的重视,促进了TRIZ的迅速普及和发展。20世纪90年代以来,在美国、欧洲、亚洲等地区都先后出现了大量进行TRIZ理论研究和实践的研究机构、咨询公司等组织,国际上的一些著名高校也在学校中开设了TRIZ课程。经过多年来的发展,TRIZ已经形成了一套成熟的有效解决技术创新和产品开发的理论与方法体系。在最初的时候,TRIZ理论被广泛地应用于工程技术领域,如今TRIZ的应用范围越来越广,已经逐步扩展到自然科学、社会科学、管理科学、生物科学等领域,被工业、交通运输、建筑、微电子、化学、生物学、社会学、医疗、食品、商业、教育应用等众多行业广泛采用,创造出了大量的技术发明和革新,为社会和企业带来了巨大的经济效益。

(二)TRIZ在国内的发展

我国从20世纪80年代开始接触到TRIZ,并且出现了一些关于TRIZ的介绍文章和翻译资料。到了20世纪90年代中后期,国内部分高校中的专家和学者对TRIZ产生了浓厚的兴趣,开始了对TRIZ的研究和探索。在这一时期,很多高校都开始在本科和研究生课程设置中引入TRIZ,积极开展TRIZ的教学和实践。21世纪以来,随着TRIZ的影响力逐步传播开来,越来越多的企业也开始接受TRIZ的理论、工具和方法,并且在企业的生产经营活动中积极地加以运用。目前,国内已经有专门的机构在从事TRIZ的国际认证。从2007年开始,国家科学技术部和地方的科技厅也积极推动TRIZ的普及和推广。自此,TRIZ在国内逐渐得到了越来越多的认可,在各行业、领域的技术创新中发挥着积极的作用。

四、TRIZ的主要内容

(一)TRIZ的基本理论体系

TRIZ的主要过程

认清系统中的主要问题和矛盾
↓
完全解决这些问题和矛盾
↓
获得问题的理想解

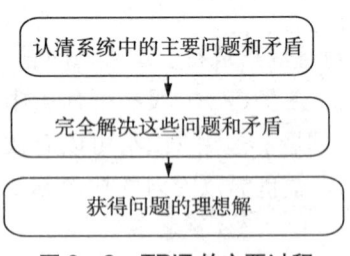

图6-2 TRIZ的主要过程

根里奇·阿奇舒勒在苏联专利局工作期间,从250万个专利中发现真正有价值的专利有50多万个,于是他对这50多万个专利进行了深入的研究,分析这些专利的内涵、特点及发明者的思考过程。在研究中,阿奇舒勒逐渐发现,不同的创新之间是有关联的,都有一些相同点。他把这些相同点进行了系统的总结、归纳和梳理,逐步形成了TRIZ。

TRIZ有3个主要过程,如图6-2所示。

1. 认清系统中的主要问题和矛盾

这是指找到问题的关键点在哪里,具体的技术问题出现在哪里,具体的矛盾是什么。这是用TRIZ解决创新问题时首先要完成的工作,以便创新者迅速准确地找到创新的方向,避免盲目探索。

2. 完全解决这些问题和矛盾

这是指解决问题的时候,需要找到这个问题的一般模型,然后看这个模型解决问题的一般方法是什么,再运用这些方法去解决问题。TRIZ 给出了 4 个基本的问题模型——技术矛盾、物理矛盾、HOW TO 模型和物场模型,以及解决问题的一般方法——创新原理、分离方法、知识库和标准解法。

3. 获得问题的理想解

这是指根据问题模型和相对应的解决方法推演出解决问题的具体方案。

TRIZ 中的主要内容包括技术系统的进化法则、发明的等级;39 个参数构成的矛盾矩阵;40 个发明原理等。

(二) 技术系统的进化法则

1. 技术系统进化的概念

所谓技术系统的进化,是指实现系统功能的各项技术从低级向高级变化的过程。解决技术系统中存在的矛盾是技术系统进化的推动力。技术系统的发展,来源于技术矛盾产生的激化,要不断地用新技术来解决它们。

阿奇舒勒在对大量的专利进行研究和分析的过程中,发现技术系统本身是在不断地发展进化的,而且产品和相关技术的发展总是遵循着特定的客观规律,这些客观规律在不同的产品或技术领域被反复地运用。任何领域中产品的改进、技术的革新,都有其规律可循。因此,阿奇舒勒和他的同事们经过长期的研究,对技术系统的发展规律进行了总结和抽象,提出了技术系统进化理论,最终形成了著名的八大技术系统进化法则,成为 TRIZ 的核心内容之一。

2. 技术系统的生命周期——S 曲线进化

一般来说,一个技术系统的进化会经历 4 个阶段。而 S 曲线描述的就是一个技术系统进化的完整生命周期。这 4 个阶段是婴儿期、成长期、成熟期和衰退期,如图 6-3 所示。

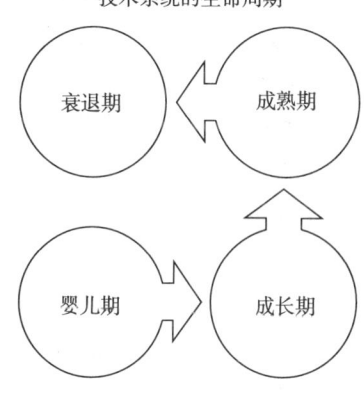

图 6-3 技术系统的生命周期

(1) 婴儿期

这个阶段一般是一个技术刚刚被研发出来并加以运用的阶段。因为这是一个全新的技术,所以必然存在着效率低、故障率高、稳定性差等问题。因为技术前景的不确定性,也不会得到充分的人力、技术和资金的支持,所以在这个时期,技术系统的发展比较缓慢。

(2) 成长期

在这个阶段,随着技术的不断实践和运用,技术中存在的问题被逐一解决,技术系统不断被完善,效率和性能大幅提升。人们认识到了这个技术的市场潜力,对这个技术的信心大为增强,因而该技术系统可以得到充分的人力、物力、财力的支持,得以迅速地发展和成长。

(3) 成熟期

因为新技术得到了来自各方面的支持,而且在运用的过程中不断完善,性能和效率都达到了最高的水平,所以技术带来的利润达到峰值,并呈下降趋势。在这个阶段,技术的进步以系统优化和性能改进为主。

(4) 衰退期

技术系统在这个阶段已经发展到了最高水平,难以实现新的突破。该技术系统已经不再被重视,来自各方面的支持逐渐减少。新的技术系统正在被开发以替代现有的技术系统,一个新的技术生命周期即将开始。

所有的技术都要经历这个发展过程。当一个技术系统的进化完成这4个阶段之后,必然会有一个新的技术来替代它。基于这样的S曲线,所有的技术都不会始终保持领先,迟早会被淘汰。但是,如果能在这个技术衰退之前研发出一个新的技术作为储备,就会占领市场的先机。在技术系统进化的4个阶段,可以使用4个参数来衡量这个阶段的特征:性能参数、专利数量、发明级别、经济收益。

① 性能参数,就是系统实现功能的情况如何。

② 专利数量,就是随着技术的发展,会产生多少相关的专利数量。

③ 发明的级别主要取决于专利的级别水平。

④ 经济收益,就是技术的突破和专利的发明能够产生多大的经济价值。

利用这4个参数,我们就能判断出在技术系统进化的4个不同阶段技术处在一个什么样的状况。

3. 技术系统进化法则的内容

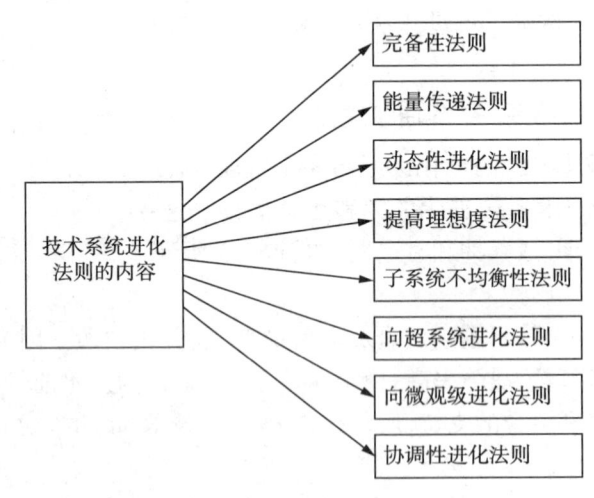

技术系统进化法则的内容体现了技术系统在整个生命周期的过程中进化和发展的趋势。在TRIZ中,技术系统进化法则包括完备性法则、能量传递法则、动态性进化法则、提高理想度法则、子系统不均衡进化法则、向超系统进化法则、向微观级进化法则、协调性进化法则,如图6-4所示。

图6-4 技术系统进化法则的内容

运用这些法则进行判断,我们就可分析出一个技术正处于技术系统生命周期的哪一个阶段及具体的位置,以便更好地预测技术系统的发展方向,更加高效地解决技术系统进化过程中存在的矛盾,有效推动技术系统的发展。

(1) 完备性法则

技术系统完备性是指一个技术系统如果要实现其功能,就应该包括4个必要的子系统:动力装置、传输装置、执行装置和控制装置。例如,汽车所拥有的技术系统包括动力装置——发动机,传输装置——包括离合器、变速器、传动轴、主减速器、差速器及半轴等部分的传动系,执行装置——汽车底盘和车身,控制装置——方向盘、油门、刹车。

(2) 能量传递法则

能量传递法是指一个技术系统如果要正常运行,就必须保证能量能够从能量源传输到技术系统中的每一个装置。如果这个技术系统中的某一个装置得不到能量供应,就无法产生效用,就会导致整个技术系统无法运行或功能无法全部实现。例如,很多汽车用户在汽车上安装了ETC电子标签,在经过高速公路的收费站时,通过接收电子收费系统发出的微波信号,就可以自动完成收费,横杆自动抬起,不需要停车就可以快速通过。ETC电子标签是通过太阳能充电的,如果长时间停放在地下停车场,就会导致电子标签电力储备不足,无法接收高速公路收费站ETC电子收费系统发出的微波信号,导致车辆无法被识别,横杆不能自动抬起,汽车也就无法通行。

(3) 动态性进化法则

动态性进化法则是指技术系统进化的趋势是更强的柔性、可移动性和可控性,因此动态性进化法则又包括3个子法则:提高柔性子法则、提高可移动性子法则和提高可控性子法则。

① 提高柔性子法则

提高柔性子法则是指技术系统中的联结方式会从最初的刚性联结逐步进化为单铰链、多铰链、柔性体、液体/气体、最终进化到场的状态。例如,门锁的进化途径是金属挂锁—金属链条挂锁—钢丝锁—弹簧锁—密码锁—指纹锁—瞳孔锁。

② 提高可移动性子法则

提高可移动性子法则是指随着技术系统进化的趋势是从可移动性差到可移动性逐步增强的方向进化和发展。例如,1901年,英国土木工程师布斯发明了吸尘器,这种依靠内燃机驱动的吸尘器非常笨重,需要一辆马车来驮运。1905年,英国的沃尔特·格里菲斯发明了使用便捷,易携带的供电式吸尘器,取代了笨重的燃油式动力吸尘器,任何一个普通人都可以轻易地搬动它。时至今日,吸尘器逐渐变得越来越小巧、越便携,蓄电池供电的手持吸尘器甚至可以随车携带,方便清理汽车中的灰尘。而家用全自动智能吸尘器——扫地机器人的出现,则实现了吸尘器的无线移动应用,让房屋清扫工作变得更加便捷高效。

③ 提高可控性子法则

提高可控性子法则是指技术系统的进化发展趋势是随着技术系统内各部件的可控性逐渐增强,能够给用户带来越来越好的操控体验。例如,照相机的对焦系统由最原始的、需要转动对焦环进行对焦的手动对焦系统,逐步发展至由按钮控制的电子自动对焦系统,以及更方便的眼睛控制自动对焦系统。

(4) 提高理想度法则

提高理想度法则就是技术系统始终向着人们想象中最理想的高度发展和进化。可以说,技术系统提高理想度法则是技术系统进化所有法则中最基本的法则,是法则的法则。

衡量产品的理想化程度可以用公式表示为:

理想度＝所有有用功能÷(所有有害功能＋成本)

例如，尽管手机最初只是一个通信工具，但人们总是期待手机能够实现尽可能多的功能，成为个人信息处理的智能终端，让人们的生活变得越来越便利。于是，随着技术的不断完善和发展，现在的智能手机已经从单一的通话功能发展到了至少具备100多个功能。但人们并不满足，并且始终相信，智能手机迟早有一天会成为那种我们在科幻小说里才能见到的、具备各种神奇功能的智能电子设备。

（5）子系统不均衡进化法则

子系统不均衡进化法则就是技术系统在进化的同时，系统中的各个子系统的发展都不能保持一致和均衡的发展。在整个系统中，总有一些子系统发展得比较快，还有一些子系统发展得比较慢。如果其中一个子系统发展得过慢，或者达到了自身发展的极限，就会影响整个系统的运行效率。因此，一个技术系统的发展速度，取决于该系统中最不理想的子系统的发展速度。当我们能够及时发现子系统中最不理想的系统，就可以集中精力和资源对该子系统进行改进或替换，从而推动整个技术系统快速发展。例如，飞机在发展初期，发动机功率很小，所以需要更大、更多的机翼帮助飞机滑翔。因此，人们设计出了双翼飞机、三翼飞机等机型。随着发动机技术的不断进步，发动机功率越来越大，这时过多的机翼就会带来更大的空气阻力，影响飞行速度，增加油耗。因此，人们设计出了高强度的单翼飞机，能够承载更大的发动机功率和飞行速度。于是，发动机技术再次取得了突破，喷气式发动机被研发出来。而这时，单机翼的平直设计又成为飞机突破因素的障碍，于是后掠机翼、三角翼又被相继研制出来。在机翼和发动机的技术发展过程中，我们不难发现，机翼和发动机作为两个子系统，其发展并不是均衡一致的，而是交替发展的。当一个技术系统中的子系统阻碍了整体系统性能的提升时，技术研发人员就会针对这个子系统进行升级或替代，从而提升整个技术系统的效率，并带动其他子系统的进一步发展。

（6）向超系统进化法则

超系统指的是超出现有的技术系统之外的其他系统。技术系统在进化的过程中，既可以借鉴、使用其他系统中的技术和资源，也可以把本系统中的技术和资源共享给其他的系统，以便在进化的过程中能够打破常规，实现突破性的进展。技术系统向超系统进化有两个途径：一是整合本技术系统和超系统的资源；二是把本系统中的部分子系统纳入超系统当中去发展。技术系统向超系统的进化可以在技术系统发展的任何一个阶段实施，以帮助技术系统能够从更广阔的视野去进行思考，并预测未来技术系统的整体发展方向。例如，二战期间的战斗机和轰炸机经常需要远程飞行以完成作战任务，但却受到自身能够携带的燃油数量的限制。为了拥有足够的续航能力，飞机上都需要携带一个加满航空燃油的副油箱。战斗机进入战斗状态或轰炸机飞抵目的地之后，就需要抛掉副油箱进行战斗或返航。因此，作为战斗机或轰炸机的一个子系统，副油箱必须同时满足两个相互矛盾的需求：必须尽可能的轻，减轻飞机的负载以便拥有更长的续航里程，同时又需要更大的存储空间，以便飞机能够携带更多的油料。为了解决这个矛盾，能够将战斗机或轰炸机的副油箱功能纳入进去的超系统出现了——空中加油机。

（7）向微观级进化法则

向微观级进化法则是指技术系统在发展过程中，始终会以更小的体积和更强大的功能作为进化与发展的方向。而技术系统在发展到极致时,子系统或零部件甚至不需要实体就能够实现其功能——最终都通常会进化到场的形式。例如,计算机键盘最初是人机工程键盘,体积较大,不易携带。这是一个刚性体。随着技术的发展和进步,人们逐渐研发出了更加轻巧的,可以通过铰链连接的可以折叠的键盘;能够卷起来携带的柔性体键盘;能够通过电子触摸屏输入的键盘;通过红外激光投射的虚拟键盘;以及通过发出口头指令就可以进行输入的声音场键盘。

(8)协调性进化法则

技术系统的协调性法则是指技术系统在进化过程中,各项子系统或者超系统之间的参数是相互协调或反协调,在动态的调整和配合中同步进化和发展的。参数之间的协调包括材料性质、几何结构和尺寸,以及质量上的相互协调。例如,汽车在发明初期,汽车零件都是手工打造,每一辆汽车上的零件都是专车专用,整体性能也不稳定。随着汽车生产制造技术的不断成熟,汽车各零部件之间相互协调发展,性能不断提高。汽车采用流水线大规模生产,零部件质量和精密度保持了高度的一致,实现了汽车零件之间的相互通用。汽车生产流水线上的各个工序相互协调,生产效率也逐步提高。

4. 技术系统进化的预测

通过对产品所使用的核心技术在整个技术进化过程中所处的阶段和状态,我们就可以对技术在未来发展和进化的方向进行预测,判断该技术在未来进化的模式和所能达到的水平。如果企业对技术的进化做出了正确的预测,就可以帮助企业不断超前研发和储备技术,为企业将来的发展做好充分的技术准备。通常可以按照3个发展和进化的方向来进行技术系统进化的预测,如图6-5所示。

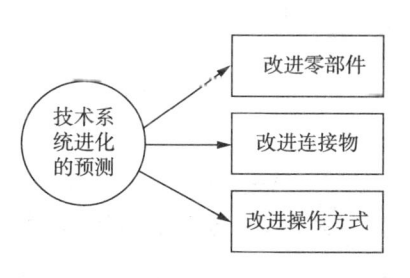

图6-5 技术系统进化的预测

(1)改进零部件

① 增加新的零部件。例如,在笔记本电脑的屏幕上方增加一个摄像头。

② 减少零部件。例如,在 MP4 播放器上取消实体按钮。

③ 改变现有的零部件。例如,把汽车中的音乐播放器从磁带机改成 CD 机。

④ 分解现有的零部件。例如,把自行车的后齿轮盘从单独的一个齿轮分解成若干个从大到小的齿轮盘,从而可以实现变速行驶。

⑤ 改变零部件的形状。例如,把手表的圆形表盘改成方形表盘。

⑥ 改变零部件的内部结构。例如,把台式计算机的内部结构进行改进,制造出便携式笔记本电脑。

⑦ 改进零部件的特性。例如,把电饭煲的金属内锅改成陶瓷内锅。

(2)改进技术系统中的连接物

① 增加零部件之间的连接物。例如,把常规自行车改进为可以折叠的自行车。

② 减少零部件之间的连接物。例如,台式一体机电脑取消了主机和显示器的连接。

③ 改变零部件之间的连接物。例如,手机充电由电线充电改进为无线充电。

(3)改进技术系统中的操作方式

① 简化操作。例如,汽车启动方式由钥匙启动变成按钮式启动。

② 增加新的操作。例如,计算机的登录方式除了密码登录之外增加了指纹登录。
③ 取消不必要的操作。例如,家用扫地机器人可以自动运行,不需要再手持操作。
④ 分解原有的操作。例如,在计算机的键盘上划分出独立的数字键盘区。
⑤ 合并原有的操作。例如,二维码扫描技术合并了人们的信息录入过程。

五、TRIZ 对发明级别的界定和适用范围

发明级别是 TRIZ 中对创新成果所具备的价值的评估方式。所有的创新成果都可以按照其能够转化成的生产力价值的大小来进行划分,将其归属于某一个具体的级别。

(一) TRIZ 发明级别的划分方法

在 TRIZ 中,发明级别根据其对科学的贡献程度、能够应用的范围、产生的社会和经济效益等具体情况,一共可以分为 5 个不同的级别,如图 6-6 所示。

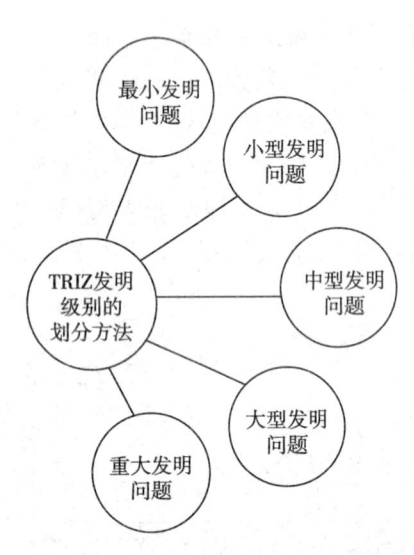

图 6-6 技术系统进化的预测

1. 最小发明问题

最小发明问题是对现有技术进行简单的改进或对某些技术的简单仿制。一般来说,技术人员根据自身的经验和现有的技术能力就能够实现这些改变。例如,把锅盖上的圆形把手改进成长条形带弧度的把手,使锅盖更易于持握并且可以让锅盖立着放置。这种性质的发明在人类总体发明数量中所占的比例大约为 32%。

2. 小型发明问题

小型发明问题是指对现有技术中的某一个零部件进行改进。通常进行这种技术创新需要一定程度的专业理论知识和实际操作的经验,通常采用相对折中的解决思路。例如,在固定木质枪托的 AK47 自动步枪的基础上采用折叠托设计,使其更轻便,更易于携带。这种性质的发明在人类总体发明数量中所占的比例大约为 45%。

3. 中型发明问题

中型发明问题是对现有技术系统中的一组零部件进行改进,以提升这组零部件的整体性能。解决这一类的技术问题不但要在本专业的领域内拥有丰富的知识和经验,也要对本专业之外的相关领域的知识和经验有所了解。例如,把汽车上的手动变速箱改进为自动变速箱,使得汽车更加易于驾驶。这种性质的发明在人类总体发明数量中所占的比例大约为 18%。

4. 大型发明问题

大型发明问题不再仅仅是对现有技术的改进,而是通过全新的理论对现有的技术系统进行全面创新,以实现更加强大和丰富的功能。这一类技术的创新会涉及与本专业相关的众多学科知识,基于基础科学的角度而不是仅仅从技术角度去解决问题。例如,在汽车生产

线中使用全自动智能机器人取代以往的由人工操作的生产线。这种性质的发明在人类总体发明数量中所占的比例大约为4%。

5. 重大发明问题

重大发明问题往往是利用最新的科学技术成果创造性地发明一个全新的技术系统,革命性地替代以往的技术系统,帮助人们实现某个技术领域的时代性跨越。例如,人们发明了计算机,帮助人们解决了大型数据运算问题,全面提升了人们的工作效率。这种性质的发明在人类总体发明数量中所占的比例大约不到1%。

(二)划分发明级别的意义

发明级别的划分使得发明创造的任务或成果可以按照量化的标准进行难易程度的划分,对于人们制订技术创新计划、合理配置资源及创新成果的评估具有重要的指导意义。划分发明级别的意义如图6-7所示。

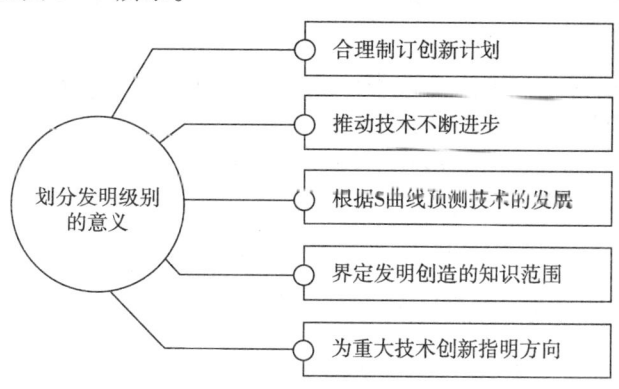

图6-7 划分发明级别的意义

1. 合理制订创新计划

发明的级别越高,就意味着在进行创新工作时需要涉及更多的科学知识、实践经验、工作时间,以及人力、物力、财力等资源的支持。根据不同的发明级别,人们在制订创新计划时就可以对创新工作所需要的资源进行更加合理和有效的配置。

2. 推动技术不断进步

随着社会的进步和发展,科学技术水平的不断提高,人们生产实践活动的不断进步,原有的发明级别会逐渐地降低,变得更加普及和易于操作,但也无法再满足人们不断变化的、新的需求。这时候就需要更新的发明出来进行迭代替换,不断推动技术系统的发展和革新。

3. 根据S曲线预测技术的发展

人们可以根据某项技术的发明级别、发明时间和专利数量,结合技术进化的S曲线进行数据分析,从而判断出该项技术的发展变化,对于技术的研发和发展预测提供重要的指导与参考。

4. 界定发明创造的知识范围

通过不同发明级别的数量在人类总体发明中所占的比例的分析,人们可以得出一个结论,就是一、二、三级的发明创造占据了人类发明创造总数的95%。由此可以判断,人们遇到的技术问题的95%都可以通过本专业和相关领域的知识体系得以解决。

5. 为重大技术创新指明方向

虽然四、五级的发明创造只占据了人类发明创造总量的5%,却代表着人类科学知识和技术进步的最高水平,极大地推动了人类社会的进步和发展,具有划时代的意义、作用和价值。因此,人们进行技术创新时,应该突破自身所在的专业领域,拓展视野,全面思考,从更高的层次出发,充分挖掘和借助外部资源,往往更易于获得革命性的创新成果。

(三) TRIZ的应用级别范围

阿奇舒勒认为,一级发明因为过于简单,因此没有多少意义和价值,即便数量再多,也不能有效推动技术系统的进步。而五级发明对发明人员的要求又过高,除非动用国家或顶级科研机构的力量,一般的科研人员很难实现这个级别的发明创造。阿奇舒勒重点研究和分析了二级、三级和四级的发明专利,并且通过对这些专利的分析和研究,总结出了这些发明创造背后隐藏的规律。因此,TRIZ方法可以有效解决从一级到四级的发明创造问题,而且TRIZ方法通常不解决技术领域之外的问题。

TRIZ方法的特色是同时兼顾创新的技术规律和思维规律,目的是有效地促进更多的、更高水平的专利产生。TRIZ认为,只有创新的技术规律和思维规律的有效结合,才能够培养出更多的创新型人才,产生更多的、级别更高的创新成果。

创新案例

技术创新带动服务全面升级

不需停靠,船舶在行驶中就可以完成身份验证和各项检查。有了水上ETC,船舶过闸手续办理时间从以前的3个小时减为3分钟……这就是物联网技术为长三角内河航运业务监管与服务水平带来的新变化。物联网技术引入内河航运,在内河航运信息化建设已有基础之上,采用最新的传感网相关技术,可以对内河航运中的船舶、货物、航道、桥梁、船闸、港口、码头等对象的相关属性进行感知。通过物联网技术构建内河水上智能交通物联网,可以实现内河水运管理智能化,从而达到提高航运效率,降低管理成本,节约资源消耗的目的。此外,还可以可为行业用户提供实时、有效、丰富、多元化的信息服务。举例来说,当一艘浙江籍内河货船从浙江驶向江苏,当船刚进入江苏界内,从一座桥下通过时,布设在桥上的岸基RFID读取设备对安装在船上电子船名牌内的内河船舶RFID电子标签进行身份识别。同时,安装在桥梁上方的摄像头对船舶进行拍照试图通过图像识别的方式再次感知船舶的身份。相关的身份信息和位置信息第一时间传到岸上的海事监管系统并进行后台比对。这时该船船主是谁、装载了什么货物等详细信息也从浙江传到了江苏港航和海事部门。当这艘船到达江苏靠港后,其靠港信息又从江苏传回浙江。

一直以来,船舶跨区域运输的监管就是个难题,关键是信息流转不畅。通过技术创新,基本实现了跨省市内河航运数据互联互通,现在船舶可以做到无缝监管,本地的海事部门对境内水上有多少船舶,货物信息及货主信息可以说了如指掌。

项目六　港航技术创新

按照传统的做法,以前对船舶检查都需要船舶靠岸,经海事人员进行逐个检查。这种人工检查方式不仅浪费时间,而且需要大量人力。现在通过物联网技术,统一了不同省市内河船舶电子身份技术标准,实现了内河船舶电子身份通读通认,可以自动识别船舶身份并精确比对,节省了大量时间和人力,精准度也大幅提升。由于实现了船舶电子身份的通读通认,大大减少了日常的上船检查、现场维护通航秩序的工作量。

资料来源:中国交通通信信息中心,https://www.cttic.cn/info/1608,2017-01-13。

案例分析

技术创新是企业乃至整个行业不断发展和进步,满足客户日益变化的需求,提升服务品质的基础保障。采用最新的传感网相关技术,可以对内河航运中的船舶、货物、航道、桥梁、船闸、港口、码头等对象的相关属性进行感知。这样不但实现了内河水运管理智能化,提高了航运效率,降低了管理成本,节约了资源消耗,还可以为行业用户提供实时、有效、丰富、多元化的信息服务。船舶过闸效率的提高也极大地改善了传统的工作流程,带动了服务水平的提升。在企业展开各领域的创新活动中,技术创新是最为基础也是最为有效的创新工作。技术创新的重要价值不仅在于产品创新本身,技术创新成果的应用也能够给企业的营销创新、服务创新和流程创新带来新的模式和思路,产生联动效应,极大地提升企业的核心竞争力,为企业带来丰厚的回报。

案例思考

你认为在港航领域,还有哪些重大的技术创新给行业的发展带来了革命性的推动作用?

任务二　掌握港航技术创新的工具和方法

创新情境

经过几天的学习和研究,赵明、张坤、李新认为他们对于TRIZ的主要内容已经有了比较清楚的认识和理解。于是,他们又聚在一起,讨论关于下一步工作如何开展。

赵明:通过这几天的学习,我对TRIZ的基本内容都大致了解了。我觉得对咱们这个项目来说,TRIZ方法特别适用,有了TRIZ,咱们的工作效率真能提高不少。

张坤:是的。以前我觉得很头痛的问题,按照TRIZ的思路去分析和整理,感觉很多地方都茅塞顿开,以前怎么就没想到呢?

李新:嗯。TRIZ其实对咱们这种技术创新的项目特别适用,它能帮我们开启思路,用一种实用又效率高的方式更好地发现解决问题的方法,产生创新的成果。

赵明:李新,听说你前几天还专门去参加了一个TRIZ课程的培训。怎么样?有什么收获没有,跟我们分享一下吧?

李新：还别说，我觉得参加这个培训真是太有用了，最大的收获就是学到了一些很实用的工具和方法，对咱们的技术创新工作能派上大用场。

张坤：那太好了，我们什么时候可以听你分享呢？

李新：择日不如撞日，就现在吧，如果你们时间都可以，我现在就可以给你们好好介绍一下。

赵明：好，那咱们现在就开始吧！

在前面的任务中，我们已经学习了技术创新的概念和主要理论，以及TRIZ的主要内容。在企业的技术创新工作中，技术问题的解决和技术创新工作应该怎样有效地开展？有没有一些实用性的工具和方法帮助我们更加高效地解决技术问题，实现技术创新？接下来，就让我们一起学习TRIZ体系中最有代表性的常用工具和方法，以帮助我们在将来的工作中突破传统思维方式，更加高效地开展技术创新相关的工作，获得丰硕的创新成果。

一、技术矛盾及解决方法

（一）矛盾和技术矛盾

矛盾是事物之间能够产生相互作用、相互影响的一种特殊的状态。矛盾本身不是具体的事物，也不是可以看得见、摸得着的实际物体，而是事物所具有的一种属性关系。这种属性关系的特征就是对立。事物之间存在对立关系，才能够形成矛盾。从广义上来理解，如果有两个事物，其中一个事物存在的时候，另外一个事物就不存在，那么这两个事物就是互相矛盾的。例如，光明和黑暗、冷和热等。

技术矛盾常表现为一个系统中的两个子系统之间发生的矛盾，而且总是涉及两个基本参数。这两个参数之间存在着矛盾和相互制约的关系，当其中一个得到改进时，另一个就会变得更差。当企业面临实际问题时，可以把这些问题转化为技术矛盾的问题模型，然后借助TRIZ的39个通用工程参数和矛盾矩阵就可以找到所推荐的创新原理。企业利用这些创新原理，能够更快、更好地解决在生产经营过程中遇到的问题。

在TRIZ中，技术矛盾的问题模型可以用"如果……那么……但是……"来进行描述。技术矛盾的问题模型如表6-1所示。

表6-1 技术矛盾的问题模型

	技术矛盾1	技术矛盾2
如果	常规的工程解决方案（A）	常规的工程解决方案（-A）
那么	改善的参数（B）	改善的参数（C）
但是	恶化的参数（C）	恶化的参数（B）

在这个模型中,技术矛盾1是对现有技术矛盾的描述,A代表一般的、传统的工程解决方案;B代表改善的参数;C代表恶化的参数。技术矛盾2则是为了验证技术矛盾1的描述是否正确。如果使用技术矛盾2进行的描述也同样成立,则说明对技术矛盾的描述是正确的,才可以继续使用39个通用工程参数和矛盾矩阵列表解决技术矛盾。

(二) 39个通用工程参数

39个通用工程参数是阿奇舒勒对大量的专利文献进行深入的研究和分析后总结提炼出来的。阿奇舒勒发现,利用39个通用工程参数,就足以描述在工程中会遇到的绝大部分技术问题。借助39个通用工程参数,可以帮助人们准确描述技术问题的属性,加以归类整理,就可以转换成TRIZ理论的通用语言。

39个通用工程参数一般都是物理、几何和技术性能方面的参数。在39个通用工程参数中,会经常使用到运动物体(moving objects)和静止物体(stationary objects)这两个术语。运动物体是指自身或借助于外力可以在一定的空间内运动的物体;静止物体是指自身或借助于外力无法在一定的空间内运动的物体。在这两个术语中,物体也可以理解为系统。

39个通用工程参数及其解释如表6-2所示。

表6-2 39个通用工程参数及其解释

序号	参数名称	解释
1	运动物体的质量	在重力场中运动着的物体的质量可以在重力场中因为自身位置的变化或外力的影响而发生改变
2	静止物体的质量	在重力场中静止的物体的质量不会因为自身位置的变化或外力的影响而发生改变
3	运动物体的长度	长度同时也代表物体的宽度和高度。运动物体的长度、高度和宽度可以随自身位置的变化或外力的影响而发生变化
4	静止物体的长度	长度同时也代表物体的宽度和高度。静止物体的长度、高度和宽度不能随自身位置的变化或外力的影响而发生变化
5	运动物体的面积	物体的表面可以随着自身位置的变化或外力的影响而发生变化
6	静止物体的面积	物体的表面不能随着自身位置的变化或外力的影响而发生变化
7	运动物体的体积	物体的体积可以随着自身位置的变化或外力的影响而发生变化
8	静止物体的体积	物体的体积不能随着自身位置的变化或外力的影响而发生变化
9	速度	物体在单位时间内通过的距离的多少,位移和发生位移所用时间的比值
10	力	能够改变物体状态的任何作用
11	应力或压力	在单位面积上所产生的作用力
12	形状	物体或系统的外部轮廓或外观
13	结构的稳定性	系统本身的完整性和稳定性,以及系统各部分之间的相互稳定性
14	强度	物体和系统在遭受外力的情况下不被破坏的能力
15	运动物体的作用时间	物体受到作用的时间可以随着自身位置的变化或外力的影响而发生变化
16	静止物体的作用时间	物体受到作用的时间不能随着自身位置的变化或外力的影响而发生变化

(续表)

序号	参数名称	解释
17	温度	表示物体冷热程度的物理量,可以用温度计进行测量
18	光照度	单位面积上所接受可见光的光通量,可以用照度计进行测量
19	运动物体消耗的能量	物体消耗的能量或者资源可以随着自身位置的变化或外力的影响而发生变化
20	静止物体消耗的能量	物体消耗的能量或者资源不能随着自身位置的变化或外力的影响而发生变化
21	功率	物体在单位时间内所做功的多少,是描述做功快慢的物理量
22	能量损失	物体或者系统发生全部或部分的工作能力的损耗
23	物质损失	物体或者系统发生全部或部分的材料、零件等物质方面的损耗
24	信息损失	物体或系统内发生信息、数据方面的损耗
25	时间损失	在完成一项活动时多余出来的,不必要的时间
26	物质或事物的数量	物体或系统内的所有材料、零件及子系统的数目,能被全部或部分、永久或临时的改变
27	可靠性	系统在进行操作、维护、维修及运输的过程中的稳定发挥作用,实现功能,不遭受破坏的能力
28	测量精度	物体或系统的测量值和实际值之间的偏差
29	制造精度	加工制造的物体符合设计要求的能力
30	作用于物体的有害因素	对物体或系统的效率和功能造成不良影响以至于降低效率的外部因素
31	物体产生的有害因素	对物体或系统的效率和功能造成不良影响以至于降低效率的自身因素
32	可制造性	物体或系统被制造出来的可能性
33	可操作性	物体或系统能够被顺利操作的可能性
34	可维修性	物体或系统能够被维修的可能性和便利性
35	适应性及多用性	物体或系统适应外部变化的能力
36	设备的复杂性	组成物体或系统的组件的数量、相互之间的影响程度及操作的难度
37	检测的复杂性	对物体或系统的属性进行测量的难度
38	自动化程度	物体或系统在没有人干预的情况下完成工作任务的能力
39	生产率	每单位劳动生产的产品或服务的速率,或者指投入和产出的比率

(三)解决技术矛盾的矛盾矩阵列表

为了帮助人们更加高效地解决创新问题,阿奇舒勒对250万份专利进行了深入的分析和研究,在总结出39个通用工程参数后,又把这39个通用工程参数和40条发明原理(详见知识拓展部分)——建立起对应关系,并且整理成了一份39×39的矛盾矩阵表。这个矩阵列表结构严谨并且自成体系。使用这个矛盾矩阵,人们就可以根据系统中产生矛盾的两个通用工程参数,直接在列表中查询解决矛盾的相关发明原理,用以解决技术矛盾问题。

矛盾矩阵列表的第一、二纵列和第一、二横行是39个通用工程参数的编码和名称,纵列表示需要改善的参数,横行表示会恶化的参数。39×39构成的矩阵的方格一共有1 521个,在其中的1 263个方格中,会有几个数字,这几个数字就代表了TRIZ的40条发明原理的编号。使用者只要根据不同维度的参数查找到的交叉点表格中所标示的数字,就可以得到解决问题的标准解。

TRIZ 矛盾矩阵列表(部分)如图 6 –8 所示。

恶化参数 → 改善参数 ↓		运动物体的重量	静止物体的重量	运动物体的尺寸	静止物体的尺寸	运动物体的面积	静止物体的面积	运动物体的体积	静止物体的体积	形状	物质的数量	信息的数量	运动物体的耐久性	静止物体的耐久性	速度	力	运动物体消耗的能量	静止物体消耗的能量	功率	张力/压力	强度
		1	2	3	4	5	6	7	8	9	10	11	12	13	14	15	16	17	18	19	20
1	运动物体的重量	35,28,31,8,2,3,10	3,19,35,40,1,26,2	17,15,8,35,34,28,2	15,17,28,12,35,29,	28,17,29,35,1,31,4	17,28,1,29,35,15,3	28,29,7,40,35,31,2	40,35,2,4,7	3,35,14,17,4,7	31,28,26,7,2,3,5,4	2,5,7,4,34,10	10,5,34,16,2	10,5,28,35,16,2	15,2,25,19,38,18	10,30,35,28,8,37,1	35,10,19,3,34,31,1	35,15,1,28,7,14,34	19,30,36,31,12,18,	10,40,30,36,37,31,	28,31,40,35,10,30,
2	静止物体的重量	35,3,40,2,31,1,26	35,31,3,13,17,2,40	17,4,30,35,3,5	17,35,9,31,13,3,5	17,3,30,7,35,4,14	17,14,3,35,30,4,9,	14,13,3,40,35,5,30	31,35,7,3,13,30	13,7,3,30,35,31,29	35,31,5,18,25,2	28,13,7,26,2,17	3,35,10,12,4,17,14	40,35,31,6,19,27,2	3,35,17,30,36,2	35,9,8,3,40,13	3,17,14,19,18,30	12,13,1,28,19,3,35	13,35,19,3,18,15	35,8,3,13,40,17,4,	35,31,8,40,17,4,29
3	运动物体的尺寸	31,4,17,15,34,8,29	1,2,17,15,30,4,5	17,1,3,35,14,4,15	1,17,15,24,13,30	15,17,4,14,1,3,29,	17,3,7,15,1,4,29	17,14,7,4,3,35,13,	17,31,3,19,14,4,30	1,35,29,3,30,10,17	35,3,4,1,40,30,31	28,1,10,32,17,13,1	19,17,10,1,2,3,28	10,35,1,3,19,2	14,1,13,4,17,12,4,	17,4,14,10,7,12,2	1,35,17,14,3,25,8,	35,17,14,3,1,24,15	1,35,14,3,38,29,19	1,35,3,14,12,8,17,	35,29,40,8,34,3,31
4	静止物体的尺寸	35,30,31,8,28,29,4	35,31,40,2,28,29,4	3,1,4,19,17,35	17,35,3,28,14,4,1	3,4,19,17,35,1	17,40,35,10,31,14,	35,30,14,7,15,17	14,35,17,2,4,7,3	13,14,15,7,17,3,30	4,3,31,25,17,14	7,17,2,22,28,13	35,3,29,2,31,7,19	35,10,1,3,2,25,4,5	3,14,4,13,18,31,9	10,17,35,3,28,4,12	35,19,24,28,21,30,	35,3,30,31,12,14,4	17,19,35,12,13,8,3	35,17,3,14,5,7,30	14,40,3,35,15,17,3
5	运动物体的面积	31,17,3,4,1,18,40,	17,15,3,31,2,4,29,	14,15,4,18,1,17,30	14,17,15,4,13	5,3,15,14,1,4,35,1	17,1,4,3,24,5,2	14,17,7,4,13,1,31,	14,17,7,13,4,31,3,	35,4,14,17,15,34,2	31,30,3,13,6,29,1,	17,15,14,32,1,3	3,19,18,1,6,5,2	1,3,19,2,6,5	14,3,34,29,28,30,1	3,2,35,19,30,17,1	19,3,17,1,36,4,32,	3,17,19,36,5,1,38	19,40,18,1,30,10,3	15,30,10,40,28,36,	3,15,40,14,5,1,4,3
6	静止物体的面积	14,31,17,19,4,13,3	35,14,31,30,17,4,1	17,19,3,13,1,14	17,14,3,4,7,9,24,1	4,31,7,19,15,14,3,	17,35,3,14,4,1,28,	17,18,14,7,30,13,2	14,28,26,13,4,35,1	17,5,4,7,28,26,14	35,26,1,4,17,18,40	26,17,2,13,30,35,7	13,19,37,10,35,14,	10,2,30,25,13,37,2	26,28,17,13,14,5,2	14,1,35,3,18,17,36	35,19,13,28,1	35,40,17,13,2,28	35,17,13,19,28,32,	15,35,9,17,14,3,40	40,2,17,35,3,14,8,
7	运动物体的体积	31,35,40,2,30,29,2	31,40,35,26,2,13,3	1,7,4,35,3,29,15,1	7,15,4,3,1,35,19,1	17,4,7,1,31,5,24,3	17,14,4,3,31,7,35	35,3,28,1,7,15,10	35,14,28,2,3,24,13	15,1,14,19,29,14,3	30,31,7,4,29,36	10,2,28,7,32,3,15,	4,36,35,31,6,1,30,	30,31,1,35,4,28,38	29,4,28,1,35,38,3,	15,1,35,3,36,4,14,	35,13,19,38,33,25,	35,38,33,19,10,25	35,19,6,10,13,24,1	35,9,3,40,1,10,36,	14,15,7,4,9,31,30,
8	静止物体的体积	31,30,40,35,3,2,4,	35,40,31,9,14,13,3	14,30,15,3,4,35,2,	35,2,30,4,14,8,19,	15,14,4,30,13,3,7,	14,3,7,4,30,13,15,	14,35,3,13,28,2,30	35,3,2,28,31,1,14,	7,35,2,30,31,13	35,3,31,40,5,13,17	10,7,24,28,3,26,2	35,19,1,38,15,34,2	35,38,15,31,3,1,34	35,40,2,38,28	37,9,18,12,2,29,5	35,19,2,40,31,13	35,2,40,36,13,12	35,28,6,30,2,40,24	35,28,24,40,2,12	13,14,9,17,40,5,12
9	形状	29,30,3,10,40,8,31	15,3,10,31,26,35,4	4,14,29,5,15,13,2,	17,14,4,13,5,7,31	4,17,5,2,14,32	17,14,5,28,2,32,4	14,4,15,3,7,29,5,1	14,4,7,1,2,35,3,32	3,35,28,14,17,4,7,	3,31,30,36,5,4,22	17,7,3,32,24,1	14,28,25,30,26,31,	3,30,28,35,13,5,22	15,35,10,3,18,4,1	14,17,35,9,2,3,12	3,14,28,2,24,35,6,	35,14,15,31,3,7,24	4,6,2,30,1,3,14,7	3,14,9,15,2,4,35	35,7,40,14,9,30,3
10	物质的数量	35,40,6,18,9,2,31,	35,40,18,5,2,8	29,3,17,35,14,2,18	35,31,3,17,14,2,40	15,14,17,31,35,4,3	17,31,4,18,14,2,40	2,15,28,18,38,24	35,2,38,25,30,31,1	35,7,14,3,31,38	35,3,31,1,10,17,28	15,2,35,5,21,3,13	35,40,34,10,3,7,18	35,30,31,3,12,2	28,35,29,24,34,3,3	35,14,40,3,12,13,5	19,3,34,35,16,13,2	35,10,3,2,13,31	35,19,18,3,12,5,2	40,9,35,14,17,3,13	14,17,9,35,40,3,12
11	信息（资料）的数量	28,17,13,7,1,35,2	28,26,35,3,2	7,32,13,17,2,3,14	7,32,17,3,2,14	7,17,32,2,24,3,28	32,2,3,24,17,28	7,19,26,3,32,24,28	26,32,3,2,24,28	7,17,3,32,26,28,13	17,7,32,3,13,28,35	2,7,3,10,24,17,25,	7,3,2,10,13,12,24,	7,3,10,12,2,13,24	10,7,13,37,3,28,12	26,17,12,1,28	7,10,3,12,2,6,24	10,6,3,2,24	7,10,3,2,6,24,12	2,17,7,24,12,1,26	2,17,7,12,1,26,24
12	运动物体的耐久性	15,19,5,8,31,34,35	35,3,31,34,8,4,2	17,8,19,9,35,2,12,	3,17,12,9,35,2,19,	17,19,7,8,9,24,13	3,17,9,24,12,19,13	19,10,30,7,14,2,13	10,30,35,12,13,4,2	17,14,28,10,1,26,2	3,40,17,35,6,10,13	7,2,32,3,24,10,25	3,10,35,19,28,2,13	10,2,24,20,13,4,17	3,35,5,13,17,4,37,	19,2,16,13,15,12,9	18,28,35,6,15,12	35,6,18,28,19,12	19,18,35,10,38,13,	12,19,40,3,17,14,4	35,3,17,14,12,27,4
13	静止物体的耐久性	35,31,8,19,4,15,34	35,6,2,31,19,3,34	17,40,19,2,35,3,8	40,35,1,9,17,2,13	3,35,18,19,14,2	35,17,3,30,7,14	35,19,18,3,13,17,4	35,40,31,3,34,38,1	17,3,40,14,33,13,1	35,31,3,40,17,13,6	24,7,10,25,3,2,32	35,24,28,4,3,25,29	35,3,10,2,40,24,1,	35,28,29,3,4,14,13	17,40,35,9,7,5	13,25,40,24,3,27,3	35,40,13,2,19,7,2,	35,2,13,16,40	17,4,40,12,14,13	35,3,9,17,14,4,19,
14	速度	13,14,8,28,1,17,2,	1,13,2,10,35,3	13,17,28,2,29,14,1	17,15,30,2,14,1	17,14,4,1,29,30,3,	14,5,3,17,1,4,13	28,2,7,34,35,5,14,	28,5,2,35,7,9,1,18	17,7,15,18,35,3,4,	2,35,19,5,10,38,9	7,2,10,5,37,28,3	35,40,19,3,5,13	3,13,35,5,2,24	28,35,13,3,10,2,19	19,13,15,28,29,3,1	35,28,38,19,12,15	35,19,28,12,38	19,35,13,36,2,28,3	28,14,6,40,38,18,1	28,8,3,14,5,40,26
15	力	8,1,9,13,37,28,31,	9,13,28,1,35,40,18	17,35,9,3,14,19,28	35,28,17,9,40,10,3	15,17,10,14,19,3,2	1,3,17,40,37,18,9,	12,15,9,35,37,14,4	1,18,37,35,3,2,10,	35,10,3,40,31,34,4	14,18,29,28,35,3,1	13,17,37,3,1	19,10,2,12,28	2,10,13,3,12,19,26	13,15,9,28,12,2	35,3,13,10,17,19,2	19,17,35,10,2,8,3,	1,35,10,19,8,17,37	19,35,37,17,1,28,1	21,18,9,40,12,2,24	35,14,9,3,17,5,27,

图 6 –8　TRIZ 矛盾矩阵列表(部分)

(四) 技术矛盾的特点和 TRIZ 解决流程

1. 技术矛盾的特点

技术矛盾通常是在一个技术系统中的两个不同的参数之间产生的。这两个参数之间的关系是相互依存、相互制约的对立统一关系。技术矛盾充斥在整个企业的生产经营活动当中,如果想要提高企业的生产效率,得到更好的经济回报,就要高效率地解决这些技术问题。

2. 技术矛盾的 TRIZ 解决流程

在传统的技术矛盾解决办法中,最常使用的方法是“优化”或“折中”。在矛盾没有被彻底解决的情况下,“优化”所能达到的程度是有限的,因此会造成矛盾双方都没有被充分解决的“折中”结果。然而,借助 TRIZ,人们通常可以实现处于矛盾双方的两个参数的最优化结果,从而得到最佳的解决方案。

当企业面临一个技术问题无法解决时,可以先把这个问题用通俗易懂的语言描述出来,再转化为可以用 39 个通用工程参数描述的技术矛盾,然后就可以借助矛盾矩阵列表查找到解决问题的创新原理。根据这些创新原理,人们通过应用、借鉴、演绎和发展,就可以得到能够解决问题的行动方案。

练一练

确定一个技术矛盾,然后使用 TRIZ 的 39 个通用工程参数和矛盾矩阵列表找到解决这个技术矛盾的方法。

我确定的技术矛盾是:_____

通过借助 TRIZ 的 39 个通用工程参数和矛盾矩阵列表,我得到的解决方案是:

_____
_____
_____
_____

二、物理矛盾及解决办法

(一)物理矛盾的概念

物理矛盾的概念是由苏联的 TRIZ 专家鲍里斯·格尔德夫斯基于 20 世纪 60 年代提出的,并且由阿奇舒勒进一步发展,形成了解决物理矛盾的四大分离原理。物理矛盾和技术矛盾不同,技术矛盾是在技术系统中的两个不同的参数之间发生的矛盾,而物理矛盾则是在一个单独的参数中产生的矛盾。例如,电动车的电池容量要设计得尽量大,以确保电动车能够得到较高的续航能力;电动车的电池体积又要设计得尽量小,以避免电池的自重影响电动车的速度和外形的美观。

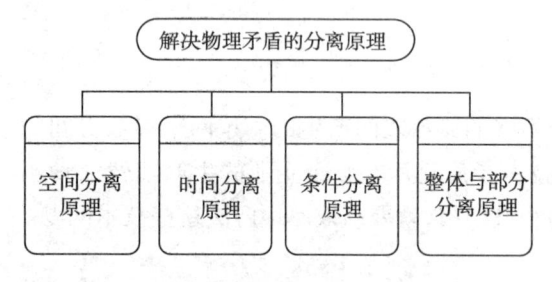

图 6-9 解决物理矛盾的分离原理

(二)解决物理矛盾的分离原理

根据 TRIZ 理论,解决物理矛盾的有效方法是实现矛盾的分离,包括空间分离原理、时间分离原理、条件分离原理和整体与部分分离原理,如图 6-9 所示。

1. 空间分离原理

空间分离原理是指当物理矛盾的双方中的单独一方都可以独立存在于不同空间并且发挥作用的时候,就可以采用空间分离的方法把矛盾双方分开,让矛盾的双方在不同的空间实现各自的功能。例如,蓄须的男性在使用电动刮胡刀时,需要对胡须进行修理,既要给胡须的造型区域留出一定的长度,又需要把胡须造型之外的地方刮干净。因此,工程师在剃须刀上分别安装了两个刀头:一个刀头可以按照根据不同的长度进行调节,与皮肤保持一定的距离,以便打理不同长度的胡须;另一个刀头则可以紧贴皮肤,把其余部分的胡须剃除干净,同时满足了两个互相矛盾的需求。

2. 时间分离原理

时间分离原理是指当物理矛盾的双方中的单独一方都可以独立存在于不同时间段并且发挥作用的时候,就可以采用时间分离的方法把矛盾双方分开,让矛盾的双方在不同的时间实现各自的功能。例如,自行车是人们出行非常便捷的工具,但是在不使用的时候,人们希望能够尽量减少自行车的存放空间。于是,自行车厂家发明了折叠自行车,在需要骑行的时候可以把它打开,以便可以正常骑乘;在不需要骑的时候可以把它折叠起来,便于携带和存放。

3. 条件分离原理

条件分离原理是指当物理矛盾的双方中的单独一方都可以独立存在于不同的使用条件并且发挥作用的时候,就可以采用条件分离的方法把矛盾双方分开,让矛盾的双方在不同的使用条件下实现各自的功能。例如,水如果采用不同的设备来使用,通过实现不同的流速,可以同时产生较软或较硬的属性。于是,人们用淋浴喷头控制水流,用来洗浴;用高压水切割机提高流速,用于切割较硬的物体。

4. 整体与部分分离原理

整体与部分原理是指当物理矛盾的双方中的单独一方都可以通过作为整体和部分独立存在并且发挥作用的时候,就可以采用整体与部分分离的方法把矛盾双方分开,让矛盾的双方在作为整体或部分的状态下实现各自的功能。例如,人们在使用吸尘器进行清洁的时候既要进行大面积的清理,又需要对狭小的空间进行清洁。于是,吸尘器厂家设计出组合吸尘器,给吸尘器配备了不同尺寸和形状的刷头,同时还可以把主机从长杆上取下来,变成一个可以手持的便携吸尘器,用于清理房间的不同区域。

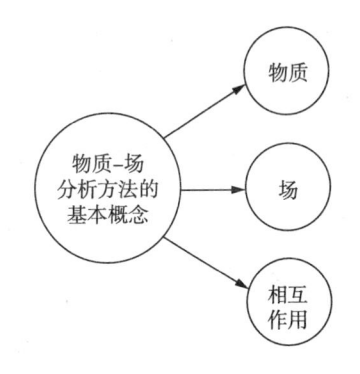

三、物质-场分析方法

(一) 物质-场分析方法的基本概念

物质-场分析方法是阿奇舒勒于1979年在《创造是精密的科学》一书中提出的解决问题的方法,从物质和场的角度对技术系统进行分析和构造。理解物质-场分析方法,需要先了解"物质""场"和"相互作用"这3个基本概念,如图6-10所示。

图6-10 物质-场分析方法的基本概念

1. 物质

在 TRIZ 理论中,物质是自然界中任何可以以静态形式存在的事物。例如,石头、钢铁、水、桌椅、飞机,甚至空气都可以被视为物质。

2. 场

场是指不同的物质之间发生相互作用的途径和方式。例如,磁场、电场、力场、热场、声场、化学场、机械场等。

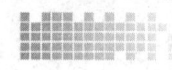

3. 相互作用

相互作用就是不同的"物质"通过不同类型的"场"发生相互影响,从而产生某种变化,从而能够实现某种功能。例如,电视机接通电源,就可以播放影像和声音。

(二) 物质-场模型的种类

1. 物质-场模型

阿奇舒勒通过对专利进行的大量的分析和研究,发现任何一个完整的工程系统都需要具备3个最基本的要素——两个物质(S1、S2)和一个场(F),从而构成了最初的物质-场模型,如图6-11所示。

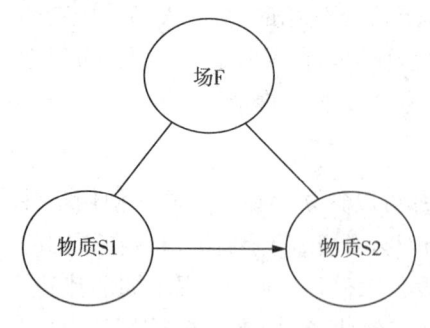

图6-11 物质-场模型

2. 物质-场模型的类型

借助物质-场模型,人们可以发现在技术系统中存在的结构化问题或缺陷。这些存在问题的物质-场模型可以分为3种不同的类型,即"不完整的物质-场模型""有害的物质-场模型"和"作用不足的物质-场模型"。

(1) 不完整的物质-场模型

以瓶子和水组成的物质-场模型为例,瓶子和水是两种不同的物质,而在瓶子里容纳着水是通过机械场实现的。在一个不完整的物质-场模型中,会缺少某个或某两个要素,而缺少任何一个要素,这个模型都是不完整的。例如,只有瓶子,而没有机械场和水,就无法与其他的物质发生相互作用,这就是一个不完整的物质-场模型。如果要解决这个问题,就是要在这个模型中增加里一个物质——水和机械场,才能够形成一个完整的模型,如图6-12所示。

不完整的瓶子和水的物质-场模型如图6-13所示。

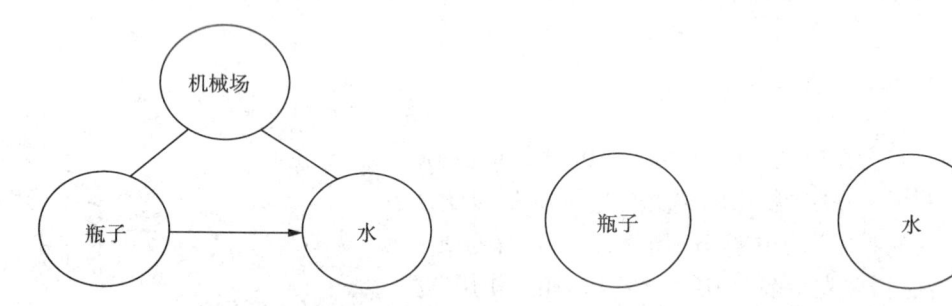

图6-12 瓶子和水的完整的物质-场模型   图6-13 不完整的瓶子和水的物质-场模型

(2) 有害的物质-场模型

在一个有害的物质-场模型中,意味着两个物质中的其中一个物质是有害的,从而与人们对这个系统的功能的预期不相符。例如,在塑料瓶子里倒进开水,因为开水的温度太高,就会把塑料瓶子烫变了形。在这个模型中,通常用曲线连接两个不同的物质。如果要完善这个模型,就要把水的温度降低,改变场的强度,从而使这个系统发挥正常的功能。

有害的瓶子和水的物质-场模型如图6-14所示。

(3) 作用不足的物质-场模型

在一个作用不足的物质-场模型中,意味着两个物质中的其中一个物质对另外一个物质的作用不足,达不到人们对这个系统的功能的预期。例如,塑料瓶子虽然能够装水,但是因为瓶子是漏的,因而无法满足人们的使用需求。在这个模型中,通常用虚线连接两个不同的物质。如果要解决这个系统问题,就要改进瓶子的质量,确保瓶子不漏水,从而使这个技术系统发挥正常的功能。

作用不足的瓶子和水的物质-场模型如图6-15所示。

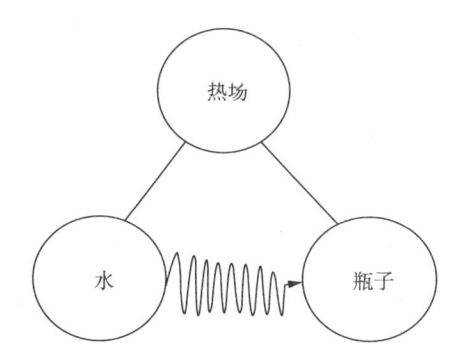

图6-14　有害的瓶子和水的物质-场模型 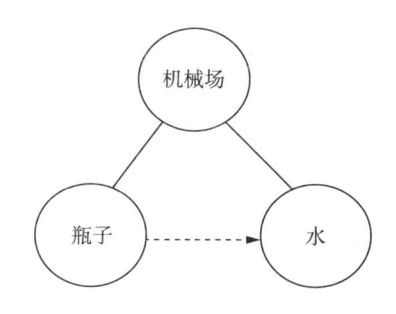　　　图6-15　作用不足的瓶子和水的物质-场模型

(三) 标准解

阿奇舒勒和他的弟子们通过大量的研究发现,如果在技术系统中发生的问题都拥有同样的模型,那么针对这些问题的解决方法的模型也应该是相同的。而且针对某一个具体的问题,也应该能够通过某些特定的专利技术的组合来解决,因此可以形成一个解决特定问题的解法规则。经过多年的努力,阿奇舒勒一共总结出了76个解决问题模型的解法规则,因为这些解法规则在不同的工程领域都适用,因此被称为标准解。阿奇舒勒对这76个标准解进行了分类,共分成了5种类型,构成了针对物质-场模型的标准解系统。

运用TRIZ的物质-场模型和标准解决问题的步骤,与解决技术矛盾问题时所采用的39个通用工程参数和矛盾矩阵列表的方法相同。当确定需要解决的技术问题的时候,首先要把问题转化为问题模型,然后再运用76个标准解找到相应的解决方案的模型,就可以转化成解决问题的具体方案。

物质-场模型和标准解(部分)如表6-3所示。

表6-3　物质-场模型和标准解(部分)

第1列	第2列	第2列	第4列	第5列	第6列	第7列
关键问题	物质和场	问题模型	确定标准解类别	确定具体的标准解	解决方案的物质-场模型	解决方案
	S1,S2,F	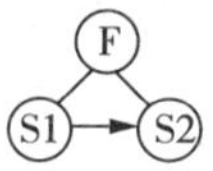 (F S1→S2)	第2类标准解	链式物质-场模型	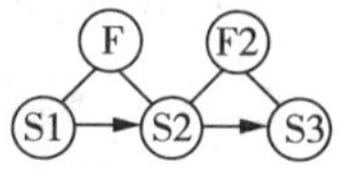 (F F2 S1→S2→S3)	

参照物质-场模型和标准解表格,从第1列到第7列,运用TRIZ的物质-场模型和标准解解决问题的步骤如下。

① 在第1列,清晰描述出要解决的问题。
② 在第2列,列出与要问题相关的物质和场。

③ 在第 3 列,根据前一个步骤中的物质和场建立问题模型。
④ 在第 4 列,根据物质-场模型的类别找到相应的标准解类别。
⑤ 在第 5 列,确定可以解决问题的标准解。
⑥ 在第 6 列,利用前一个步骤中标准解的推荐方案,创建解决方案的物质-场模型。
⑦ 在第 7 列,根据前一个步骤中的物质-场模型确定具体的解决方案。
⑧ 重复第⑤步到第⑦步,尽可能地找到更多的解决方案。
⑨ 对产生的解决方案进行评估,确定最佳方案。

练一练

确定一个技术矛盾,然后使用物质-场模型和标准解找到解决这个技术矛盾的方法。
我确定的技术矛盾是:_____

_____

通过借助 TRIZ 的 39 个通用工程参数和矛盾矩阵列表,我得到的解决方案是:

_____

_____

_____

_____

_____

四、系统思维的多屏幕法

(一) 多屏幕法的概念

系统思维的多屏幕法又称为九屏幕法,是用系统论的观点开展创新性思维以更好地分析问题、解决问题的方法。这种方法可操作性和实用性强,能够帮助人们在解决问题的时候突破思维定式,开启思路,提高解决问题的效率。

(二) 多屏幕法的内容

根据系统论的观点,一个系统是由众多子系统组成的,子系统之间的相互作用共同实现了系统的功能。在解决技术系统的问题的时候,该技术系统即为要解决问题的当前系统。相对而言,高于这个系统的系统,可以称之为超系统;低于这个系统的系统,则称之为子系统。当解决一个系统的问题的时候,不能仅仅着眼于当前的系统,应该把超系统和子系统都纳入到思考的范围,才能综合、全面地进行分析和思考,找到解决问题的办法。

(三) 用多屏幕法进行分析和思考的步骤

当采用系统的方法去思考问题的时候,为了更加直观和清晰地体现思考的过程,我们可以把当前的系统、超系统和子系统都用一个个方块呈现出来,就像一块块屏幕一样摆在我们的面前,并且在方块中对该系统过去和未来的状况进行预测和描述,以便于我们更好地理解当前的问题。因此,这种方法被形象地称为多屏幕法。

系统思维的多屏幕法如图6-16所示。

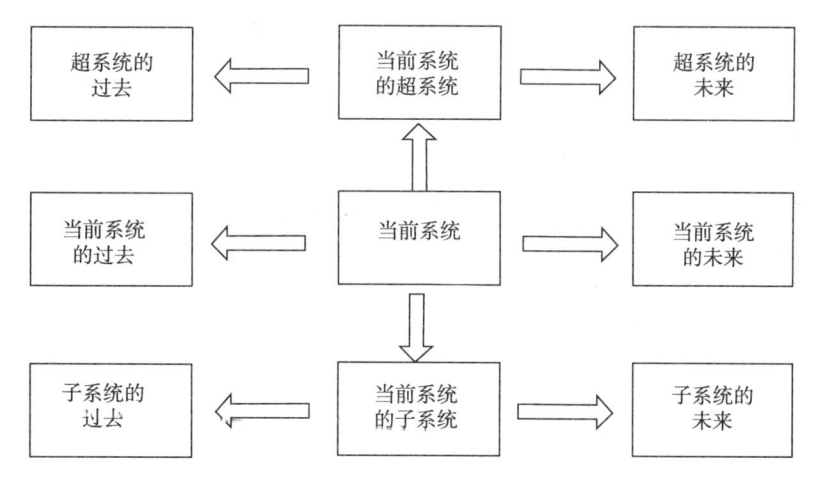

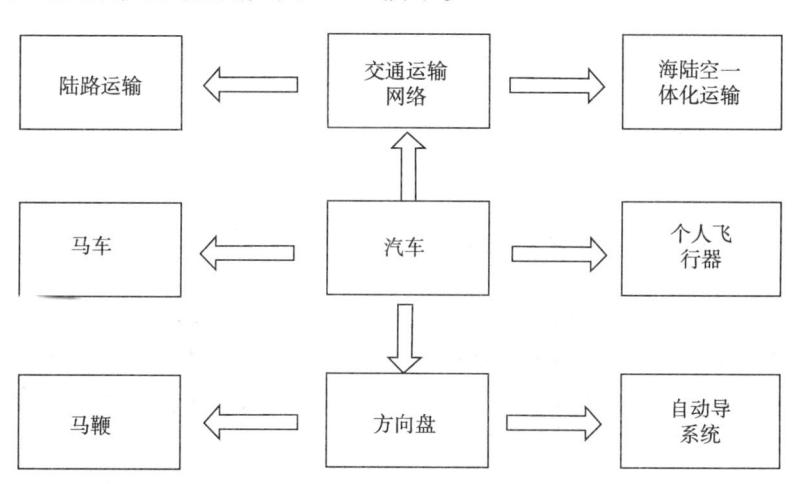

图6-16 系统思维的多屏幕法

系统思维的多屏幕法的应用如图6-17所示。

图6-17 系统思维的多屏幕法的应用

在多屏幕法中,"当前系统的过去"是指当前系统在遇到问题之前的运行状态;"当前系统的未来"是指当前系统在解决目前问题之后未来的运行状态;当前系统的超系统,是比当前系统更高层次的系统,在分析问题的时候可以考虑如何借助超系统中的资源帮助解决当前系统的问题;"超系统的未来"和"超系统的过去"是指发生问题之前及之后超系统的运行状态;"子系统的未来"和"子系统的过去"是指发生问题之前及之后子系统的运行状态。通过对这些状态的分析,就可以从全新的思路、视角和层次出发去考虑问题,并且发现可以用于解决当前问题的资源。

（四）多屏幕法的价值

从严格意义上说，多屏幕法是一种分析问题的方法而不是解决问题的方法，但是却能以一种新的思维方式帮助找到解决问题的新的途径。因此，多屏幕法作为一种开启思路的创新思维方式，可以帮助人们提升创造能力，以及从系统思维的角度出发去解决问题的能力。

练一练

确定一个当前的系统，然后绘制一个多屏幕法分析图。

我确定的系统矛盾是：_____

_____

我绘制的多屏幕法分析图是：

五、尺寸－时间－成本分析法

（一）尺寸－时间－成本分析法的概念

尺寸－时间－成本分析法又称STC算子，是从物体的尺寸、时间和成本因素3个方面出发进行一系列变化的思维实验，以突破惯性思维带来的阻碍，快速发现对研究对象的认识上的不足，并且从新的角度重新审视研究的对象。这是一种能帮助我们的大脑有规律地从多维度展开发散思考的思维方式。

（二）尺寸－时间－成本分析法的步骤

① 明确现有系统的时间、尺寸和成本。
② 想象现有系统的尺寸无穷大（思考方向1）、无穷小（思考方向2）。
③ 想象过程的时间或对象运动的速度无穷大（思考方向3）、无穷小（思考方向4）。
④ 想象成本无穷大（思考方向5）、无穷小（思考方向6）。

（三）尺寸－时间－成本分析法的运用

假设当前的系统为收割小麦，我们可以根据尺寸－时间－成本分析法对这个系统进行分析：

1. 思考方向1:现有系统尺寸的无穷大

如果麦田的面积趋向于无穷大,那么我们就需要使用小麦收割机进行机械化作业,以提高工作效率,如图6-18所示。

图6-18 现有系统尺寸的无穷大

2. 思考方向2:现有系统尺寸的无穷小

如果麦田的面积趋向于无穷小,那么就可以仅仅使用人力进行收割,如图6-19所示。

图6-19 现有系统尺寸的无穷小

3. 思考方向3:想象过程的时间或对象运动的速度无穷大

如果收割麦田的时间是没有限制的,而且小麦不会变质,那么就可以仅在需要的时候进行收割,如图6-20所示。

图6-20 想象过程的时间或对象运动的速度无穷大

4. 思考方向4：想象过程的时间或对象运动的速度无穷小

如果需要在最短的时间内完成小麦的收割，就需要大批的收割机以收取最多的小麦，如图6-21所示。

图6-21 想象过程的时间或对象运动的速度无穷小

5. 思考方向5：想象成本无穷大

如果可以不计成本，那么就可以投入巨大的资金研制一款智能收割机，可以自动高效地完成小麦的收割、脱粒、干燥、制粉、包装及麦秸粉碎等工序，如图6-22所示。

6. 思考方向6：想象成本无穷小

如果成本趋向于0，那么就只能以最少的人工完成小麦的收割，如图6-23所示。

图6-22 想象成本无穷大　　　　　　　图6-23 想象成本无穷小

尺寸-时间-成本分析法的运用如图6-24所示。

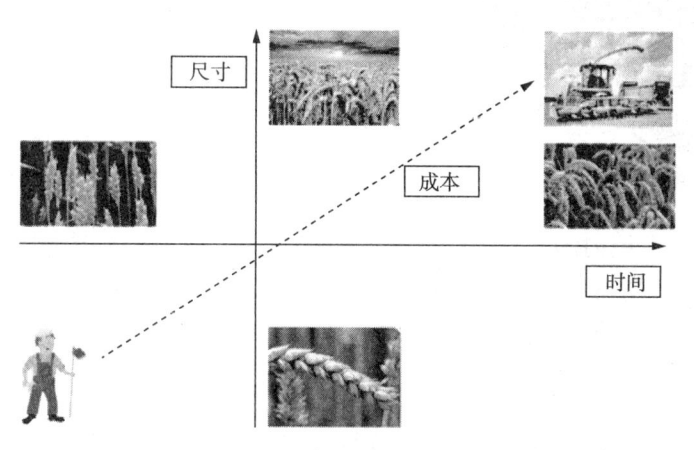

图6-24　尺寸-时间-成本分析法思考问题的方向

（四）尺寸-时间-成本分析法的价值

运用尺寸-时间-成本分析法的目的不是直接得到解决问题的答案,而是为了能够开拓思路,为下一步寻求具体的解决方案做好思想上的准备。通常采用尺寸-时间-成本分析法会比头脑风暴法拥有更高的效率。通过尺寸-时间-成本分析法,人们可以改善思维方式,找到新的思考角度,发现更多的资源,也更加容易发现在技术系统中存在的技术矛盾或物理矛盾,采用物质-场模型来解决问题。

练一练

确定一个当前的系统,然后采用尺寸-时间-成本分析法分别进行6个方向的思考。

我确定的系统是:＿＿＿＿＿＿＿＿＿＿＿＿＿＿＿＿＿

我的分析过程是:

思考方向1

思考方向2

思考方向3

思考方向4

思考方向5

思考方向6

六、小人法

（一）小人法的概念

小人法就是当系统内的某些部件不能实现其功能，且表现出相互矛盾的作用时，就用一组小人来表示这些不能实现功能的部件，并且对小人进行不断的重新组合和调整，直到能够实现预期的功能。然后再把小人还原成部件，重新设计解决方案。

（二）小人法的使用方法

在用小人法解决问题时，可以先把问题转化为问题模型，然后再借助小人问题模型推导出解决方案模型，最终根据解决方案模型得出新的解决方案。小人法可以运用在技术矛盾、物质–场模型、物理矛盾等 TRIZ 方法中，对更高效地解决问题起到积极的促进作用。

运用小人法解决问题通常采取以下的步骤。

1. 分析系统、子系统和超系统的构成

对出现问题的系统、子系统和超系统进行准确的描述，以确定描述系统的组成、具体的部件及其功能，界定合理的问题范围，充分掌握问题相关的信息。

2. 确定系统中存在的问题或矛盾并分析其原因

当系统内的某些部件不能实现预期的功能，并且表现出相互矛盾时，准确地描述这些矛盾并且分析导致矛盾出现的原因，最终确定其根本原因。

3. 建立小人问题模型

把系统中不同功能的部件用小人来表示，并且绘制出来，用不同的小人群体代表系统中实现不同功能的部件的集合，并且用颜色加以区分——通常用黑色代表功能达不到预期的部件。使用这些小人搭建问题模型，以展现当前系统中存在的问题或发生的矛盾。

4. 建立小人解决方案模型

通过重组、移动、增减等方法对这些具备不同功能的小人群体进行不断的调整、排列和组合，找到可以解决问题、消除矛盾的思路，初步建立解决方案的模型。

5. 转化为解决实际问题的思路或方案

把小人还原成现实中的系统部件，根据小人模型对现实中的部件进行重新调整，确定能够解决实际问题的思路或方案。

（三）小人法的实际运用

假设我们用小人法解决泡茶叶时茶叶总是漂浮在水面上，使饮茶者总是把茶叶也喝到嘴中的问题。

1. 分析系统、子系统和超系统的构成

在泡茶这个过程中，涉及的部件包括茶叶、水和杯子。

2. 确定系统中存在的问题或矛盾并分析其原因

在这个系统中,存在的问题是泡茶的时候,总是有一些茶叶漂浮在会面上,在喝茶的时候容易与茶水一起被喝入口中。导致这个现象的原因是部分茶叶的质量比较轻,总是浮在水面上无法下沉。

3. 建立问题模型

在该问题模型中,较大的小人代表漂浮在水面上的茶叶,较小的小人代表水。

小人法的问题模型如图 6 – 25 所示。

4. 建立小人解决方案模型

如果要避免在喝茶的时候把茶叶喝到口中,就要把代表茶叶的较大小人移动到水杯的下部,而把代表水的较小小人移到上方。因此,对于该问题的解决方案是,在茶叶和水之间设计一个可以移动的过滤装置,把代表水和茶叶的小人分离,并且把代表茶叶的较大小人阻隔在水杯的下部。在喝完茶后,可以把过滤装置拿开,倒出茶叶。

小人法的问题解决方案模型如图 6 – 26 所示。

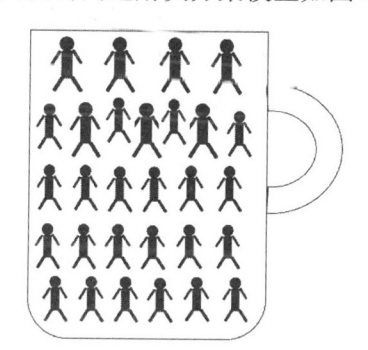

图 6 – 25　小人法的问题模型　　　图 6 – 26　小人法的问题解决方案模型

5. 转化为解决实际问题的思路或方案

根据小人法的启发,我们可以得到现实世界中的实际解决方案:设计生产一款带过滤网的茶杯,避免人们在喝茶的时候把茶叶也喝入口中。

(四)小人法的价值

利用小人法,可以更加直观清晰、形象生动地呈现在技术系统中出现的问题,打破对技术系统的原有思维方式,开拓思路,大胆想象,以获得新的、更加理想的解决方案。

练一练

确定一个当前的系统中存在的问题,然后用小人法尝试找到解决这个问题的方案。

我确定的问题是:_____

_____

我用小人法解决问题的过程是:

七、金鱼法

(一) 金鱼法的概念

金鱼法是 TRIZ 理论中的一种用于克服思维惯性的方法,是一个反复进行迭代的分解过程。这种方法通过幻想的方式使用各种异想天开的方法解决问题,然后再还原到现实中,把可以实现的部分分离出来,然后继续用幻想的方式去思考解决问题的方法。通过不断分离出解决问题的方法中可以实现的部分,就可以逐渐形成能够解决问题的现实方案。

(二) 金鱼法解决问题的步骤

① 首先确定问题,然后把面临的问题分解成现实部分和幻想部分。
② 认真思考幻想部分为什么不能成为现实。
③ 认真思考在什么情况下,可以把幻想部分变成现实。
④ 确定当前的系统、超系统和子系统中可以使用的资源。
⑤ 使用现有的资源,把幻想部分变成现实,从而形成可能的方案。

(三) 金鱼法解决问题的运用

① 首先确定问题,然后把面临的问题分解成现实部分和幻想部分。
问题:如何可以让自行车在天空中行驶。
现实部分:一辆自行车。
幻想部分:在天空中行驶。
② 认真思考幻想部分为什么不能成为现实。

因为自行车没有足够的动力和辅助装置可以升空并实现行驶。

③ 认真思考在什么情况下,可以把幻想部分变成现实。

如果加强自行车的动力,并且在自行车上加装螺旋桨,在适当的空间和天气条件下,就可以让自行车升空并在空中行驶。

④ 确定当前的系统、超系统和子系统中可以

使用的资源。

当前系统中可用的资源：自行车的车身、链条、龙头、齿轮盘、脚蹬等。

超系统中可用的资源：开阔的空间、足够的高度、晴朗的天气、适中的风力等。

子系统中可用的资源：发动机、变速箱、螺旋桨、方向舵、汽油、风镜等。

⑤ 使用现有的资源，把幻想部分变成现实，从而形成可能的方案。

在自行车上加装动力装置、升空装置、方向动力控制装置、安全装置，选择合适的地点和合适的天气，就能够实现自行车在天空中行驶。

（四）金鱼法的价值

在解决问题的过程中，通过使用金鱼法，可以有效激发人们的想象力和创造力，突破解决问题的传统方式和惯性思维，从而得出创造性的解决问题的思路和方法。

练一练

确定一个需要解决的问题，然后采用金鱼法进行创造性的思考，以得出可以实现的解决方案。

我需要解决的问题是：_____

我思考问题并解决问题的过程如下。

1. 问题的现实部分和幻想部分。
_____
_____
_____

2. 幻想部分为什么不能成为现实。
_____
_____
_____

3. 在什么情况下，可以把幻想部分变成现实。
_____
_____

4. 当前的系统、超系统和子系统中可以使用的资源是：
_____
_____
_____

5. 我得到的解决方案是：
_____
_____
_____

创新总结

李新把他在 TRIZ 培训课程中学习到的几种实用的工具和方法与赵明、张坤做了分享。赵明和张坤也借这个机会把他们在对于技术创新和 TRIZ 的学习中得到的收获及感悟做了共同的分享与交流。在 TZ 公司的技术创新工作中，这些理论、工具和方法为他们在工作中拓宽思路，突破思维定式，更加高效地解决技术难题，实现技术创新提供了极大的帮助。

1. 技术创新的概念和主要理论、TRIZ 的主要内容

技术创新通常是指在企业的生产经营活动中，用于生产的技术的创新。开发新的技术，或者把现有的技术应用到新的领域，发挥新的作用和价值，都可以称之为技术创新。从以往的企业生产实践的经验来看，技术创新是建立在科学原理发展和技术进步的基础上的，并且通过技术创新能够有效推动整个产业的创新和发展。主要的技术创新理论包括 4 个流派，分别是新古典学派、新熊彼得学派、制度创新学派和国家创新系统学派。目前，在技术创新领域，受到全世界范围内的最为广泛认可和应用的是 TRIZ（发明问题解决理论）。TRIZ 起源于苏联，由苏联发明家、教育家根里奇·阿奇舒勒（G. S. Altshuller）和他的研究团队，通过分析大量专利和创新案例总结得出。这个理论成功地揭示了创新发明过程中的基本规律和原理。TRIZ 认为，在创新发明过程中遇到的技术问题通常都是关于矛盾的问题，如果要解决这些矛盾，就要准确地找到这些矛盾并且予以解决。在 TRIZ 中，没有任何折中或妥协，而是要始终坚持向最佳的解决方案迈进，直至完美解决问题。运用 TRIZ，可以有效地促进人们的技术创新效率，并且得到高质量的创新产品，因而在全世界范围内的技术创新领域得以广泛应用。

TRIZ 有 3 个主要过程：第一，认清系统中的主要问题和矛盾；第二，完全解决这些问题和矛盾；第三，获得问题的理想解。技术系统的生命周期（S 曲线进化）包括婴儿期、成长期、成熟期和衰退期。技术系统进化法则包括技术系统进化法则；技术系统能量传递法则；技术系统动态性进化法则。其中，技术系统动态性进化法则又包括 8 个子法则：提高柔性子法则；提高可移动性子法则；提高可控性子法则；提高理想度法则；子系统不均衡进化法则；向超系统进化法则；向微观级进化法则；协调性进化法则。技术系统进化的预测包括改进技术系统中的零部件；改进技术系统中的连接物；改进技术系统中的操作方式。在 TRIZ 中，发明级别根据其对科学的贡献程度、能够应用的范围、产生的社会和经济效益等具体情况，一共可以分为 5 个不同的级别：最小发明问题；小型发明问题；中型发明问题；大型发明问题；重大发明问题。划分发明级别的意义包括合理制订创新计划；推动技术不断进步；根据 S 曲线预测技术的发展；界定发明创造的知识范围；为重大技术创新指明方向。

2. 掌握技术创新的工具和方法

在 TRIZ 理论体系内，最具有代表性的高效的技术创新的工具和方法包括技术矛盾及解

决方法;物理矛盾及解决办法、物质-场分析方法、系统思维的多屏幕法、尺寸-时间-成本分析法、小人法、金鱼法。

创新实践

通过李新、赵明和张坤3个人的共同努力和相互帮助,技术小组在开展工作的同时积极投入到对技术创新相关知识的学习中,借助TRIZ工具和方法解决了一系列技术难题,创新性地研制出了一款智能集装箱。这款智能集装箱可以在货物运输的过程中实时采集关于集装箱的各种数据,实现了集装箱的远程监控与控制、运输路径的信息反馈和自主查询等功能,成为行业中的重大技术创新。通过技术创新,TZ公司增强了自身的竞争力,提高了货物运输的服务水平,满足了新的客户需求,给公司带来了丰厚的经济回报。同时,TZ公司的智能集装箱也为现代集装箱的制造建立了新的技术标准,吸引了众多同行的竞相模仿,有效促进了行业整体技术水平和服务能力的提升与发展。

知识拓展

TRIZ的40个发明原理

TRIZ的40个发明原理是阿奇舒勒对100多万个专利进行深入的分析和研究之后总结出的发明创造中存在的共性。因此,利用这些原理,人们就可以更加高效地解决问题并得出创新性的解决方案。因为这些发明原理易于学习、理解和掌握,且具有较强的实用性,故而在技术创新活动中被广泛地应用。

① 分割原理。把一个物体分解成相互独立的几个部分,或者可以自由组装和拆卸的零部件。

② 抽取原理。从物体中抽取出具有破坏性的部分或属性,或者抽取出必要的部分或属性。

③ 局部质量原理。把均匀的部分改成不均匀的;使局部具备不同的功能;使局部发挥最佳功能。

④ 增加不对称性原理。把对称的物体变成不对称的,或者把不对称的变得更不对称。

⑤ 组合原理。在空间上组合相同或相近物体;在时间上合并相关物体或操作。

⑥ 多用性原理。增加物体的功能以替代其他物体。

⑦ 嵌套原理。把物体套入或穿过另外一个物体。

⑧ 质量补偿原理。使物体与环境或其他的物体发生相互作用以补偿物体的质量。

⑨ 预先反作用原理。对物体提前施加反作用以消除未来的不理影响。

⑩ 预先作用原理。提前设置装置以在需要的时候发挥功能。

⑪ 事先防范原理。提前制定预防措施以减少风险。

⑫ 等势原理。保持相对位置不被改变。

⑬ 逆向思维原理。把原来的位置、动作或过程倒过来以实现目的。

⑭ 曲面化原理。用曲线或者曲面替代原来的直线或平面。

⑮ 动态特性原理。把一个整体变成可组合发挥作用的零部件;使物体可以自动调节以实现最佳功能;使静态的物体变成动态的物体。

⑯ 不足或过度作用原理。略微超过或降低预期效果。

⑰ 多维化原理。使物体从单一维度变化改为可以从多个维度产生变化。

⑱ 机械振动原理。使物体处于或改变振动状态。

⑲ 周期性动作原理。用周期性动作代替连续性;改变周期性动作的运动频率;在脉冲周期内暂停来执行另外一有用动作。

⑳ 有效作用的持续性原理。消除空间或间歇性的动作;物体各个部分满载动作以提供持续可靠的性能。

㉑ 减少有害作用的时间原理。用尽可能短的时间完成有危险或有害的作业。

㉒ 变害为利原理。把有害的因素转变成有益的因素。

㉓ 反馈原理。在系统引入或改变反馈以提高性能。

㉔ 借助中介物原理。通过使用中介物实现预期功能。

㉕ 自服务原理。让物体具有自恢复或自适应功能。

㉖ 复制原理。用替代品实现预期功能。

㉗ 廉价替代品原理。用廉价的物体替代昂贵物体并实现同样的功能。

㉘ 机械系统替代原理。用视觉、听觉、嗅觉等系统替代机械系统;用电场、磁场等替代机械场;用动态场替代静态场,确定场替代随机场。

㉙ 气体或液压结构原理。用气体或液体替代物体的固定部分。

㉚ 柔性外壳或薄膜原理。用柔性外壳或薄膜替代三维结构或把物体与环境隔离。

㉛ 多孔材料原理。把物体变成多孔结构。

㉜ 改变颜色原理。改变物体或周围环境的颜色、透明度、可视性。

㉝ 同质性原理。物体及发生作用的其他物体采用相同或相近的材料。

㉞ 抛弃与再生原理。废弃或改变已经完成功能的物体,或者使物体能够很快再生。

㉟ 物理或化学参数改变原理。改变物体的物理或化学属性以实现其功能。

㊱ 相变原理。利用物质相变时产生的效应实现功能。

㊲ 热膨胀原理。使用热膨胀或热收缩的材料,或者组合使用不同膨胀系数的材料。

㊳ 强氧化原理。用富氧空气或纯氧代替普通空气;把空气或氧气用电离放射线处理以产生离子化氧气;用臭氧代替离子化氧气。

㊴ 惰性(或真空环境)原理。用惰性环境代替普通环境;在物体中添加惰性或中性添加剂;使用真空环境。

㊵ 复合材料原理。使用复合材料调均质材料。

创新思考和练习

1. 简述 TRIZ 在国内外的发展。
2. 简述技术系统的生命周期——S 曲线进化的内容。
3. 物质-场模型有哪几种不同的类型?
4. 用小人法解决问题采取的步骤是什么?

5. 阅读以下案例并分析

中远海运的技术创新

科技创新让重组成立的中远海运重工备受业界瞩目,今年上半年,中远海运重工科技创新成果频频获奖:南通中远川崎建造的双燃料汽车船获评2016年度世界名船、南通中远船务研发的"超大型风电安装船研制与工程应用"项目获第八届中国技术市场金桥奖、南通中远川崎管理成果获"国家级企业管理现代化创新成果""超万箱级集装箱船设计与制造关键技术"和"15.2万吨穿梭油轮设计与建造关键技术"分获中国航海学会一二等奖……

1. 设计:创新引领发展

随着计算机技术的日益发展,中远海运重工在广泛调研国内外船舶设计与制造技术发展现状和企业需求的基础上,重点针对振动预报、CFD分析优化和冰区与极地航行技术3个领域的专项技术课题进行了深入研究。经过不断努力,拥有了独立的、准确的、高效的振动计算与预报的能力,并初步形成了固有频率法与频率响应法两种振动分析方法相结合的具有中远海运重工特色的振动计算预报体系。形成了以CFD分析技术为核心的多目标、多参数优化设计方法,突破了船舶及复杂海工装备船型优化设计技术,实现了完全的"数字化建模"。

近年来,中远海运重工技术研发中心完成了多型船舶的研发工作;完成了冰级为1A的经济型极地甲板运输船的研发工作;自主完成了17 000 DWT极地甲板运输船的概念设计,并通过了LR船级社的认可并取得AIP形式认可证书,形成了具有自主知识产权和国际竞争力的极地甲板运输船产品;研发了小型LNG加气船的运输货物为灌装LNG集装箱,与常规LNG运输船相比,造价成本较低,装卸货灵活快速,不受码头设备的影响;与英国劳氏船级社(LR)、希腊船东Golden Union共同研发了以LNG作为燃料推进的双燃料散货船CLEAN SKY。CLEAN SKY是世界上首次可采用LNG作为燃料的KAMSARMAX散货船,具有自主知识产权,满足最新国际规范要求,EEDI指标节能环保和经济性方面达到国际先进水平。目前,已将该双燃料技术应用于11.1万吨成品油船上。

站在客户角度开展技术研究,为客户提供满意的设计服务。一直以来,中远海运重工都把满足客户需求、提高客户满意度作为第一追求。技术研发工作同样是把服务客户放在第一位。几年来,中远海运重工为满足船东降本增效的需求做了大量的研发:针对具有自航功能和动力定位能力的浅吃水肥大型中低速船舶,从降低船舶的粘压阻力和兴波阻力出发,自主研发了入流段水线充盈度在0.75以上的U型水线,并通过科学合理的优化设计,实现了船首部下方3个艏侧推的布置,保证每个艏侧推的推力折减不超过10%,解决了具有DP2级动力定位功能的浅吃水肥大型船舶快速性和动力定位性能无法兼顾的难题。

针对LPG船、穿梭油轮等对有效舱容要求严格的中速船及以装载甲板货为目标的船舶开展弓箭型水线船艏自主研发,有效地提高船舶的实际舱容,减小波浪增阻的影响,该成果已应用于极地甲板模块运输船项目。通过与欧美设计公司设计的母船型对比,冰区航行最小推进功率要求下降约30%,以为客户提供绿色、节能、环保型船舶为目标,成功突破了具有自主知识产权的节能附体设计。通过水池试验的验证表明,所设计的桨前整流导管和管内整流鳍的节能效果突出,达到了国内领先水平。通过采用桨前节能附体组合设计,可提高船舶的推进效率3%以上。

2. 制造:智能引领创新

提到智能化造船,人们首先就会想到中远海运重工旗下的南通中远川崎。一直以来,南通中远川崎都被国内船舶业界视为标杆企业。成立于1997年的南通中远川崎,在生产设计、详细设计能力和效率上已达到日、韩船企水平。近几年,该公司除开发6万吨半开口船、40万吨矿砂船、30.8万吨油船、7 500车位汽车船等常规船型外,南通中远川崎还开展了1.9万TEU集装箱船、3 800车位双燃料汽车船、液化天然气(LNG)船、极地多用途船等先进船型关键技术的研发和储备工作。

为提高船舶精准制造、敏捷制造能力,南通中远川崎将机器人应用作为信息化和工业化深度融合的切入点,积极进行智能工厂建设,投产了4条机器人生产线,即型钢、条材、先行小组立、小组立焊接生产线,并改造了多条半自动流水生产线,使生产效率提高2~4倍。

日前,国家工业和信息化部将南通中远川崎船舶制造智能车间认定为全国船舶行业唯一的智能制造试点示范项目。南通中远川崎以设计引领的一体化智能工厂建设管理为重要抓手,搭建设计数据库为源头的全过程信息集成平台;构建以精益设计为引领的全过程精益管理保障体系,完善各环节的精益管理;确立智能工厂建设理念和推进机制,实施人本管理为核心的文化管理。南通中远川崎也因此取得了良好的经营业绩,无论是发展质量还是效益都有了明显的提升,该公司《设计引领的一体化智能工厂建设管理》荣获第二十三届"国家级企业管理现代创新成果",同时获得由中国企业联合会、国务院国资委企业改革局、工业和信息化部产业政策司和中小企业局共同主办的第二十三届全国企业管理现代化创新成果。这是继2011年荣获第十七届"国家级企业管理现代创新成果"后的再获殊荣,展现了企业在管理创新理论和实践方面不断改善创新的最新成就。

2016年9月27日,南通中远川崎为挪威欧洲联合汽车运输公司建造的全球首艘4 000车位冰区加强型双燃料汽车滚装船交付。不久之后,第2艘同型船交付。该型船采用船用燃油和天然气(LNG)双燃料推进系统,作为绿色环保的新型汽车运输船,不仅在传统燃料消耗量上较常规汽滚船有明显下降,而且在使用LNG作为燃料时,能够基本实现硫化物及颗粒物零排放,同时有效降低二氧化碳等的废气排放,完全满足国际海事组织和欧洲地区日益严格的环保要求。由于该船的高性能,国际知名船舶杂志Maritime Reporter & Engineering News将其评为2016年度世界十大名船之一。

今年2月9日,南通中远船务为英国DANA石油公司设计建造的圆筒型浮式生产储卸油平台(FPSO)"希望六号"完工开航,这是我国船厂首次为国外石油公司完整建造的FPSO总包项目。"希望6号"圆筒型浮式生产储卸油平台是我国海洋工程装备制造企业从国外获得的第一个从设计、采购、建造、调试,部分海上安装和运输的总包一站式交钥匙工程(EPC),在技术设计、模块建造和平台调试上首次实现了国内FPSO项目的总体完成,多项技术创新填补了国内海工空白,达到了世界领先水平。

3. 科研:创新重任在肩

目前,中远海运重工拥有4个国家认定的创新平台,即南通中远川崎企业技术中心、南通中远船务海工研发中心、大连中远船务技术中心、与大连海事大学合作的船舶导航系统国家工程研究中心。强大的技术实力、丰富的造修船和海工建造管理经验和行业领军者的责任心,让中远海运重工责无旁贷地担负起科研创新的重担。

2016年12月28日,国家质检总局、国家标准委与工业和信息化部联合召开新闻发布会,正式发布《中国造船质量标准》和《中国修船质量标准》。其中,《中国修船质量标准》由中远海运重工所属企业牵头编制,填补了国内空白。成功编制《中国修船质量标准》之后,2017年1月,工信部批准立项《船舶修理质量控制标准研究项目》,该项目仍然由中远海运重工牵头。

自进入海工建造市场以来,中远海运重工建造交付了一批"重量级"海工产品,也得到了市场和相关业界的高度认可。旗下南通中远船务建造的第一座圆筒型海工平台获得国家科技进步一等奖;在国际海洋工程领域著名的 OFF-SHORE SUPPORT JOURNAL AWARD(海上支持期刊奖)年度评选中,南通中远船务为丹麦国家能源公司旗下 A2SEA 公司设计建造的海上风电安装船"海上安装者"号,由于在海上风能再生能源方面的突出表现,获得"海洋可再生能源奖";南通中远船务研发的"超大型风电安装船研制与工程应用"项目获第八届中国技术市场金桥奖。

近年来,南通中远船务先后完成了2型4艘近海风电设备安装船的建造并成功交付,通过与国外知名船东及一流设计公司合作,积累了一定的设计和建造经验,为自主研发奠定了技术基础。为保证国家能源战略的顺利实施,推动风能制造业和产业链发展,贯彻国家《船舶工业调整和振兴规划》的战略部署,促进船舶工业的转型升级,实现中国从造船大国向造船强国迈进的战略目标,经国家工业和信息化部、财政部批准,由中远船务工程集团有限公司牵头,大连理工大学、哈尔滨工程大学、南通迪施有限公司参研,开展《采用液压升降装置的近海风电设备安装船关键技术研究》。该项目的实施突破了近海风电安装船设计、建造关键技术,形成了具有自主知识产权的近海风电安装船设计。

配套一直是中国造船业的软肋,尤其是一些以技术为支撑的配套产品,更中"稀有品种"。近年来,中远海运重工配套企业充分发挥技术优势,参与工信部相关课题研究,获得了多项技术突破。2013年4月7日,中远海运重工所属大连迪施首次为中国海洋石油建造的单点系泊项目交付,实现了国家海洋装备制造业关键设备国产化的重大突破。同年,大连迪施完成工信部"内转塔单点系泊系统开发及液体旋转接头研制"科研项目子课题"液体旋转接头研制",研发制造的单点系泊系统液体旋转接头填补了国内空白,产业化后可替代进口。

"自升式钻井平台升降系统研制"是中远海运重工牵头承担的工信部另一个海工产品研制项目,参研单位包括中远海运重工大连迪施、南通迪施,中船重工重庆齿轮箱公司、武汉船用机械有限公司、郑州机械研究所。其中,大连迪施负责"齿条总成研制"子课题,另几家公司负责齿轮箱升降系统总体设计、提升装置、锁紧装置、控制系统研制。经过3年的研究,实现了自升式钻井平台的核心、关键的装置——升降系统的国产化,形成了自主知识产权的专用技术,研制的产品达到了国际先进、国内领先的技术水平。本项技术开发打破了该技术的国际垄断,提高了我国海工装备的独立配套能力。

随着船舶制造业的发展,我国船用低速机制造技术取得了重大突破,但为其配套的众多关键零部件仍依赖进口,缸径600 mm以上的船用低速机气阀全部依赖进口。低速机气阀国产化制造技术及配套的长期空白,与国家船舶工业发展的需要及趋势极不相称。为此,国家工信部批复立项《船用低速柴油机排气阀阀杆关键制造技术研究》,由中远海运重工旗下南京国际船配和中船集团旗下沪东重机作为承研单位,针对船用低速柴油机气阀制造及加工工艺进行研究。

2015年至2016年,南京国际船配从专用装备设计、系统集成、工艺创新等多方面进行应用与开发研究,突破了国外多项垄断技术,自主开发研制了国内首台机器人焊接工作站、滚压专机等专有技术装置,并掌握了焊接工艺关键技术,形成一批专有技术专利。日前,南京国际船配船用低速柴油机 Dutaspindle 排气阀获得了 MAN 认可证书,实现了零的突破。

资料来源:魏敬民. 中国水运报,http://epaper.zgsyb.com/html/2017-08/02/content_16939.htm,2017-08-02.

分析

(1) 中远海运技术创新的出发点是什么?

(2) 智能化技术在中远海域的技术创新中是如何运用的?

(3) 中远海运对技术创新的重视体现在哪些方面?

参 考 文 献

[1] 科特勒,迪贝斯. 水平营销[M]. 科特勒咨询集团(中国),译. 北京:机械工业出版社,2016.
[2] 科特勒,凯勒. 营销管理[M]. 王永贵,等,译. 北京:中国人民大学出版社,2012.
[3] 鲁若愚,等. 多主体参与的服务创新[M]. 北京:科学出版社,2010.
[4] 郎茂祥,张晓东. 物流服务运作管理[M]. 北京:北京交通大学出版社,2016.
[5] 迪德,赫尔. 服务创新[M]. 李靖华,等,译. 北京:知识产权出版社,2010.
[6] 原毅军. 服务创新与服务业的升级发展[M]. 北京:科学出版社,2014.
[7] 索耶. Z. 创新[M]. 何小平,李华芳,吕慧琴,译. 杭州:浙江人民出版社,2014.
[8] 海姆. 重新定义流程管理[M]. 楚进伟,译. 北京:中国人民大学出版社,2017.
[9] 赵敏,史晓凌,段海波. TRIZ入门及实践[M]. 北京:科学出版社,2016.
[10] 孙永伟,伊克万科. TRIZ打开创新之门的金钥匙[M]. 北京:科学出版社,2015.
[11] 德鲁克. 创新与企业家精神[M]. 蔡文燕,译. 北京:机械工业出版社,2011.